关于这颗心：

戒·定·慧

[泰] 阿姜查 著

赖隆彦 译

海南出版社

Namo Tassa Bhagavato Arahato Sammā-saṃbuddhassa
Namo Tassa Bhagavato Arahato Sammā-saṃbuddhassa
Namo Tassa Bhagavato Arahato Sammā-saṃbuddhassa

皈敬世尊、阿罗汉、正等正觉者
皈敬世尊、阿罗汉、正等正觉者
皈敬世尊、阿罗汉、正等正觉者

目　录

推荐序　这本书将改变你的生命　1
导　论　灭苦之道　1
前　言　关于这颗心　1

PART ONE　戒

第 1 章　与法同住世间　3
第 2 章　使心变好　10
第 3 章　感官接触——智慧的泉源　17
第 4 章　了解戒律　28
第 5 章　维持标准　40
第 6 章　为何我们生于此　48
第 7 章　欲流　58
第 8 章　实相的两面　66

PART TWO　定

第 1 章　一份法的赠礼　81
第 2 章　内心的平衡　87
第 3 章　和谐的正道　92
第 4 章　心的训练　97
第 5 章　阅读自然之心　107
第 6 章　解脱之钥　122
第 7 章　修定　160
第 8 章　法的战争　167

第 9 章　只管做它 172

第 10 章　正确的修行——稳定的修行 179

第 11 章　正定——在活动中离染 190

第 12 章　死寂之夜 199

PART THREE　慧

第 1 章　什么是观 217

第 2 章　法性 221

第 3 章　与眼镜蛇同住 228

第 4 章　内心的中道 231

第 5 章　超越的平静 237

第 6 章　世俗与解脱 246

第 7 章　无住 252

第 8 章　正见——清凉地 258

第 9 章　我们真正的家 262

第 10 章　四圣谛 272

第 11 章　空经法师 280

第 12 章　不确定——圣者的标准 290

第 13 章　宁静的流水 301

第 14 章　胜义 310

第 15 章　趋向无为 320

第 16 章　结语 332

附录　本书各部分文章出处 334

推荐序　这本书将改变你的生命

我不知道如何介绍这位我所见过的最有智慧的人。只要有他在的地方，就有机锋与活力、率真与实话、庄严与亲密，以及幽默与严肃的戒律、动人的悲心与自然的解脱。阿姜阿玛洛（Ajahn Amaro）对本书精彩的导读，将他描写得很传神。

阿姜查的多数教导，是借由举例、譬喻与活泼的对话所作的即时开示。他的教导直接而诚恳，没有任何保留。"观察人世间的苦因，它就像这样。"他会如此说，而将我们的心导向实相。因为他是个拥有十八般武艺的巧师，他与每位访客都坦诚相见，对眼前的处境皆保持幽默与直观，因此，很难完全用语言捕捉他教学的活力。所幸他的遗产还包括近两百座寺院、许多活生生的优秀传法弟子、数百卷泰语录音带以及数百万个被其智慧感动的人。

在这些篇章中，你将发现阿姜查的另外一面，有条不紊与略微严肃的一面，它们主要是针对比丘、比丘尼与访客团体所作的比较有系统的长篇开示。在这些教导中，他邀请我们所有人省察教法的本质，思维它们，并将之谨记在心。在这本书中，他不厌其烦地提醒我们，无论我们是谁，生命的状态都是不确定的，"如果死亡在你里面，那么你可以逃到哪里去呢？无论是否害怕，你都一样会死：死亡是无法逃避的。"以这个事实为基础，他举出超越生死轮回的解脱之道。"这是重点：你应该持续思维，直到放下为止。那里一无所有，超越善恶、来去与生灭。训练这颗心，安住于无为法中。"他宣称，"解脱是可能的。"

那些遵循这位亲爱导师教导的人，都一定愿意探索他们自己的心，把结松开，放下执著、恐惧与我见。"如果你真的了解，则无论你过的是哪种生活，你时时刻刻都可以修行。为何不试试看呢？"阿姜查建议，"它将改变你的生命！"

愿阿姜查所传达的慈悲佛陀的祝福，能充实你的心灵，并利益十方一切众生。

献上我诚挚的敬意。

杰克·康菲尔德
2002 年于加州灵岩禅修中心

导论　灭苦之道

阿姜查开示一景

　　夜幕逐渐低垂，森林中响起无数蟋蟀与知了一波波奇异的叫声，稀疏的星光在树梢闪烁。在愈来愈昏暗的天色中，有片温暖的灯光，发自一对煤油灯，照亮了高脚茅棚下的空间。灯光下，十几个人聚集在一个矮小结实的比丘旁，他盘腿坐在藤椅上。空气中弥漫着祥和的气氛，阿姜查正在开示。

　　这群人可说是形形色色：最靠近阿姜查（或称隆波 [Luang Por]，尊贵的父亲，是学生对他的昵称）的是群比丘与沙弥，多数是泰国人与老挝人，但其中还夹杂着几个白人——一个加拿大人、两个美国人、一个年轻的澳大利亚人以及一个英国人。在阿姜查前面，坐着一对衣着入时的中年夫妇——女的绑着头巾并佩戴金饰，男的则衣着笔挺——他是远道而来的国会议员；他们趁公务之便，前来致敬并供养寺院。

　　在他们后方不远处，有群为数可观的当地村民，散布在两侧。他们的衬衫与外衣都磨平了，瘦削四肢上的皮肤晒得黝黑与发皱——像当地贫瘠的土地一样干枯。其中有些人是隆波儿时抓青蛙与爬树的玩伴，在他出家之前，每年播种与雨季结束收割时，他们都会互相帮忙。靠近后方的一侧，是一位来自瑞士弗莱堡（Freiburg）的教授，她和另一位同修会的朋友一起前来研究佛教；女众分院的一位美国八戒女[1]陪她前来，担任她的向导与翻译。

　　她们身旁坐着其他三四位八戒女，是来自女众分院的长老八戒女，她们借此机会前来向阿姜查请教一些女众道场的事务，并请他到森林另一处对女众团体说法，距离他上次拜访，已过了好几天。她们在那里已待了好几个小时，因此在致敬后，便与来自女众道场的其他访客一起告辞——她们要赶在入夜前离开，时间已有些晚了。

靠近后方，在灯光尽头处，坐着一个板着脸的约三十几岁的青年。他侧着身体，显得有些尴尬与别扭。他是当地的流氓，瞧不起一切有关宗教的事物，不过却勉强对隆波表达尊敬；可能是源于这位比丘强硬的风格以及安忍的力量，以及他认为在所有宗教人士中，他是真正有内涵的——"他可能是全省唯一值得礼敬的人"。

他愤怒与沮丧，得了心病。一周之前，跟着他一起混帮派且出生入死的心爱兄弟，染患疟疾去世了。从那时起，他就感觉心如刀割，人生乏味。"若他是在打斗时被刀砍死的，我至少还能报仇——现在我能做什么，找出叮他的蚊子并杀死它吗？""为何不去看看隆波查呢？"一个朋友这么对他说，因此他来了。

隆波在说教时爽朗地笑着，手上拿着一个玻璃杯阐释他的比喻。他已注意到阴暗角落里那个别扭的青年，于是他极力哄劝他到前面来，就好像是在钓一尾难缠与机警的鱼；接下来，这流氓将头埋在隆波的手里，如婴儿般哭泣；接着，他对于他的自大与执著感到好笑，了解到自己并非第一个或唯一一个失去兄弟的人，愤怒与哀伤的眼泪，于是转变成宽心的眼泪。

这一切都发生在二十个陌生人的面前，不过气氛却显得安全与值得信赖。虽然他们来自各行各业与世界各地，不过此时此地都是"同行法侣"（saha dhammika），以佛教的术语来说，他们都是"老、病、死的兄弟姊妹"，所以同是一家人。

阿姜查的教导风格

这种场景，在阿姜查传法的三十年中，上演了无数次。有些具有远见的人，经常会在这时带着录音机（并设法找到足够的电池），因此才能捕捉到收集在本书中的一些谈话。

读者在阅读书中长篇开示时也应知道,这种情况并不罕见,尤其是在这些非正式的谈话中,无论教学的连贯性,或所针对的对象,都是高度自发与无法预测的。阿姜查在教导时,在许多方面都很像是乐团指挥:不只要领导和谐声响的连贯性,且要注意在场人员的个性与心情;在心中融和他们的语言、感觉与问题,然后自然地作出反应。

对聚集在他身边的群众,前一刻他可能正在用剥芒果皮的对错方式打比方,下一刻则以同样就事论事的亲切态度,转而描述究竟实相的本质。前一刻他可能板着脸孔冷淡对待骄傲自大者,下一刻则对于害羞者展现和蔼与温柔的态度。有时,他可能正与村里来的老朋友谈笑,一转身,则盯着某名贪污的上校,恳切地告诫他解脱道上诚实的重要性。几分钟前他可能正在责骂某位穿着邋遢的比丘,接着,让衣服从肩上滑下,露出圆滚滚的肚子。若有人提出机巧的学术问题,想与他作高深的哲学对话以展现才智时,他们经常发现,隆波会将假牙取下,交给随侍的比丘清洗。与他对话者,接着必须通过大师的测试,在清洁的假牙装回去之前,通过紧闭的大嘴唇回应他深奥的问题。

这本合辑中的一些谈话,即出现在这样一种自然的场合,其他的谈话,则是在比较正式的场合,如诵戒结束后,或僧俗二众于朔望之日的集会,无论是前者或后者,阿姜查从未事先准备。本书中没有任何字是说话前预设好的,他觉得这是个重要的原则,教师的职责是根据当时的需要而说法——"若非活在当下,那就不是法。"他这么说。

有次,他邀请年轻的阿姜苏美多(Ajahn Sumedho,他的首位西方弟子)对巴蓬寺的大众谈话。这是一次震撼教育,不只必须对几百个已习惯阿姜查高水准机智与智慧的听众发表谈话,还必须使用三四年前才刚开始学习的泰语。阿姜苏美多的内心充满恐惧与想法,他曾研究过六道轮回对应心理层次的关系(瞋恨对地狱,欲乐对天堂等),他判断这会是个好主题,并已想好如何遣词用字。在那个重要的夜晚,他自认为发表了一次漂亮的谈话,隔天许多比丘都前来向他致意,称赞他的谈话。他觉得松了一口气,且颇为自得。不久之后,在一个安静的时刻,阿姜查向他示意,直盯着他瞧,然后温和地对他说:"不要再那么做了。"

这种教导风格并非阿姜查所独有,而是泰国森林传统广泛采用的方式。也许在此有必要先说明这传承的特性与起源,那将更有助于我们了解阿姜查智慧生起的背景。

在森林觉悟的森林传统

森林禅修传统可说在佛陀出生之前就已存在,在他之前的印度与喜马拉雅山区,不乏为了追求精神解脱而离开城市与村庄,独自到山区与森林旷野去的人。就跳脱世间的价值而言,这是项很有意义的举动。森林是个野生自然的地方,在那里只有罪犯、疯子、贱民和离俗的宗教追寻者——那是个不受物质文明影响的地区,因此适合开发超越物质文明的心灵层面。

当菩萨(即得道前的释迦牟尼)于二十九岁离开宫廷时,他便进入森林接受当时瑜伽苦行的训练。这是个大家耳熟能详的故事,他因为不满最初接受的教导而离开老师,去寻找自己的道路。他确实办到了,在位于现在印度比哈尔邦(Bihar)的菩提伽耶(Bodh Gaya),尼连禅河[2]畔的菩提树下,发现了真理的准绳,他称之为"中道"。

佛陀经常被描绘成在森林诞生,在森林觉悟,一辈子都在森林中生活与讲学。若可以选择,森林是他最优先挑选的生活环境,因为他说:"如来乐住于隐处。"现在大家熟知的泰国森林传统,遵循的是佛陀所鼓吹的精神生活,且依据佛陀时代的标准修行。它是佛教的南传支派,经常被称为"上座部"(Theravāda)。

上座部的传承

就简略的历史记载来看,佛陀去世后不久,便有一次大型的长老集会,目的是结集教法与戒律,使用的标准语言被称为"经典语言"——巴利语(Pālibhasa)。百年之后,这些结集的教法便成为巴利藏经的核心,是后来佛教各派的共同基础。一百多年后,又进行了第二次结集,再次检视一切教法,试图调和各方意见。不过,结果是造成僧伽的第一次重大分裂。多数僧伽希望改变其中一些规则,包括允许出家人使用金钱。

少数团体对于这些可能的改变抱持谨慎的态度,他们宁可这么想:"嗯!不管它是否有意义,我们希望按照佛陀与他原始弟子们的方式去做。"那些小团体据悉是由长老(巴利语 thera,梵文 sthavira)们所组成。又过了大约一百三十年后,逐渐形成了上座部,其字面意思是长老们的说法,那已成为其一贯的宗旨。这种传统的特质可以如此形容:"无论好与坏,那都是佛陀制定的方式,因此,那也是我们要做的。"它一直拥有这种特殊的保守特质。

如同一切传统宗教与社会团体,一段时间后,佛教出现了许多派别。据传在佛陀灭后两百五十年,在印度阿育王的统治时期,对于佛陀教义持有不同见解的教派与传承,总共有十八个,也许还更多。在斯里兰卡也建立了一个传承,由于地处偏远,恰好避开印度的文化动乱,那是婆罗门教的复兴运动,以及从西方到东方的宗教冲击,这些全都造成了佛教思想新形式的崛起。这传承以它自己的方式发展,较少外来的输入与刺激。它发展出自己对巴利经典的注解与诠释,重点不在于发展新观点以面对其他信仰的挑战,而是增加对巴利经典细节的探讨。有些以譬喻为主,是为了吸引一般社会大众的心;有些则较哲理化与形而上化,诉求的对象是学者。

上座部佛教就是如此走出了自己的风格,尽管印度次大陆上有战争、饥荒与其他文化动乱,上座部还是保留原貌至今,主要是因为它最初是在一个比其他地方都更安全的避风港——斯里兰卡岛上建立的。虽然其他佛教部派也在此弘传,不过,上座部佛教始终是该岛的主要宗教。

该传承最后传播到南亚地区,传教士在不同时期从斯里兰卡与印度出发,到达泰国、柬埔寨、老挝,后来再从这些地方传入西方。上座部在这些地区传播时,仍维持以巴利藏经为信仰主轴的传统。当它在新国家建立时,始终对原始教法保持强烈的尊重与敬意，并尊重佛陀与原始僧伽——最早的林住比丘们的生活形态，这模式就如此被代代传承下来。

森林传统的衰退与复兴

显然，千百年来政治情势起起伏伏，不过这传统始终维持不坠。当斯里兰卡的宗教出现危机时，一些泰国比丘就前来扶持；而当它在泰国衰退时，一些来自缅甸的比丘则前来挽救——数百年来，他们一直都相互扶持。因此这传承才能持续，且仍保有大部分的原始面貌。

除了衰退以外，这些循环的另一个层面是关于成功的问题。经常，当宗教顺利发展时，寺院会变富有，整个系统接着会虚胖与腐化，然后被它自己的重量压垮。此时，就会有个小团体说："让我们重新回到根本上！"他们出离世间，进入森林，恢复遵守律法的原始标准，修习禅定，并研究原始教法。

注意这个循环很重要：进步、过度膨胀、腐化、改革，这过程在其他佛教国家的历史上也发生过很多次。中国的巴楚（Patrul）仁波切以及虚云老和尚（两者都生活在十九世纪末二十世纪初），这两位杰出人物的生活与修行，完全符合森林传统的精神。这两位大师选择过最简单的生活，且严格持戒，都是拥有高深禅定与智慧的老师。他们极力避免阶级与俗务的牵绊，通过智慧与戒德的纯粹力量，发挥深远的影响力。这也是泰国伟大森林阿姜们典型的生活形态。

十九世纪中期以前，泰国佛教有各式各样的地方传统与修行，但精神生活则普遍堕落，不只戒律松弛，教法也混杂秘咒与万物有灵论，且几乎不再有人修定。除此之外，也许最重要的是，学者（不只是懒散、无知或困惑的比丘）所持的正统意见，皆认为在此时代不可能证悟涅槃，事实上，甚至连入定也不可能。

这是振兴森林传统者拒绝接受的事，也是导致他们被当时大长老僧伽会[3]视为异端与麻烦制造者的原因，其中许多人（包括阿姜查），受到他们自己上座部传统内多数研经比丘们的鄙视，因为森林比丘们主张"你无法从书本中得到智慧"。

关于这点有必要多加阐述,否则读者或许会质疑,为何阿姜查在某种程度上反对研究——特别是上座部被认为是最尊敬佛语者。这对泰国森林僧的描述是个关键:决定将焦点放在生活风格与个人体验上,而反对书本(特别是注释书)。有人可能会觉得,这种想法过于放肆或自大,或可能是不学无术者的嫉妒表现,除非他了解到,学者的诠释正在将佛教带入黑洞中。总之,那是种有助于心灵的改革的情况,正是这种肥沃的土壤,促成森林传统的复兴。

阿姜曼影响了森林传统

若没有一位特殊大师的影响,泰国森林传统不可能存在于今日。他就是阿姜曼·布利达陀(Ajahn Mun Bhuridatta),1870年生于泰国紧邻老挝与柬埔寨的乌汶省(Ubon Province)。从当时到现在,那里都是不毛之地,不过也正是这块土地的贫瘠与人民的和善性格,成就了世间稀有的心灵深度。

阿姜曼年轻时拥有活泼的心智,他在即兴歌谣(泰文morlam)等民俗艺术方面表现优异,并热衷于心灵修行。在成为比丘之后,前往追随当地一位杰出的森林比丘阿姜扫(Ajahn Sao),向他学习禅定,并了解到严持戒律对于心灵进步非常重要。他成为阿姜扫的弟子,积极投入修行。

这两个元素(即禅定与严格的戒律),虽然从现在有利的角度来看可能并不起眼,然而,当时戒律在整个地区已变得非常松弛,而禅定更是受到很大的怀疑——可能只有对黑暗艺术有兴趣的人,才会笨到去接近它,它被认为会让人发疯或使心灵着魔。

阿姜曼适时且成功地对许多人解释与证明禅定的功效,并成为僧团更高行为标准的典范。此外,虽然地处偏远,他仍成为全国最受敬重的心灵导师。几乎所有二十世纪泰国最有成就与最受尊敬的禅师,若不是直接师承于他,就是受到他的深刻影响,阿姜查也是其中之一。[4]

阿姜查出生在泰国东北部乌汶省农村一个和谐的大家庭。约九岁时,他选择离开家里，到当地的寺院居住。他先出家成为沙弥，由于持续感受到宗教生活的召唤，在年满二十岁时便受具足戒。身为年轻的比丘，他研读了一些基本的法义、戒律与经典。之后，由于不满村庄寺院的戒律松弛，以及渴望得到禅定的指导，于是离开这些相对安全的限制，选择了头陀（tudong）比丘的苦行生活。他参访了几位当地的禅师，并在他们的指导下修行。他以头陀比丘的方式云游了好几年，睡在森林、岩穴与墓地里，并曾与阿姜曼有过一段短暂但充满悟性的相处时光。

阿姜查向阿姜曼请益

由帕翁努（Phra Ong Neung）比丘所作，即将出版的隆波查的传记《乌汶的珍宝》或译《莲花中的珍宝》（*Uppalamani*）中有段关于他们相遇的重要描述：

> 雨安居结束后，阿姜查与其他三位比丘、沙弥与两位在家人动身，长途跋涉走回伊桑（Ishan，泰国东北方）。他们在邦高（Bahn Gor）暂停，休息几天后，继续朝北展开两百五十公里的行脚。到了第十天，他们抵达塔帕农（That Panom）的大白塔——湄公河畔的一座古代遗迹，礼拜供奉在该处的佛陀舍利后，便继续行脚。沿途发现有森林寺，就留下来过夜。即使如此，那仍是一段艰辛的旅程，沙弥与在家人纷纷要求回头。当他们最后抵达阿姜曼的住处沛塘寺（Wat Peu Nong Nahny）[5]时，一行人只剩下三位比丘与一位在家人。
>
> 当他们走进寺院时，阿姜查立即被它祥和与幽静的气氛所感动。中央一座小会客厅，打扫得一尘不染，他们见到几位比丘正在安静地干活，散发出谨慎而沉着的优雅气质。这座寺院带给他前所未有的感觉——静默中充满着奇异的活力。阿姜查与他的同伴受到亲切的招呼，并被告知伞帐（泰文 glot，像伞一样的蚊帐）摆设的位置，然后，他们痛快地洗澡，洗去一路的尘垢。

到了晚上，这三位年轻比丘将双层袈裟整齐地披在左肩上，怀抱着既期待又畏惧的忐忑心情，前往会客木屋，向阿姜曼顶礼[6]。阿姜查双膝跪地爬向大师，另外两位比丘则在他的两侧，他们逐渐接近一个瘦小而年老，却坚毅如钻石般的身影。当阿姜查向他顶礼三次并选择适当的距离坐下时，不难想象阿姜曼深邃而澄澈的眼神是如何凝视着他；一位坐在阿姜曼身后的人慢慢挥舞扇子驱赶蚊子。当阿姜查的眼光向上时，瞥见阿姜曼的锁骨明显地突出于苍白皮肤上的袈裟，而他的薄唇则被蒟酱汁染红，与他奇异的光彩形成醒目的对比。基于比丘之间尊敬戒腊的习俗，阿姜曼首先询问访客，他们出家的时间，在哪些寺院修行，旅途的细节以及是否对修行有任何疑惑。阿姜查吞了一下口水说，是的，他有。他过去一直热心研究律典，不过却遇到挫折。戒律似乎太烦琐了，很难落实，似乎很难守持所有的规则，标准在哪里呢？阿姜曼向阿姜查建议，以"世间的两个护卫"——惭与愧[7]为他的基本原则。有了这两种美德，其他的就会随之而来。接着他便开始讲述戒、定、慧三学，四正勤[8]与五力[9]。他的眼睛半闭，声音愈来愈洪亮而迅速，如同逐步换向更高速的排挡。他斩钉截铁地描述实相与解脱之道，阿姜查与同伴听得浑然忘我。阿姜查后来说，虽然他走了一整天的路已筋疲力尽，听到阿姜曼的开示，他倦意全消；他的心变得平静而澄澈，觉得自己好像从座位上飘到了空中。直到深夜，阿姜曼才结束谈话。阿姜查回到伞帐，神采奕奕。

第二晚，阿姜曼给了他们更多的开示，阿姜查觉得他对修行已不再有任何疑惑。他生起前所未有的法喜，现在要做的只是把了解化成行动。确实，这两晚带给他最大的启发，是阿姜曼的训诫让他"见识实相"(sikkhibhūto)。但最清楚的解释，就是给了他一个至今仍欠缺却必要的修行背景或基础，即心本身与心里刹那生灭状态之间的区别。

"阿姜曼说，它们只是状态，因为不了解这点，我们才会将它们视为真的，视为心本身；事实上，它们都只是刹那的状态。当他那么说时，事情突然变清楚了。假设心中有快乐——对心本身而言，它是不同的事，是不同的层次。若你了解这点，你就可以停止，可以将事情放下。当世俗谛（世间共许的实相）被如实看见时，它就是胜义谛（究竟的实相）。多数人把每件事都混为一谈，说成心本身，但事实上，有心的状态和对它们的觉知。若你了解这点，就差不多了。"

到了第三天，阿姜查顶礼阿姜曼后，就带着他的伙伴告辞，再次进入普潘（Poopahn）偏僻的森林中。他就此离开沛塘寺，再也没有回来过[10]；不过，他的内心满怀启发，一生受用不尽。

建立森林修行体系

1954年，在经历过许多年的行脚与修行后，他受邀前往靠近出生地邦高村旁的浓密森林安居。这片树林无人居住，是公认的毒蛇、老虎与鬼魅的出没处，就如他所说的，是最适合森林比丘居住的理想地点。一座大型寺院围绕着阿姜查建立起来，愈来愈多的比丘、八戒女与在家居士前来听他说法，并留下来和他一起修行。如今在泰国与西方，共有超过两百座山丘与森林分院住着他的弟子们，在那里禅修与传法。

虽然阿姜查在1992年逝世，他所建立的修行体系仍持续在巴蓬寺与其分院流传。通常一天有两次团体禅修，且有时会有一位资深教师开示，禅修的核心是生活的方式。出家人除了劳动之外，还要染整与缝补自己的袈裟，尽量做到自给自足，并维持寺院建筑与地面的整洁。他们过着简朴的生活，遵从托钵与日中一食，以及限制私人财物的头陀苦行。森林各处散布着独居的比丘与八戒女，禅修的茅棚，他们还在树下干净的地方练习行禅。

在西方一些寺院及泰国少数寺院中，禅修中心的地理位置即说明其风格可能略有差异。例如，瑞士的分院是坐落在山脚下村庄里的老旧木造旅馆。虽然如此，简朴、安静与严谨的精神，仍是它们一贯的基调。严格持守戒律，在和谐与有条不紊的团体中，过简易与单纯的生活，以便让戒、定、慧能善巧与持续地增长。

除了住在固定场所的寺院生活之外，在乡间行脚、朝圣或寻找独修静处的头陀行，仍被认为是修行的重点。虽然泰国的森林正在快速消失[11]，过去在行脚时经常会遇到的老虎与其他野生动物也几乎绝迹，不过，这种生活与修行方式仍可能持续下去。

这种修法不只在泰国被阿姜查及其弟子与其他森林僧保存下来，它也在印度与其他许多西方国家，被他的比丘与八戒女弟子们延续着。例如向当地居民托钵维生，只在日出与中午之间进食，不携带或使用金钱，以及睡在任何能找得到的遮蔽处。

智慧是一种生活与存在的方式，阿姜查努力将简单的出家生活形式完整地保存下来，以便现代人依然能学习与修行佛法。

阿姜查对西方人的教导

有个广泛流传并已得到证实的故事。1967年，在新出家的阿姜苏美多抵达并请求阿姜查指导之前不久，阿姜查开始在森林里建造一座新茅棚。正当要安置角落的柱子时，一个帮忙的村民问道："咦？隆波！我们为何要盖这么高？屋顶比平常高出很多呢！"他很困惑，这种建筑的空间通常都设计成足以让一个人安住即可，一般是八乘十尺见方，屋顶的高度则大约七尺。

"别担心，不会浪费的，"他回答，"有天，一些西方比丘会前来此地，他们比我们高很多。"

在这第一位西方学生抵达后，人潮即连年和缓而持续地涌入阿姜查寺院的大门。从一开始，他就决定不给这些外国人任何特殊待遇，而是让他们尽量适应当地的气候、食物与文化，并进一步利用任何他们可能感到的不适，来开发其智慧与耐心。智慧与耐心，是他认为修行进步的核心特质。

尽管有让僧团处于单一和谐标准下的重要考量，不给西方人任何特殊待遇，但1975年，在因缘际会之下，国际丛林寺（Wat Pah Nanachat）仍然在巴蓬寺附近建立，专供西方人修行。

话说当时阿姜苏美多与一小群西方比丘，正准备前往姆恩（Muhn）河畔的分院，他们彻夜停留在朋怀（Bun Wai）村外的小森林，碰巧那里有许多村人是长期追随阿姜查的信众。他们既惊且喜地看着这群外国比丘，一起走在他们满是灰尘的街道托钵，他们询问这些比丘，是否可在附近的森林安住下来，盖座新寺院。阿姜查应许了这个计划，针对与日俱增有志于出家的西方人所设的特别训练寺院，于焉成立。

不久之后，阿姜苏美多于1976年受到某个伦敦团体的邀请，前往英格兰建立一座上座部寺院。翌年阿姜查前来，将阿姜苏美多与其他几位比丘留在汉普斯特德寺（Hampstead Vihara），一栋位于伦敦北部闹市中的公寓住宅。几年之后，他们搬到乡下，并建立了好几座分院。

阿姜查的弟子们向西方传法

从那时起，阿姜查的资深西方弟子们就在世界各地展开建寺与弘法的工作，一些寺院陆续在法国、澳大利亚、瑞士、意大利、加拿大与美国等地建立。阿姜查本人曾于1977、1979年两度前往欧洲与北美，全力支持这些新机构的建立。他曾说过，佛教在泰国，就如一棵老树，过去曾繁荣茂盛，现在它老了，只能结出几颗又小又苦的果实。反之，佛教在西方，就如一株年轻的树苗，朝气蓬勃并充满成长的潜力。不过，它需要适当的照顾与支持，才能茁壮成长。

1979年访问美国时，他也曾说过类似的话：

> 在西方，英国是个适合佛教发展的好地方，但它的文化是古老的；美国则不然，它拥有年轻国家的精力与可塑性——这里的每件事都是新的，只有这里才是佛法真正可以兴盛的地方。

当他对一群刚成立的佛教禅修中心的年轻美国人说话时，还加入这样的警语：

你们将会在这里成功地弘扬佛法，前提是要敢于挑战学生的欲望与成见（直译为"戳他们的心"），若能如此做就会成功；若无法这么做，若为了讨好人们而改变教导与修行，以迎合他们既有的习惯与观念，你们将会一败涂地。

虽然这本书包含许多清楚的佛法解释，不过若先将本书常用的关键词、态度与概念厘清，或许会更有帮助，尤其是对那些不熟悉一般上座部说法或特殊泰国森林传统的人而言。

四圣谛是佛教的基因密码

虽然佛教各种传统中都有许多佛经，但有种说法是，整个教法都包含在佛陀最早的开示——《转法轮经》（*Dhammacakkappavattana-sutta*）中，那是他觉悟后不久，在波罗奈国[12]的鹿野苑对五比丘所说。在这简短的开示中（大约只需二十分钟就可诵完），他解释了中道与四圣谛的本质。这教导通用于一切佛教传统，就如一粒橡树籽包含了最后长成巨大橡树的基因密码一样，一切多彩多姿的佛陀教法，都可说是从这根本智[13]中衍生出来的。

四圣谛的形成，就如同阿输吠陀[14]的医方解释：一、病症，二、原因，三、预后，四、治疗。佛陀总是充分利用当时人们熟悉的架构与形式，此例即是他心中的蓝图。

第一圣谛（病症）是苦（dukkha）——我们会感到不圆满、不满足与痛苦。虽然我们也可能会对一个粗糙或超越的本质，有刹那或长时间的快乐；不过，心总是会有不满的时候。这范围可能从极度痛苦，到一些无法持久的微细乐受——这一切都隶属于苦的范畴。

有时，人们阅读第一圣谛，却将它误解为绝对的陈述："一切领域的实相都是苦的。"这陈述为一切事物作了价值判断，不过那不是此处要表达的意义。

若是如此，那就意味着每个人都没有解脱的希望，而觉悟事物存在实相的法，也无法带来安稳与快乐；然而，根据佛陀的智慧，是可以的。

因此重点是，这些是圣谛，而非绝对的真理。它们是在相对真理的意义下，名之为"圣"；不过，当它们被了解时，会为我们带来绝对或究竟的领悟。

第二圣谛是苦的起因，是以自我为中心的渴爱（巴利语 taṇhā，梵文 tṛṣṇā），原文字面意思就是口渴。这渴爱或执著，就是苦的因：可能是对感官欲乐的渴爱，成为什么的渴爱，身份被肯定的渴爱，也可能是不要成为什么的渴爱，或消失、消灭、摆脱的欲望。这有许多细微的面向。

第三圣谛是苦灭（dukkha-nirodha），即预后，nirodha 的意思就是灭。这意思是，苦或不圆满的经验可能消失，可能被超越，可能结束。换言之，苦并非绝对的真理，只是一种暂时的经验。心可以超越它，获得解脱。

第四圣谛是灭苦之道，是到达第三圣谛的方法，从苦的起因到达苦灭。其处方是八正道，其要素为戒、定、慧。

颠扑不破的因果法则

佛教的一个重要世界观，是颠扑不破的因果法则——每个行为都有一个同等与反向的作用力。这不只见于物理世界，更重要的是，也适用于心理与社会的领域。佛陀深入实相本质的智慧，让他了解到这是个道德的宇宙：善有善报，恶有恶报——自然即是如此运作。无论是现世受报，或未来世受报，符合因的果报必然会出现。

佛陀并澄清，业（巴利语 kamma，梵文 karma）的关键因素是动机。如同上座部经典中最著名、最受喜爱的《法句经》（*Dhammapada*）卷首所说：

> 心是一切事物的先导：以恶心思考与行动，忧愁必将随之而至，就像车辙跟在牛车后面一样；以善心思考与行动，快乐亦必随之而至，如影随形，永不分离。[15]

这个理解，多数的亚洲地区很早以前就知晓并视为理所当然，从本书中的许多开示也处处看得到回响。虽然在佛教世界里，它算是一种信仰；不过，它同时也是可通过经验被认知的法则，并非被当成老师的保证或某种文化使命，而被盲目地接受。当阿姜查遇到不相信这说法的西方人时，他不是批评他们，或驳斥他们持有邪见，或觉得必须让他们以他的方式去看事情。他对有人能以如此不同的态度看事情感到有趣，会请他们描述自己如何看待事情运作，然后由此展开对话。

每件事物都一直在变化

本书中，另一个他经常反复谈论的教学重点，是存在的三个特征。在第二次开示（即《无我相经》[*Anattālakkhaṇa Sutta*]），以及他往后的教学生涯中，佛陀都一再强调，一切现象，无论是内在或外在、心或身，都有三个不变的特征——无常、苦、无我（anicca, dukkha, anattā）。每件事物都一直在变化；没有任何事物能一直圆满或可靠，也没有任何事物可以真的被说成是我的，或有个真实不变的我。当这些特征通过直接体验、了解与觉知时，智慧就真的可说是露出了端倪。

无常是智慧生起的三个要素中的第一个，阿姜查长久以来一直强调，无常的思维是智慧的首要入口。如同他在《静止的流水》中所说：

> 在此所说的不确定性就是佛，佛就是法，法就是不确定性。凡是看见事物的不确定性者，就看见了它们不变的实相。法就是如此，而那就是佛。若见法，就见佛；见佛，就见法。若你觉知事物的无常或不确定性，就会放下它们，不执著它们。

这是阿姜查教学的特色，他习惯使用人们较不熟悉的"不确定性"（泰文

导　论 ｜灭苦之道

my naer）来代替"无常"。"无常"会让人感觉比较抽象或专门，"不确定性"则更能妥帖地传达遭遇变化时心中的感觉。

通过否定的方式表达

上座部教法一个最重要的特色，以及本书常使用的说话方式，是探讨它们不是什么，而非它们是什么，以此来解释实相与到达实相的方法。在基督教的神学语言中，这被称为"遮遣的方式"（apophatic）——谈论上帝不是什么，相对于"直说的方式"（kataphatic）——谈论上帝是什么。这种遮遣的阐述风格，也称为"通过否定的方式"（via negativa），千百年来，不少重要的基督徒使用过，其中一位立即浮上心头的人物，是著名的神秘主义者兼神学家圣约翰[16]。此风格从其诗作《登上卡尔迈勒山》（Ascent of Mount Carmel）即可看出端倪，他如此叙述心目中最直接的灵修方式（即直上山顶）："没什么，没什么，没什么，没什么，即使站在山上，也没什么。"

巴利经典拥有许多相同的"通过否定方式"的风格，常被读者误解为虚无主义的生命观。实相虽然无法往前更进一步，不过我们很容易由此看出误会如何形成，尤其若有人是来自于习惯以肯定方式表述生命的文化。

有一次，在佛陀觉悟后不久，他走在摩揭陀国（Magadhan）乡村的路上，前往寻找之前和他一起修苦行的五名同伴。途中，另一位头陀行者优婆伽（Upaka）看见他走来，深受佛陀外表的震撼。不只因为他是位刹帝利王子，有着皇室的气质；且因他身长六尺以上，相貌堂堂，却穿着头陀行者的破衣服，而散发出耀眼的光芒。优婆伽深受感动：

"朋友！你是谁？你的脸如此明亮与洁净，你的态度如此威严与平静，你一定发现了什么伟大的真理，朋友！你的老师是谁？你又发现了什么？"

才刚觉悟的佛陀回答他："我是一个超越一切烦恼者，一个全知者。我没有老师，我是世上唯一的正觉者，没有人教我这个——我是靠自己的努力完成的。"

"你的意思是说,你宣称自己已战胜生与死?"

"是的,朋友!我是个胜利者;现在,在这心灵盲目的世上,我将前往迦尸国,敲响不死的鼓声。"

"祝你顺利,朋友!"优婆伽说,然后摇着头,走向另一条路。(《大事》第一篇)

实相难以言传,别愈描愈黑

佛陀从这次相遇了解到,直接宣示事实不一定能激发信心,也不见得是与他人沟通的有效方法,因此在抵达迦尸国的鹿野苑,遇见先前的同伴时,他采取了一种更接近"分别论说"(vibhajjāvada)[17]的方式,所以才有四圣谛准则的产生。这反映了表达形式的转变,从"我已获得正等正觉",到"让我们探讨人为何会感到不圆满(苦)"。

佛陀的第二次开示,也是他在迦尸国鹿野苑所说,且是让五比丘觉悟的教法,就充分发挥了"通过否定的方式"。在此并不适合详细阐述该经,不过,简单来说,佛陀以寻找自我(巴利语 atta,梵文 atman)为主题,让人们借由分析去发现自我无法在身或心的元素中找到,借由如此的陈述,他说:"于是,睿智的圣弟子们,对色、受、想、行、识,皆不再渴爱。"心就这样获得解脱。一旦我们放下错误的执著,实相就会呈现出来。由于实相难以言传,因此最适合也最不让人误会的方式,就是留白,别愈描愈黑——这就是"否定方式"的本质。

避免谈论成就或禅定的境界

绝大多数佛陀的教法,尤其是在上座部传统中,就是如此表现解脱道的本质,这是遵循它的最好方式,而非热烈地添加说法于标的上。这也是阿姜查的主要风格,他尽量避免谈论成就或禅定的境界,以此对治心灵唯物论(获胜心、竞争与嫉妒),并让他们的目光放在最需要的地方——解脱道上。

若情况需要，阿姜查谈论起究竟实相也很有特色，那就是明快与直接。书中《趋向无为》、《胜义》、《无住》的谈话，都是这方面的范例。不过，若他认为一个人的理解还不成熟，而他们却仍然坚持询问胜义的特质（例如在《什么是观》中的对话），他会巧妙地回答，如同他在那次对话中所说："根本没有任何东西，我们不称它为'任何东西'——它就是那样存在着！一切都放下。"（直译为：若那里还有什么，就把它丢去喂狗！）

教法最重要的元素就是正见与戒

当被问到，他认为什么是教法中最重要的元素时，阿姜查经常回答，根据他的经验，一切心灵提升都得依赖正见与纯净的行为。针对正见，有次佛陀说："就如黎明预示日出一样，正见是一切善法的先导。"建立正见的意义是：第一，拥有一张值得信赖的心与世间的地图，特别是关于业报法则的正确评价；第二，依据四圣谛去生活，据此将受、想与行的流动，转变成智慧的燃料。将这四点变成罗盘的方位，可以借此调整我们的理解，并导正我们的行为与动机。

阿姜查将戒视为心的大守护者，并鼓励所有认真追求快乐与光明人生的人，都要用心持戒——无论是在家众的五戒[18]，或出家众的八戒[19]、十戒[20]与具足戒[21]。戒律，即善的行为与话语，能直接让心与法一致，成为定、慧与解脱的基础。

内在的正见必然导致外在的持戒，反之亦然，它们是相辅相成的。若了解因果，明白渴爱与痛苦的关系，我们的行为自然就会更加调和与自制。同样，若我们的言行是恭敬、诚实与仁慈的，就能创造出内在平静的因，如此将更容易让我们了解控制心的法则与它的运作，而正见也将更容易生起。

阿姜查经常提起的这层关系有个特别的结果，就如他在《世俗与解脱》中所说，一方面既洞见一切世间法（例如金钱、修道生活与社会习俗）的空性，一方面又完全尊重它们。这听起来可能有些矛盾，不过他了解，中道是解答这类难题的同义词。若执著世间法，就会被它们压迫与限制；而若想要对抗或否定它们，将会发现自己陷于失落、冲突与迷惑中。他了解这点，只要秉持正确的态度，两者都可获尊重，且是以一种自然与自由的方式，而非被迫或妥协的方式。

可能是由于他在这领域拥有深奥的智慧，因此，才能一方面保持比丘艰苦卓绝的传统与苦行，一方面又能完全放松，不受他所遵循的规则的束缚。对许多见过他的人来说，他似乎是这世上最快乐的人——这事实说来可能有些讽刺：他一生中从未有过性经验，没有钱，不曾听过音乐，每天经常得腾出十八至二十个小时待人接物，睡在一张薄薄的草席上，有糖尿病与各种疟疾症状；巴蓬寺有"世上伙食最差"的名声。

阿姜查训练弟子的方法

阿姜查训练弟子的方式有许多种，教导当然是用口说，我们已谈过不少。不过，多数学习过程都是因势利导，阿姜查了解，要让心真正学到法并被它转化，这课程就应借由体验而吸收，而不只是智力上的了解而已。因此，他运用一万条出家生活、团体活动与头陀行的事件与观点，作为教导与训练弟子的方式，包括社会工作计划，学习背诵规则，帮忙处理日常琐事，随机更改时间表等，这一切都拿来作为研究苦的生起与灭苦之道的道场。

他鼓励作好准备学习一切事物的态度，就如在《法性》的谈话中所说。他一再强调，我们就是自己的老师，若具有智慧，一切个人的问题、事件与自然的面向都能指导我们；若愚昧无知，即使佛陀出现在眼前解释一切事物，也无法让我们产生深刻的印象。这智慧也出现在他处理问题的方式上——他经常回问对方来自何方，而非根据他们的主张回答问题。通常当被问到某些事时，他会先接受问题，慢慢将它拆开，然后再将片段还给提问者，接着他们就会了解它是如何组成的，且会惊讶阿姜查让他们回答自己的问题，以此完成对他们的指导。当被问到他如何经常能做到这点时，他回答："若这人不是已知道答案，不会一开始就提出这样的问题。"

他鼓励并贯穿本书教导的基本态度还有：第一，必须于禅修中培养一种深切的发心；第二，善用修行环境以培养忍辱。后者近来较少受到重视，尤其是在西方讲究速成的文化背景之下，不过在森林生活中，它几乎被视为心灵训练的同义词。

了解苦的因并放下

当佛陀首次开示出家戒时，他是在竹林精舍对一千二百五十位出家弟子说的，他的第一句话是："忍辱，是让心从恶法中解脱的最佳方式。"[22] 因此当有人前来向阿姜查诉苦，说她们的丈夫如何酗酒与今年的作物歉收时，他的第一个反应经常是："你能忍受它吗？"这里说的不是男子气概的表现，而是指出超越痛苦事实的方法，不是逃避、耽溺或单靠意志力咬牙撑过，不！鼓励忍辱是说在困境中保持稳定，确实领会与消化痛苦的经验，了解它的因，并放下它们。

阿姜查的教学，当然有许多场合是同时对在家人与出家人说的，不过也有许多例子并非如此。这是在阅读本书时应牢记在心的要点。例如，《使心变好》的谈话明显针对在家听众——一群前来巴蓬寺供养僧团并为自己求功德（泰文 tam boon）的人；而《欲流》则只对出家人说，在那例子中只有比丘与沙弥。

这种区别，不是因为某些教导是秘密或比较高级的，而是基于因材施教的原则。在家人的日常生活，当然会有不同的考量与影响范畴，例如他们必须试着找时间禅修，维持一份收入，以及与配偶共同生活——而出家人则没有这些考量。此外，最特别的是，在家团体不必持守出家的戒律。阿姜查的在家弟子一般而言只需遵守五戒，而出家人则需遵守八戒、十戒乃至二百二十七条具足戒等不同程度的戒律。

当他单独教导出家众时，焦点则会放在出家生活方式上，以此为关键的训练法；因此，会着重于教导那种生活方式可能产生的障碍、陷阱与荣耀。由于泰国寺院比丘的平均年龄通常介于二十五至三十岁之间，他们必须严格遵守独身的戒律；因此，阿姜查需要善巧地疏导不安与性欲的能量，那是比丘经常会面临的问题。当这些能量获得适度引导之后，人们就能控制与运用它们，且加以转化，这将有助于禅定与智慧的发展。

修行时多受点打击是很自然的

在一些例子中，对出家人的谈话语气，要比对在家人严厉得多，例如在《法的战争》中的谈话。这种表现方式，显露出某种"不收犯人"的风骨，那是泰国森林传统许多老师的特色。这种说话方式的目的是为了激起"战斗意志"——无论事情多么困难，都要做好承担一切苦难的准备，达到智慧、忍辱与正信。

有时这种态度在语气上会显得过于强硬或好斗，因此读者们应谨记，这些语言背后的精神是为了激励行者与鼓舞内心，在面对各种挑战时提供支持的力量，让心顺利地从贪、嗔、痴中解脱出来。正如阿姜查所说："所有认真修行的人，都应期待经历许多摩擦与困难。"心正在接受训练，以便对抗以自我为中心的习气，因此多受点打击也是很自然的。

阿姜查在这方面的教导，尤其牵涉到"更高"或"胜义"等词汇时，很重要的一点是，他不会独厚出家人。若他觉得一群人都已可以进入最高层次的教导时，他会自由与公开地传授，无论对象是在家人或出家人。例如在《趋向无为》和《宁静的流水》中所说："人们一直在学习，找寻善与恶，但对于超越善与恶的东西，则一无所知。"和佛陀一样，他从来不会留一手，他只根据什么对听众最有利而选择教什么，不在乎他们持戒的多寡与身份的高低。

阿姜查强调修行的实用性

阿姜查最为人所知的特色之一，是敏于排除与泰国佛教修行有关的迷信。他强烈批评充斥于社会中的巫术、护身符与算命，也很少谈论前生或来世、他方世界、天眼或神通经验。若有人来询问下次赢得乐透彩的秘诀（这是一些人前往拜访著名阿姜查的常见理由），他们通常会得到很简短的忏悔。他了解，法本身就是最无价的珍宝，能提供生命中真实的保护与安全，却因无益于世间的轮回，而一直受到忽视。

他为了消除一般人认为佛法过于高深的共通观念，便一再强调佛教修行的效益与实用性——出于对他人真实的慈心。他的批评不只是推翻他们对于好运与巫术的幼稚依赖，更希望他们能将时间与精力，投入在一些真正有益的事情上。

虽然他毕生努力破除迷信，不过他于1993年的葬礼却因周围大环境的扭曲而令人啼笑皆非。他于1992年1月16日逝世，一年后举行葬礼。他的纪念塔有十六根柱子，各三十二米高，地基也有十六米深，因此乌汶地区许多人选购彩票的号码，皆同时押注一与六。翌日当地报纸的头条新闻是：《隆波查给弟子们的最后礼物》——一与六大获全胜，许多当地的组头甚至因而破产。

阿姜查的教学充满高度的幽默感

前述的故事，将我们引入阿姜查教学风格的最终特质。他不只拥有令人惊讶的机智，且是位天生的演员。虽然在表达方式上，他时而冷酷严峻，时而敏感温柔，不过他的教学始终充满高度的幽默感。他有办法运用机智让听者打开心房，不光是逗人笑，而是为了让实相更有效地被传达与接受。

他的幽默感以及对于生命的荒谬悲喜剧的别具慧眼，让人可以用自嘲的方式认清事实，然后被导向更明智的观点。它可能是与行为有关的事情，例如他曾做过一次著名的表演，示范许多拿僧袋的错误方式：挂在背上、吊在脖子上、抓在手上、拖在地上……也可能是一些与个人痛苦奋斗有关的事。有一次，某个年轻比丘垂头丧气地来找他。他见识了世间的悲哀，以及生死轮回的可怕，他若有所悟地说："我再也笑不出来了，一切都如此令人哀伤与痛苦。"四十五分钟之后，通过一只小松鼠练习爬树屡试屡败的图画故事，这位比丘笑到捂着肚子跌滚在地上，一边抽搐，一边泪流满面，久久无法平复。

佛陀也不能逃避死亡

在1948年雨安居期间,阿姜查病得非常严重,出现了一些明显的中风症状。他的健康在最后几年已非常不稳定——有晕眩与糖尿病的问题——如今颓然垮下。在接下来的几个月,他接受了各种治疗,包括几次手术,不过却不见起色。衰退的情况持续到翌年中,他陷入瘫痪,只剩下一只手稍微能动。此时他已失去说话的能力,不过还能眨眼。

接下来的十年,这样的情况一直持续,他能控制的身体部位愈来愈少,终至丧失一切自主的能力。在这段时间,听说他仍在教导弟子:他的身体不断地诉说病与老的本质,那是人所无法控制的,不是吗?是的,他说的正是一件大事——任何一位大师,甚至连佛陀自己,都不能逃避这不可改变的自然法则。想要平静和自由,就要努力修行,不将自己等同那具会改变的身躯。

阿姜查以身体示范生命的不确定性

在这段时间,不管他的限制有多严重,除了以身体示范生命的不确定性,以及让他的比丘与沙弥有机会借由看护提供支持之外,他还是偶尔会设法以不同的方式进行教导。比丘们经常得轮流工作,一次三或四个人,二十四小时照顾阿姜查,满足他的身体需求。在一次特殊的情况下,有两位比丘发生争吵,根本忘了(经常发生在瘫痪或昏迷的病人周围)房里还有另一个人可能完全清楚所发生的事。若阿姜查能正常行动,根本无法想象他们会在他的面前口沫横飞。

当口角愈来愈激烈时,房间一角的床上开始骚动。突然间,阿姜查剧烈地咳嗽,据描述,吐出一块相当大的痰,划破长空,穿过两位当事者,啪的一声击在两人身旁的墙上。无言的教化如当头棒喝,争吵戛然而止,尴尬地画上句点。

在他生病期间,寺院的生机仍如以往一样旺盛。大师既在那里,又不在那里,以一种奇异的方式,帮助僧团适应公共决策,以及不以最敬爱的老师为诸事中心的生活观念。一般而言，在如此一位大长者去世后，一切事物迅速瓦解，弟子们各奔前程的情况并不少见，这位老师的遗产在一两代后就消耗殆尽了。由此也许可以看出，阿姜查训练人们建立自信有多么成功：他生病时，在泰国与世界各地大约有七十五座分院；到他去世时，数目则增加到超过百座，现在则已超过两百座。

布施精神的呈现

十年前他去世后，他的僧团为其安排葬礼。与他生活和教学的精神一致，这葬礼不只是个仪式，同时也是一次闻法和修法的机会，时间超过十天，每天都有好几次团体禅修与开示，由国内最有成就的法师主持。在那十天当中，共计约有六千名比丘、一千名八戒女与超过一万名在家人在森林里扎营。除此之外，在修行的时段，估计约有一百万人前来参加；在火葬那天，包括泰国国王、王后与首相在内总计四十万人，来到寺里。

再一次，在阿姜查毕生维护的精神标准下，整个葬礼未花半毛钱：食物由四十二个免费厨房提供给每个人，由许多分院管理与贮存；价值超过二十五万元的法本免费分送出去；瓶装水由当地一家公司提供；当地客运公司与附近其他的卡车车主，每天早晨载运上千名比丘，到该区的村庄与城市进行托钵。那是个慷慨而隆重的葬礼，也是向这位伟人道别的最相称的方式。

这套开示录能够编辑出版，也是同样的布施精神的呈现。能获得阿姜查僧团准许，将他的教导付诸销售，是很难得的（通常他的书都是由在家信众赞助，然后免费流通的）。事实上，这是从阿姜查传法以来，获得英语授权的第三本书。

这套合辑囊括许多先前以英语出版，并免费流通的阿姜查法语。智慧出版社（Wisdom Publications）应允将这些谈话编辑与印刷成书，是为了能将阿姜查的教导，带给比僧团更广大的读者。这似乎是个高尚的动机，因此获得阿姜查僧团的完全支持。另外一个可能的原因，是因为它恰巧是在阿姜查逝世十周年完成的。

愿这些教导，能为追求解脱道者提供有益的思维，并有助于建立觉醒、清净与平静之心。

阿玛洛比丘（Amaro Bhikkhu）

2002年1月16日于无畏山寺（Abhayagiri Monastery）

（本文作者于1956年出生于英国，1979年由阿姜查剃度出家。他目前是加州无畏山寺的共同住持，属于阿姜查传统的一支。）

【注释】

[1] 八戒女：泰国僧团由比丘和沙弥组成，并无比丘尼和沙弥尼。不过，有一种穿白衣、剃发的女性修行者，称为"梅齐"。她们是长期或终生受持八关斋戒的学法女，寄住在佛寺里特辟的地方，听闻比丘的教诫，也接受信众的供养。这是南传佛教比丘尼传承断绝的情况下，让女性出家修行的一种方便。因终生受持八关斋戒，所以又称为"八戒女"。

[2] 尼连禅（Nerañjarā）河：今名珀尔古（Phalgu）河，为恒河支流，位于中印度摩揭陀国伽耶城（Gayā）东方，由南向北流。

[3] 1902年，泰国政府通过《僧伽法案》，建立了一个以暹罗教会长老（由曼谷当局任命）为首的僧伽组织，其中属于中央的僧伽行政组织是大长老僧伽会，以僧王为首。先前自治、隶属不同传承的比丘，皆归为拥有标准经文与常规的暹罗宗教体制的一部分。

[4] 泰国学者卡玛拉·堤雅瓦妮特（Kamala Tiyavanich）所著的《森林回忆录——二十世纪泰国云游僧传奇》（Forest Recollection：Wandering Monks in Twentieth Century Thailand）一书中，对阿姜曼以下的九位传承弟子，以及森林僧的修行生活有详尽的描述（本书中文节译本由台湾法耘出版社于2003年12月出版）。

[5] 沛塘寺位于泰国东北的沙功那空省（Sakon Nakhon）潘那尼空县（Phanna Nikhom）那那依乡（Nanai），1982年，成为正式的法宗派寺院，并以阿姜曼的巴利语法号命名为布利达陀（Pa Bhuridatta）森林寺。

[6] 当时阿姜曼七十九岁,阿姜查三十一岁,阿姜曼于翌年(1949年)逝世,之后弟子们便各自云游去了。

[7] 惭(hiri)是对恶行感到厌恶,愧(ottapa)是对恶行感到害怕,两者的作用都是不造恶。佛陀称此二法是世间的守护者,因为它们能制止世间陷入广泛的不道德。

[8] 四正勤(cattāri sammappadhānāni):又名"四正断",意指策励身、口、意的修行,不令放逸。即:一、已生恶令断除,二、未生恶令不生,三、未生善令生起,四、已生善令增长。

[9] 五力(pañca balāni):指五种破恶的力量。一、信力——对三宝虔诚,可破除一切邪信;二、精进力——修四正勤,可断除诸恶;三、念力——修四念处以获正念;四、定力——专心禅定以断除烦恼;五、慧力——观悟四谛,成就智慧,可达解脱。

[10] 阿姜查并未说明急着离去的原因,他只是提到住在那里有一些障碍存在。

[11] 森林快速消失的原因很多,如普遍铺设道路与铁路、丛林战争、砍伐树林,还有大自然的洪水灾难等,都剥夺了森林僧的修行空间。

[12] 波罗奈:梵名 Vārāṇasī,巴利名 Bārāṇasī。中印度古王国,又称波罗奈斯国、波罗捺国,旧称迦尸国(Kāśi),近世称为贝拿勒斯(Benares),即今之瓦拉纳西(Varanasi)。佛尝游化至此教化众生,系六大说法处之一,今城内有数以千计之印度教寺庙,其中有著名之金寺。

[13] 根本智:又名如理智、无分别智、正智、真智等,即符合真理无分别之真智,因它乃生一切法乐,出一切功德大悲之根本,所以称为根本智。

[14] 阿输吠陀(ayur-vedic):又译"寿命吠陀"。一种古代印度医学,其主要原理均源自吠陀。目前在印度的阿输吠陀中心仍实行这种医术。

[15] 法救尊者所译的《法句经·双要品》说:"心为法本,心尊心使,中心念恶,即言即行,罪苦自追,车轹于辙。心为法本,心尊心使,中心念善,即言即行,福乐自追,如影随形。"(《大正藏》卷四)

[16] 圣约翰(St.John of the Cross):西班牙诗人与神秘主义者,与圣特雷莎(St.Teresa of Avila)共同于1568年创设卡尔迈勒赤足冥想修会(Carmelites)。他有诗作《灵魂的暗夜》(Dark night of the Soul)。

[17] 分别论说:由多方面分别解说一切法,对未尽理之说,更须分别论究,故称"分别论者",与上座部关系密切。

[18] 五条训练自己身口善行的准则：不杀生、不偷盗、不邪淫、不妄语与恶口、不使用麻醉品。

[19] 八戒：即八关斋戒，是佛陀为使在家信众有机会学习出家生活，借以长养出世善根而特别开设的方便法门。共有八条戒律：一、不杀生；二、不偷盗；三、不淫；四、不妄语；五、不饮酒；六、不着华鬘，不香油涂身；不歌舞倡伎，不故往观听；七、不坐卧高广大床；八、不非时食。

[20] 十戒：即沙弥或沙弥尼受持的十条戒律，是在五戒的基础上，加了五条与世间俗欲隔离的规定而成为养成僧伽人格的训练。其内容是：一、不杀生；二、不偷盗；三、不淫；四、不妄语；五、不饮酒；六、不着华鬘，不香油涂身；七、不歌舞倡伎，不故往观听；八、不坐卧高广大床；九、不非时食；十、不捉持金银宝物。

[21] 具足戒：即指比丘与比丘尼戒。"具足"是旧译，新译作"近圆"，"近"是邻近，"圆"是圆寂（涅槃），"近圆"意指能清净受持比丘、比丘尼戒，便已接近涅槃了，因每条戒都可以长养定慧、解脱生死。沙弥或沙弥尼要年满二十岁才可受具足戒，成为比丘或比丘尼。在《巴利律》中，比丘有二百二十七条戒，比丘尼有三百一十一条戒。

[22] 这些话是佛陀于二月满月时，在王舍城附近的竹林精舍，对一千二百五十名出家弟子所作著名教导的开场白。后来的满月节（Māgha Puja）就是为纪念这个日子。此"波罗提木叉教诫"（Ovāda Pāṭimokka），形成《法句经》的183—185颂——"一切恶莫作，一切善应行。自调净其意，是则诸佛教。"（183颂）"诸佛说涅槃最上，忍辱为最高苦行。害他实非出家者，恼他不名为沙门。"（184颂）"不诽与不害，严持于戒律。饮食知节量，远处而独居。勤修增上定，是为诸佛教。"（185颂）

前言　关于这颗心

关于这颗心——事实上，它实在没有错。它本质上是清净的，且原本就是平静的；若不平静，那是因为它跟着情绪走。真心与这些无关，它只是自然的一面，因受情绪欺骗，而变得平静或扰动。未受训练的心是愚痴的，感官印象很容易让它陷入快乐、痛苦、愉悦或忧伤之中。不过心的真实本质并没有那些东西。欢喜或悲伤不是心，它只是欺骗我们的情绪，未经训练的心迷失后，就跟随着情绪而忘了自己。于是，我们便以为是自己在沮丧、感觉自在或其他等等。

但是，其实这颗心原本是不动与平静的——真正的平静！只要风静止，叶子就会安住不动；风来了，叶子随之舞动，它舞动是源自于风。心的舞动则是源于感官印象，心跟随着它们，否则就不会舞动。若完全觉知感官印象的真实本质，我们就能不为所动了。

修行就是要看见本心，我们必须训练心去觉知那些感官印象，且不迷失其中，让它能平静下来。我们艰苦修行的一切努力，都只是为了这个单纯的目标。

获得佛法须培养心中的戒、定、慧

人们从许多来源听到佛法，例如不同的老师或比丘。在一些例子中，法以非常广泛与模糊的字眼进行教导，以至于很难在日常生活中运用。在其他例子里，它则以华丽的语辞或特殊的名相进行教导，尤其是逐字解释经典的方式，更让人难以理解。最后，或是以平衡的方式进行，既不会太模糊或深奥，也不会太空泛或隐晦，最适合听者理解与修行，符合每个人的利益。在此，我想与大家分享一些我惯常用来指导弟子的教法。

希望获得佛法者必须以信仰或信心为基础，我们必须了解佛法的意义如下——

佛[1]：觉知者[2]，心中有清净、光明与安稳者。

法[3]：清净、光明与安稳的特征，从戒、定、慧生起。

因此，获得佛法者是培养与增长心中的戒、定、慧的人。

希望回家的人，不是那些只坐着幻想旅行的人。他们必须踏上旅程，朝着正确的方向一步步前进。若走错路，就可能遇到沼泽或其他类似的障碍，甚至陷入险境而永远到不了家。家，是个让身心舒适的场所，那些真正到家者才能放松与舒服地睡觉。但旅行者若经过或绕过家门而不入，那么在整段旅程中，他们将无法得到任何利益。

修行的成果完全取决于自己

同样的，达到佛法的道路是每个人必须独自去践履的，没有人能替代。我们必须走戒、定、慧的正道，直到获得内心清净、光明与安稳的喜悦，那是践履正道的成果。

但若人拥有的只是书本、圣典、教戒与经典的知识——那只是旅游的地图或计划——就永远无法觉悟心的清净、光明与安稳，即使经过几百世，他将只是徒劳无功，永远无法得到修行的真实利益。老师只能指出正道的方向，我们是否行走正道而获得修行的成果，则完全取决于自己。

在此有另一个观察的角度。修行就如医师开给病人的药，瓶子上有详细的用药说明。但若病人只是阅读说明，即使读上一百遍，还是可能会死。他们无法从药物得到任何利益，并可能会在死前埋怨医生差劲，是个骗子，那些药物无法治愈他们，因此毫无价值。殊不知他们只是花时间检视药瓶与阅读说明，并未遵从医师指示服药。

但若遵从医生指示服药，就能康复——假使是重病，就必须采用较重的药

> 医师开列处方以减轻身体的疼痛，佛陀的教导则是心病的药方，让心能恢复自然的健康状态。因此，佛陀可说是开列心病处方的医师。事实上，他是世上最伟大的医师。

量；若病情轻微，则只须服用少量的药即可。较重的药量是因为病重的关系，那是非常自然的，你们自己仔细思量后就会了解。

医师开列处方以减轻身体的疼痛，佛陀的教导则是心病的药方，让心能恢复自然的健康状态。因此，佛陀可说是开列心病处方的医师。事实上，他是世上最伟大的医师。

我们每个人毫无例外地都有心病。当你看见这些心病时，难道不会合理地想寻求法作为依靠或药方吗？践行佛法之道，不能以身体去完成，你必须用心去实践。我们可以将解脱道的行者区分成三种层次：

第一层次，包括那些了解自己必须修行，并知道如何做的人。他们皈依佛、法、僧，决心依教法精进修行。这些人已摒弃盲从的习俗与传统，而能根据理智亲自检视世间的本质。这群人名为佛教行者。

中间层次，包括那些已修行到对佛、法、僧深信不移的人，他们已觉悟一切因缘法的真实本质，逐步降低执取与贪著，不会紧抓事物不放。他们的心深悉佛法，根据不执著与智慧的程度而分别称为入流[4]、一来[5]、不来[6]，或统称为圣者。

最高层次，是那些修行已导向佛陀的身、口、意者。他们超越世间，解脱世间，解脱一切贪染与执著而称为阿罗汉[7]或世尊，是最高层次的圣者。

修行正念[8]和正知[9]将能生出善戒

戒，是对身和语业的自制与纪律，正式的区分是在家戒与比丘、比丘尼戒。不过，一般而言，戒有个基本特性——动机。当我们正念或正知时，就有正确的动机，修行正念与正知将能生出善戒。

若我们穿上脏衣服，身体会变脏，心也会感到不舒服与沮丧，那是非常自然的。若保持身体洁净，并穿上整洁的衣服，心就会变得轻快与喜悦。同样的，当无法守护戒律时，我们的身行与言语就会腐化，而让心痛苦、悲伤与沉重；我们将偏离正确的修行，无法洞见法的本质。善的身行与言语有赖于正确训练受到控制与调伏的心，将能更适切地在各行各业帮助我们。有纪律的心，会使我们的生活保持平衡，让工作更顺利，并培养与发展出理性的行为模式。最后，我们的快乐亦将随之提升。

的心，因为身体与语言都由心所控制。因此，我们必须持续调伏自己的心。

定[10]的修习能让心更坚固

以定来训练，能让心更坚定、稳固，为心带来平静。通常，未经训练的心是动荡不安的，难以控制与驾驭。这种心狂野地跟随感官起舞，就如水往低处窜流一样。农学家与工程师知道如何控制水，以供人类社会使用。他们筑起水坝以拦截河流，建立水库与渠道，只为了输送水让人更方便地使用。这些蓄积起来的水，变成电力与灯光的来源——这是控制水流更进一步的利益，如此一来，不仅阻止它四处流窜、淹没低地，还能发挥它的最大功效。

心受拦阻、控制、疏导的情况也是如此，这将能带来无边的利益。佛陀说："调伏之心，将带给我们真正的快乐，因此好好训练你的心，以得到它的最大利益。"同样的，周遭的动物，如大象、马、牛等，在使用它们之前，也必须先加以训练，唯有如此，它们的力量才能充分发挥，为我们所用。

调伏的心所带来的福报，比未调伏的心要来得多。佛陀与圣弟子们都和我们一样——从未调伏的心开始，但他们后来都成为我们尊敬的对象，我们从他们的教导中得到许多利益。仔细想想，整个世界已从这些调伏心且获得解脱者的身上，得到多少利益。受到控制与调伏的心，将能更适切地在各行各业帮助我们。有纪律的心，会使我们的生活保持平衡，让工作更顺利，并培养与发展出理性的行为模式。最后，我们的快乐亦将随之提升。

修行最有效的方式是对呼吸保持正念

心的训练可通过许多方式，使用许多不同的方法去做。每个人都可以修行的最有效的方式是对呼吸保持正念，即培养入息与出息的正念。

在本寺，我们将注意力集中在鼻端，并配合念诵 Bud-dho [11] 以培养入出息的觉知。若禅修者希望念诵另一个字，或单纯地于气息的进出保持正念，那也很好,调整方法以适合自己。禅修的基本要素,是必须在当下注意或觉知呼吸,因此,在吸气和吐气时都要保持正念。修习行禅时,我们尝试将注意力放在脚接触地面的感受上。

禅修要想有结果,就必须尽可能经常练习。不要某天禅修一小段时间后,隔了一两个星期甚至一个月才再修习一次,如此不会有什么效果。佛陀教导我们要经常练习,要精进地练习,尽可能持续训练心。要想有效地修行,应该寻找不受干扰的理想僻静处。适合的环境是花园、后院的树荫下或任何可以独处的地方。若是比丘或比丘尼,应该找个茅棚、安静的森林或是一个洞穴。山林,是最适合修行的场所。

无论如何,不管身在何处,我们都必须努力维持入息与出息的正念。若注意力转移,就把它再拉回到禅修的所缘上。尝试放下其他一切想法与关心的事,不要想任何事——就只是观察呼吸。念头一生起,便立即警觉,并努力回到禅修的所缘上,心将变得愈来愈平静。当心达到平静与专注后,就可以把它从禅修的所缘——呼吸上放开。

现在,开始检视组成身心的五蕴[12]——色、受、想、行、识,观察它们的生灭,你将清楚地了解它们都是无常的;无常让它们成为苦与可厌的;它们自行生灭,没有一个主宰的我,只有根据因果而生的自然变动。世上的一切事物都具有无常、苦与无我的特征。若你能如此看待一切存在的事物,对五蕴的贪染与执著就会逐渐减少,这是因为你了解世间的实相。我们称此为慧[13]的生起。

了解身心各种现象的实相就是慧

慧是指了解身心各种现象的实相。当我们以调伏与专注的心观察五蕴时,就会清楚地了解身与心都是无常、苦与无我的。以智慧了解这些因缘和合的事物,我们就不会贪取或执著。无论接收到什么,都以正念接受,就不会乐不可支;当拥有的事物坏灭时,也不会不快乐或痛苦,因为我们清楚了解一切事物的无常本质。心已经调伏，遭遇任何疾病或苦难时，就能保持平常心，所以，最真实的依怙，就是这颗调伏的心。

这一切便被称为慧——明了事物生起时的真实特相。慧从正念与定生起，定则从戒的基础生起，戒、定、慧三者彼此密切相关，无法断然区分。修行时它如此运作：首先，以调伏的心注意呼吸，这是戒的生起；持续修习入出息念，直到心平静下来，定便生起；接着，观察呼吸的无常、苦与无我，如此便能不执著，这是慧的生起。因此，入出息念可说是发展戒、定、慧的因，三者辗转相互提携。

当戒、定、慧同时开发时，如此的修行即称为八正道[14]，佛陀说这是唯一的离苦之道。八正道是最殊胜的，因为若正确地修习，它直接通往涅槃、寂灭。

修行的果报将会生起

当我们依上述的解释禅修，修行的果报将分三阶段生起：

首先，对随信行者[15]而言，将会增加对佛、法、僧的信心。此信心会成为他们内在真实的支撑，他们也将了解一切事物的因果法则：善有善报，恶有恶报。因此，这种人的快乐与安稳将大为提升。

其次，达到入流、一来与不来圣果者，将增长对佛、法、僧的不坏净信[16]，他们是喜悦与趣入涅槃的。

第三，阿罗汉或世尊，已完全离苦得乐。他们是觉者，已出离三界，并进入究竟圆满解脱道。

我们都有幸生而为人，并且听闻佛法，这是难得、难遇的机会。因此，切莫轻忽、放逸，赶紧持戒行善，遵从初、中、高级的修行正道，切莫蹉跎光阴，甚至就在今天，尝试证入佛法的真谛。让我以老挝的一个俗谚作为结语：

> 欢乐已逝，暗夜将至。此时饮泣，驻足观望，不久之后，结束旅程，将已太迟。

【注释】

[1] 佛（Buddha，Buddho）：意译为觉者，即觉醒的人，已达到觉悟状态者。历史上的佛陀是悉达多·乔达摩（Siddhatta Gotama）。

[2] 这是阿姜查常用的关键字，英译本常将它译为 the knowing 或 the one who knows，中文译为觉知者或觉性，意指在无明或烦恼的影响下，错误地觉知，但是通过八正道的修行，它就是觉者（佛陀）的觉悟。

[3] 法（Dhamma）：事物的实相，佛陀的教导，内容为揭示实相以及阐述让人证入的方法。

[4] 入流（须陀洹）：指断除身见、疑、戒禁取三种烦恼，而进入圣者之流者，是圣者的最初阶段。成为此圣者之后，就永不再堕入地狱、饿鬼、畜生，至多生于欲界七次，其后必定得正觉而般涅槃。

[5] 一来（斯陀含）：于须陀洹后，部分地断除欲界贪、嗔、痴烦恼，再生到欲界一次之后即成为阿那含或阿罗汉。

[6] 不来（阿那含）：于斯陀含之后，再断除嗔恚、欲贪二种烦恼，至此阶段完全断除欲界的烦恼，不再生于欲界，必定生于色界或无色界，在此处获得最高证悟，或从欲界命终时，直接证得阿罗汉果。

[7] 阿罗汉：圣者的最高果位。于阿那含断除欲界烦恼后，阿罗汉再断除色贪、无色贪、慢、掉举、无明五种色界与无色界的烦恼，获得最终解脱，而成为堪受世间大供养的圣者。

[8] 正念（sati）：念是将心稳定地系在所缘上，清楚、专注地觉察实际发生于身上、身内的事，不忘却也不让它消失。正念是八正道的第七支，有正念才能产生正定；它也是七觉支的第一支，为培育其他六支的基础；同时也是五根、五力之一，有督导其他四根、四力平衡发展的作用。

[9] 正知（sampajañña）：即清楚觉知，通常与正念同时生起。正知共有四种：一、有益正知，了知行动是否有益的智慧；二、适宜正知，了知行动是否适宜的智慧；三、行处正知，了知心是否不断地专注于修止、观业处的智慧；四、不痴正知，如实了知身心无常、苦、无我本质的智慧。

[10] 定（samādhi）：音译为三摩地、三昧，意译为正定、等持。即心完全专一的状态，将心和心所平等、平正地保持在同一个所缘上，而不散乱、不杂乱。

[11] Bud-dho 是用来方便持念的咒语，是由 Buddha（佛陀）转化而来。在泰国一般被拿来作为禅修的所缘。

[12] 五蕴（khandha）：蕴意指积集，五蕴即指构成人身、心的五种要素：一、色蕴，色即物质，包括四大种及其所造色；二、受蕴，受即感受，包括跟触等所生的苦、乐、舍等感受；三、想蕴，想即思想与概念，是通过眼触等对周遭世界的辨识，包括记忆、想象等；四、行蕴，行即意志的活动（心所法），包括一切善、恶的意志活动；五、识蕴，识即认识判断的作用，由六识辨别六根所对的境界。以上色蕴属于色法，受、想、行、识蕴则属于心法。

[13] 慧（Paññā）：音译般若，系指对实相的了解与洞见。

[14] 八正道又称为八圣道支，是成就圣果的正道，也是能入于涅槃的唯一法门，有八种不可缺少的要素：正见、正思维、正语、正业、正命、正精进、正念、正定。其中正语、正业、正命属于戒学；正精进、正念、正定属于定学；正见、正思维属于慧学。

[15] 随信行者是以信仰为主而获得初步证悟者，它相对于依理论而得初步证悟的随法行者而言，两者皆是从凡夫到圣人的最初证悟——须陀洹。随信行者所得的证悟称为不坏净，得此净信者，绝对不会从佛教信仰退转而改信其他宗教。

[16] 不坏净是绝对而确实的金刚不坏的净信，共有四项：对佛、法、僧三宝绝对皈依的信，对圣戒的绝对遵守，称为四不坏净。

PART ONE

戒

第1章　与法同住世间

大部分的人仍不知禅修的本质，他们认为行禅、坐禅与闻法即是修行。那也没有错，不过这些都只是修行的外在形式。

真正的修行，发生在心遇到感官对象时，感官接触的地方才是修行的所在。当他人说到我们不喜欢的事时，嗔恨便生起；若说的是喜欢的事，我们便感到快乐。这就是修行的所在，我们应如何利用它们来修行呢？这才是重点。若只是一味地追逐快乐、逃避痛苦，我们可能至死都见不到法。当欢乐与痛苦生起时，如何运用佛法而从中解脱呢？这才是修行的要点。

哪里有迷妄，哪里便有平静

当人们遇到不如意事时，通常会封闭自己。例如受到批评时，可能会回答："别烦我！为什么责备我？"这是封闭自我者的反应，而那正是修行之处。当他人批评时，我们应该聆听。他们所说是真的吗？我们应该敞开心胸去思考他们所说的话，也许其中是有意义的，或我们自身确实有值得批评之处。他们可能是对的，但我们当时的反应却是恼怒。当他人指出我们的过错时，我们应心怀感激，并努力改进自己，这才是智者的作风。

哪里有迷妄，哪里便会有平静生起；当以智慧洞察迷妄时，留存的就是平静。有些人非常自大，无法接受批评，且还会反唇相讥，这尤其常见于大人应付小孩时。事实上，小孩有时可能会提出聪明的见解，但若你正好是他们的母亲，将无法让步；若你是老师，学生有时会说些你不懂的事，但你会因身为老师而智者以开放之心聆听，然后衡量其真实性，再决定是否相信。

听不进去。这不是正思维[1]。

有智慧的人不盲目相信

舍利弗尊者——佛陀的十大弟子之一，非常有智慧。有次佛陀正在说法时，突然转而问他："舍利弗，你相信这点吗？"舍利弗回答："不！我还未相信。"佛陀赞叹他的回答：

> 很好，舍利弗！你是具有智慧者，是不盲目相信的智者。智者以开放之心聆听，然后衡量其真实性，再决定是否相信。

在此，佛陀树立了教师的典范。舍利弗所说是真实的，他只是说出自己真实的感受。对某些人而言，若说不相信，就会被视为质疑教师的权威，因此不敢说而只会附和与同意。但佛陀并不以为忤，他说你无须为不是错误或邪恶的事感到羞耻，对不相信的事表示不相信，这并没有错。佛陀在此的作为，为身为人师者提供了很好的示范。有时你也可能从小孩的身上学到东西，不要盲目执著于权威的身份。

以开放的态度对待一切事物

无论行、住、坐、卧，你都可能从身边的事物中学习。以一种自然的方式学习，采取开放的态度对待一切事物——色、声、香、味、触、法，智者会思维这一切。在真实的修行中，我们将做到不使内心再为任何挂念而苦恼。

当喜欢和厌恶的感觉生起时，若我们仍无法觉知，心里就会有焦虑。若知道它们的实相而省察："哦！喜欢的感觉是空的，它只是种生灭无常的感觉；厌恶的感觉也同样生灭不已。为何要执著它们呢？"若认为欢乐与痛苦都属于我们，就免不了烦恼。问题就如此辗转相生而永无止境，大多数人的世界就是

> 修行，不是你必须大费周章或疲于奔命的事，只要留意心中生起的感受。

如此。

但现在老师们在教导法时很少谈到心，也不谈实相，若我们说实相，他们甚至会生气地说，他不知道适合的时间与地点，也不知如何婉转地表达。但人们应该聆听实相，真正的老师不会只谈记忆，而应该说实相。社会上的人通常都根据记忆在说话，也常以自吹自擂的方式说话。真正的比丘不会如此，他说实相——事物的本来面目。

了解如何修法，出家与否并不重要

若你了解法，就应照着修行，不一定要出家，虽然那是修行的理想形式。真的想修行就必须出离迷妄的世间，放弃家庭与财产，进入森林，这是理想的修行方式。但若还有家庭与责任，我们应如何修行？有人说在家人不可能修习佛法。但是请想想，出家人和在家人哪一个团体比较大？当然是在家人要大得多。现在，若只有出家人修行而在家人不修，那意味着将会有更多的迷妄。这种理解是错误的，是否成为比丘或比丘尼并非重点！若不修行，成为比丘并无任何意义。若真了解如何修法，那么无论处于什么地位或从事何种行业，不论老师、医师、公务员或其他身份，都能善用每一分钟去修行。认为在家人无法修行，这是完全迷失正道的。为何人们能找到做其他事的动机？若觉得有所欠缺，他们就会努力去得到它。只要有充分的欲望，就可以做任何事。有人说："我没有时间修行。"我说："那你怎么有时间呼吸？"修行，不是你必须大费周章或疲于奔命的事，只要留意心中生起的感受。当眼见色、耳闻声、鼻嗅香时，它们都来到这同一个心——觉知者。现在，当心认知这些事物时，发生什么事？若我们喜欢就会愉悦，若不喜欢就会不悦，一切的反应就是如此。

因此在这世上，你应该向何处寻找快乐？你期望这辈子人人都只对你说愉悦的事吗？那可能吗？若不可能，你能到哪里去？这个世界就是如此，我们必须要能世间解[2]——了知这世间的实相，我们应该清楚了解世间。佛陀生在这世上，经历过家庭生活，但因看见它的限制而从中出离。现在，身为在家人的你应该怎么做？若想要修行，就必须努力遵循解脱之道。若坚持修行，你就会了解这世间的限制而能放下。

不了解戒律，修行不会有结果

喝酒的人有时会说："我就是戒不掉。"为何戒不掉呢？因为他们还不了解喝酒的弊害。若你不了解其弊害，就意味也不知戒酒的利益，修行将毫无结果，只是以游戏的态度在修行。但若你清楚地看见它的利弊，就无须等待别人告诉你它的一切。

想想发现筌中有鱼的渔夫的故事，他晓得里面有东西，能听到它拍击的声音。他以为那是一尾鱼，便把手伸进筌里，却发现那是另一种动物。他看不到它，心中便揣测它可能是鳗鱼[3]或蛇。若丢掉可能会后悔，因它可能是鳗鱼；若是蛇的话，去捉就可能被咬。他陷入疑惑中，但欲望如此强烈，因此便伸手去捉，期望它是鳗鱼。然而，当他取出的那一刻，看见皮上的花纹，立刻就抛开它。他不必等人呼叫"那是蛇，快放手"，看见蛇的那一幕比别人的警告更加管用。为什么？因为他看见危险——蛇会咬人！还需要别人告诉他要放手吗？同样的，若能修行直到看清楚事物的实相，我们就不会再与有害的事物纠缠不清。

只谈不老和不死，培养不出正确的修行观

人们通常不如此修行，不反省老、病与死，而只谈不老与不死，因此培养不出正确的修行观。他们前去闻法，但并未真地聆听。有时我应邀在重要集会开示，但那经常对我造成干扰。当我看聚集的人群时，我了解他们并未在闻法。有人满身酒味，有人在抽烟或聊天，看起来丝毫不像是信仰佛法的人。在这种地方讲话，成效可说微乎其微。那些放逸者心想："他到底要讲到什么时候？

这不能做，那不能做……"他们完全心不在焉。

有时他们甚至为了客套而邀请我讲话："法师，请给我们一段简短的开示。"他们不希望我谈太多——那可能会惹恼他们！我一听到这么说，就知道他们并不想听闻佛法，那会惹恼他们。若我只说几句话，他们是不会了解的。若你只吃很少的食物，那会饱吗？

有时我正在讲话，刚准备进入主题，就会听到一些醉汉在大喊："好了！让路！给法师让路，他现在要走了！"试图将我赶走！遇见这种人，能提供我很多省思的食粮，让我更加洞悉人性。就如瓶子已装满水，人却还要求更多，瓶子已无空间再容纳，倒再多水也只会无效地溢出来。这种人不值得浪费时间与精力去教导，因为他们的心已经满了。当人提不起精神来接受时，我也提不起精神去给予；若他们的瓶子还有空间装更多的水，则施者与受者都会获得利益。

现在的开示慢慢变成这样，情况一直在恶化中。人们并不追求实相，他们研读只是为了寻找能谋生、养家糊口与照顾自己的知识，是为了生计而研读，并非为了法。现在的学生拥有更多知识，生活条件也比以往更好，每件事都更方便，但同时也拥有更多的迷妄与苦恼。为何会如此？因为他们只追求那种谋生的知识。

甚至比丘们也是如此。有时我听到他们说："我不是为了修法而出家，我是为了研究而成为比丘！"这是彻底自断修行之道，那是条死路。这些比丘只是根据记忆在教导，他们可以教一件事，心却在另一个完全不同的地方，这种教导是不真实的。

世间的情况就是如此。若你想单纯地生活，想修法与平静地生活，他们会说你怪异、反社会或阻碍社会进步，甚至会胁迫你。最后，你可能会开始相信他们而重新回到世俗的生活方式，一步步陷入世间，直到求出无门。有些人说："我现在出不去，我已陷得太深！"这就是社会的趋势，它不认同法的价值。

"若你了悟法，就了悟自己的心。"你在那里看见实相，当实相清楚地显露时，愚痴之流即被斩断。

了悟法即了悟自心

法的价值无法从书本中找到，那些都只是法的外表，它们并非个人对于法的体悟。"若你了悟法，就了悟自己的心。"你在那里看见实相，当实相清楚地显露时，愚痴之流即被斩断。

佛陀的教导是种不变的实相，他在两千五百年前就揭露了这实相，它一直都未改变。这教导不该被增删，佛陀说："凡是如来所制定者，不应该被舍弃；不是如来所制定者，不应该被增加。"他将教法封锁起来。为何佛陀要将它们封锁起来呢？因为这些教法是漏尽者（即完成者）所说。无论这世界如何改变，教法都不会受影响而随之改变。若某件事是错误的，谈论它就能减少其错误吗？若某件事是正确的，它会因别人说它错而改变吗？世代会交替，但这些教导不会改变，因为它是实相。

现在我们要问，是谁创造实相？实相本身创造实相！佛陀创造了它吗？不，他没有。佛陀只是发现实相——事物的本来面目，然后率先说出，无论佛陀出世与否，实相始终是真实的。在这层意义下，佛陀只是拥有法，并非真的创造出它，法一直都在这里，不过以前无人寻找并发现。佛陀是寻找并发现不死[4]，然后再以法为名教导它的人，他并未创造它。

实相从未离开，法也没消失

在历史上，实相曾显耀，法的修行也曾盛行。时光荏苒，世代更迭，修行逐渐没落，直到教法完全消失。一段时间后，教法再次被发现与盛行，其追随者与日俱增，进入辉煌时期，然后，再次屈服于世间的黑暗而衰退，几至荡然无存，迷妄再次获胜，接着又是重建实相的时间。事实上，实相从未离开，诸佛去世后，法并未随之消失。

世间如此周而复始。它有点像芒果树，会经历成熟、开花与结果的阶段。它们腐烂后，种子掉落地上，长成一棵新的芒果树，循环又重新开始。世间就是如此，不会偏离轨则，它只是周而复始，旧调重弹。

我们现在的生命也是如此，今天只是在重复过去做过的事。人们想得太多了，他们有那么多感兴趣的事，却一事无成。其中有数学、物理学、心理学等科学，你可以随意钻研，但唯有在觉悟实相后，事情才会结束。

想象牛拖着牛车，当牛前进时，车轮便会留下车辙。车轮也许并不太大，但沿路会留下长长的车辙。当牛车静止时观察它，你看不到什么，一旦牛开始移动，就会看到身后留下的车辙。只要牛往前拉，轮子就会持续转动。但有天牛累了，挣脱牛轭走开，独剩牛车，车轮不再转动。最后，牛车腐朽了，零件重新回到地、水、火、风四界[5]。

在世间寻求安稳时，你的车轮不停转动，车辙也会在身后无限延伸。只要遵从世间，你就无法停下来休息。若就此打住，车子就会停止，车轮也不再转动。造作恶业就是如此，只要重蹈覆辙，就不可能停止；但若你停止，它就会停止。这就是我们修行的方式。

【注释】

[1] 正思维：指正确的思维，包括离欲、无嗔、无害等三个层面的思维。

[2] 世间解（lokavidū）：又作知世间，为佛十号之一，即佛能了知众生、非众生两种世间的一切，既了知世间之因、世间之灭，也了知出世间之道。

[3] 鳗鱼在泰国某些地区被视为珍馐。

[4] 不死：即涅槃。

[5] 四界：地界、水界、火界、风界。这些是色法不可分离的主要元素，在它们的组合之下，造成小至微粒子，大至山岳的一切色法。这四大元素因持有自性，故称为界。

第 2 章　使心变好

现在，人们四处求功德[1]，似乎总是会于往返的路程间在巴蓬寺[2]短暂逗留。有些人行色匆匆，我甚至连和他们见面说话的机会都没有。多数人都是来求功德，我很少看到他们前来寻求断恶之道。他们急于得到功德，却不知该将它摆在哪里，犹如想为脏布染色，却不先清洗它一样。

虽然比丘们如此直言不讳，但对多数人而言，却不知如何将这类教导付诸实践。之所以困难，是因他们不懂，若能了解就会比较容易。想象有样东西在洞底，伸手够不到底的人可能会说洞太深，成百上千的人伸手进去可能都会如此说，却没有人会说是自己的手太短了！

这些求功德者迟早都必须开始寻找断恶之道，但很少有人对它有兴趣。佛陀的教导如此简洁，多数人都忽略了它，就如他们经过巴蓬寺一样。对多数人而言，法只不过是个中途休息站而已。

不肯断恶，永远求不到功德

这是诸佛的教导，只有三行字。第一行是"诸恶莫作"[3]——断一切出于身、口、意，无论大小之恶，这是诸佛的教戒、佛教的核心，但人们老是忽略它，他们不想要这个。

若要染布，必须先清洗它，但多数人不这么做，无视布料的情况，直接把它浸入染料中。若是块脏布，取出后反而会比先前更糟。想想看！染块肮脏的破布，效果会好吗？

> 向内看，就会看见善恶，看到善法，就可以记住它，并照着修行。

你了解吗，这就是佛教的教导，但多数的人都忽略它。他们只想做好事，而不想断除恶行。犹如只会说洞太深，而不检讨自己手太短一样。我们必须反求诸己，根据这教导，你必须退一步反省自己。

有时他们借由搭车求功德，甚至可能在车上争吵或喝醉。问要去何处，他们会回答说要去求功德。他们想要功德，却不肯断恶，因此永远求不到功德。

人们就像这样，你必须看好自己。佛陀教导我们，在任何情况下都要保持正念、正知。恶行从身、口、意生起，一切善、恶、福、祸都存在于行为、言语与思想里。这是你必须观察的地方，就在这里，看看自身的作为是否正确，而无须搭车到远处求功德。

人们并不真的在乎这些，就如家庭主妇板着脸洗盘子一样，她只是急于洗盘子，而未觉察自己的心并不清净！她看得太远了，不是吗？人们如此在意洗盘子，却放任心变脏。这不好，他们正在遗忘自己。

及时看见自己，就可停止作恶

因为不了解自己，人们可能犯下各种恶行。当他们计划作恶时，会先环顾四周，观察是否有人注意。"妈妈会看到我吗？""先生会看到我吗？""孩子们会看到我吗？""太太会看到我吗？"若无人注意，就会放手去做。他们是在侮辱自己，自以为没有人注意，趁别人看到之前赶快做完这件事。但他们自己算什么呢？难道不是某个人吗？

你了解吗，他们如此轻视自己，所以永远无法发现真实的价值，找不到法。若你看着自己，就会看见自己。当作恶时，若能及时看见自己，你就可能停止。若希望做些有意义的事，就看着自己的心。若知道如何看自己，就会知道对错、祸福与善恶了。

这些事若我不说，你不会知道自己的心中有贪与痴。若你一直向外看，就不会知道任何事，这是不知自省的麻烦。向内看，就会看见善恶，看到善法，就可以记住它，并照着修行。

断恶、修善是佛教的核心，诸恶莫作——无论经由身、口、意。那是正确的修行，佛陀的教法。然后，我们的衣服就会干干净净。

若心是善良与正直的，就会微笑

接下来是"众善奉行"。若心是正直与善巧的，就无须搭车四处求功德，即使坐在家里，也能获得功德。多数人只是四处求功德，而不肯断除诸恶，两手空空地回到家里，又回复原先的臭脸，故态复萌地板起脸洗盘子。人们就是不愿向内看，因而离功德愈来愈远。

我们可能知道这一切，但若非真的知道它在我们里面，佛教就不会进入内心。若心是善良与正直的，它就是快乐的，心中也会有微笑。但多数人却很难找到时间微笑。我们能吗？我们只有在事情称心时才笑得出来。

大多数人的快乐是建立在事事称心如意上，他们必须让世上每个人都只说令人愉快的事，但每个人是否可能都如此做呢？若那是你想要的方式，怎么可能找到快乐？我们怎么可能让别人每天都只说我们喜欢的事呢？那可能吗？即使是自己的小孩，他们是否也曾说过触怒你的话呢？你曾伤过父母的心吗？不只是其他人，甚至连自己的心也可能搅乱我们。

有时我们考虑的事是令人不悦的，你能怎么办？你可能正独自走路，突然间摔了一大跤，哎哟！问题出在哪里？到底是谁绊倒了你？你能怪谁？那是你的错，连自己的心也可能得罪我们。若仔细想想，你将了解这是真的。有时我们会做连自己都不喜欢的事，你只能说："该死！"没人可以责怪。

我们必须使用法来寻找快乐。无论它是什么，无论是对是错，不要盲目执著它，只要注意它，然后放下它。当心自在时，你就能微笑；一旦你讨厌某样事物，心就变坏，然后没有一件事是好的。

觉知心，就可以获得清明

心断除恶垢之后，就不再有烦恼——平静、慈悲与正直。心恢复光明与断恶后，随时都会自在。平静祥和的心是人类成就的真实表征。

佛教中的功德，是断一切恶。恶法断除后，就不再有任何压力，压力消除后，心就会安定下来。安定的心是清净、明亮的心，不会夹杂嗔念。

你如何让心清明呢？只要觉知它即可。例如，你可能心想："今天我的心情真是糟透了！看到的每样东西都在招惹我，连橱柜里的盘子都这样。"你可能有种想把它们全都砸碎的冲动。你看到的所有东西都很糟糕，鸡、鸭、猫、狗——你憎恨这一切。丈夫说的每件事都让你讨厌，甚至连看自己的心也觉得不满。在这种情况下，你怎么办呢？这苦恼出自何处？这就称为无功德。今日在泰国有种说法，人死后功德便随之结束。其实不然，有许多还活着的人早已无功德了。

进行这种作功德之旅，就如建造华厦却未事先整地一样，那座房屋不久后就会倒塌，对吗？那个地基不好，你必须用另一种方式再试一次。你必须针对身、口、意的过失，自我检讨。你还能往别处去修行吗？人们迷失了，他们想到一个真正平静的地方，如森林或巴蓬寺里修法。巴蓬寺平静吗？不！它并非真的平静，真正平静的地方是你自己家里。

若有智慧，就能无忧无虑

若你拥有智慧，无论到哪里都能无忧无虑。整个世界原本就很好，森林里的树都有各自的好，有高的、矮的、空心的等各式各样，它们就是那个样子。但我们忽略它们的真实本质，将自己的想法强加在它们身上："这棵树太矮了！""这棵是空心的！"那些就只是树，它们的情况比我们都还要好。

所以我要将这些小诗挂在树上[4]，让它们来教导你们。你们有从它们那里学到东西吗？你们应该试着至少学到一件事。有这么多的树，它们每个都有东西可以教导你们。法无所不在，它存在于一切自然事物中，你应该了解这点。不要埋怨洞太深，回过头来看看你自己的手臂吧！若了解这点，你就会真的快乐。

若你们有行善或修福,把它存放在心里,那是保存它最好的地方。你们今日所做(供养僧众)是很好的修福方式,但并非是最好的;布施建寺也是很有功德的事,不过也不是最好的。建设你自己的心,使它成为善的,才是最好的方式。无论来这里或待在家里,只要那样做,在你的心里都能找到这个美善。就如这座讲堂的外在建筑,只是树的表皮,而非树心。

若无智慧,善也会变成恶

若你们有智慧,放眼望去,一切都是法;若无智慧,即使是善也会变成恶。这个恶来自何处?不是别处,就源自于自己的心。看看这颗心的变化有多大!一对夫妻平时相处融洽,彼此能快乐地交谈,但有天闹别扭时,对方讲的每句话似乎都很刺耳。心转恶了,它也就跟着变了,事实就是如此。

因此,想要断恶与修善,无须去其他任何地方。若心转恶,不要牵扯别人,只要看你自己的心,找出这些想法来自何处,心为何会想这种事。我们应明白一切事物都是短暂的,爱是短暂的,恨也是如此。

你爱过自己的小孩吗?当然爱过。你恨过他们吗?我可代你们回答,也恨过。你有时会恨他们,不是吗?但你不能抛弃自己的小孩。你能吗?为何不能?孩子们并不像子弹[5],不是吗?子弹是笔直地往前发射,但孩子却会射回父母的心坎里。若孩子是好的,它会回馈父母;若孩子是坏的,它也会回馈给父母。你可以说孩子是业——你的业,业有好坏,两者皆在孩子身上。

不过,即使他们是坏的,也是珍贵的。有人可能生来就是小儿麻痹、跛脚或畸形,却比其他小孩都更获得疼爱。当你暂时离家时,必须特别交代:"照顾最小的,他不是那么强壮。"你爱他胜过其他小孩。

想建设自己的心,就要认清自己的业

所以,你应该好好建设自己的心——半爱、半恨,不偏向任何一方,永远

> 孩子是你的业，他们与其拥有者是相称的，他们是你的业，你必须负起责任。

都要心存两者。孩子是你的业，他们与其拥有者是相称的，他们是你的业，你必须负起责任。若他们真的带给你痛苦，只要提醒自己："那是我的业。"若他们令你高兴，也只要提醒自己："那是我的业。"有时你在家里感到很受挫折，一心只想逃开，更糟的是有人甚至想上吊自杀！这都是业，我们必须接受事实。避免作恶，会让你更看清楚自己。

所以，思维是如此重要。通常当人禅修时，他会使用诸如 Bud-dho（佛）、Dham-mo（法）、San-gho（僧）[6] 为禅修的所缘，但你甚至可以用一个更短的。每次当你恼怒或心情很差时，只要说："So（如此而已）！"当你觉得不错时，只要说："So！原来它并非一成不变。"若你爱某人，只要说："So！"当你感到愤怒时，只要说："So！"你了解吗，你不必钻到三藏[7]中去寻找。

只要说："So！"意思是"它是短暂的"。爱、恨是短暂的，善、恶也是短暂的。它们怎么可能是永恒的？其中有永远不变的东西吗？

停止心中的愤怒，只要一句"So"

在"它们必然是无常的"这点上，你可以说它们是常的。在这方面它们是确定的，永远不会有例外。前一分钟还是爱，后一分钟变成恨，事情就是如此。在这个意义下，它们是常的。所以我说当爱生起时只要说："So"那会省下很多时间，你无须说"无常、苦、无我"。若你不想要一长串的禅修主题，只要用这个简单的词即可。若爱生起，在尚未真的迷失于其中之前，只要告诉自己："So"这就够了。

每件事都是短暂的，在总是无常这点上，它是常的。只要了解这么多，就是了解法——真实法——的心要。

现在，若每个人都更常说"So！"并如此投入训练，贪著就会减少。人们不会再那么执著爱与恨，或再贪著事物，就可以把信心放在实相而非其他事物上。只要了解这么多就够了，还需要知道什么其他的呢！

听完这个教导，你应该试着牢记在心。应记得什么呢？禅修。你了解吗？

若你了解，法也与你相应，心就会停止。若心里有愤怒，只要一句"So！"就够了，它立刻就会停止。若你还不了解，就更深入观察那件事。若了解，当心里生起愤怒时，就可以用一句"So！"把它关掉。

今天，你们都有机会从内在与外在两方面收录佛法。内在的是声音通过耳朵被录在心里，若无法如此做，你在巴蓬寺的时间就虚度了。至于录音带，则不是那么重要，真正要紧的是心里的录音机。录音机会损坏，若法真的进到心里，它不会变坏，只会一直存在，还不用花钱买电池！

【注释】

[1] "求功德"是到寺庙礼拜法师并行供养的泰国习俗。

[2] 巴蓬寺（Wat Pah Pong）是阿姜查四十岁（1959 年）时，在泰国乌汶省（Ubon Ratchathani）其出生村落旁的巴蓬（Phong Pond）森林里创立的森林道场，阿姜查是该寺的住持。

[3] 诸恶莫作（sabbapāpassa akaraṇaṃ）、众善奉行（kusalassū pasaṃpadā）、自净其意（sacittapariyodapanaṃ），这些话出自"波罗提木叉敦诫"（Ovāda Pāṭimokka），后形成《法句经》的 183—185 颂。

[4] 在巴蓬寺里的树上，经常悬挂着一块块的木板，上面写着发人深省的优美文句。

[5] 这是个文字游戏。泰语 luuk 意即小孩，而 luuk peun 字面的意思是"枪的小孩"，就是子弹。

[6] Bud-dho、Dham-mo、San-gho 是方便持念的咒语，是由 Buddha（佛陀）、Dhamma（法）、sangha（僧）等发音转化而来，在泰国一般被拿来作为禅修的所缘。

[7] 三藏（Tipiṭaka）即巴利律、经、论三藏。律藏包含比丘与比丘尼戒，以及僧团运作的条规。经藏是佛陀四十五年弘法的教导。论藏是佛陀入灭后，早期在印度举行三次圣典结集时所编，是有系统地将佛法分门别类并作诠释的圣典。

第 3 章　感官接触——智慧的泉源

真正的平静在我们内心

为了找到平静，我们已下定决心成为佛教中的比丘和沙弥。那么，什么是真正的平静呢？

佛陀说，真正的平静并不远——它就在我们的内心！但我们却长久忽视它。人们渴望获得平静，却始终感到迷妄和不安。他们一直对自己缺乏信心，且无法从修行中获得满足。犹如我们离家四处旅行，只要还未回家，就不会感到满足，而仍有未完成的事需要费心。这是因为旅程还未结束，我们尚未到达最后的目的地。

所有比丘与沙弥，我们每个人都希望平静。当我年轻时，四处寻找它，无论到哪里都无法满足。我进入森林行脚，参访各位老师聆听开示，都无法从中获得满足。

为何会如此？我们在极少接触色、声、香、味的环境寻找平静，相信安静地生活能令我们满意。但事实上，若我们在不受干扰的地方，非常安静地生活，能生起智慧吗？我们能觉知到什么？仔细想想，若眼不见色，那会是什么情况？若鼻不嗅香，舌不尝味，身无触受，那会是什么情况？那情况就如盲聋之人，鼻子与舌头失灵，且身体完全麻痹失去知觉。那里有任何东西存在吗？然而人们却还固执地认为，只要到没有任何事情发生的地方，就能找到平静。

放下不是要逃避我们的责任，那是愚蠢的行为。

放下不是什么都不做

当我还是个年轻比丘，刚开始修行时，坐禅会受到声音的干扰，我自问："该怎么做才能让心平静下来？"于是我拿了一些蜜蜡将耳朵塞起来，如此就听不到任何声音，只剩下嗡嗡嗡的残响。我以为那样会比较平静，但并非如此，所有的思考与迷妄根本不是从耳朵生起，而是从心生起，那才是找寻平静的地方。

换句话说，无论待在哪里，你都不想做任何事，因为那会妨碍修行。你不想扫地或做任何工作，只想坐着不动来寻找平静。老师要求你帮忙做些杂务或日常执事，你并不用心，因为觉得那些都只是外在的事。

我有个弟子，他真的很努力放下以追求平静。我曾教导要放下，他认为只要放下一切事物，便可获得平静。从来这里的那天起，他就不想做任何事，即使大风吹走他茅棚的半边屋顶，他也丝毫不在意。他认为那只是外在的事，因此不想费心去修理，当阳光或雨滴从一边洒进来时，他就挪到另一边去。他唯一关心的是让心平静，其他的事都只会让他分心。

有天我经过那里，看见倾颓的屋顶。"咦？这是谁的茅棚？"我问。有人告诉我是他的，我心想："嗯。奇怪。"因此便找他谈话，对他解释许多事，如"屋舍仪法"（senāsanavatta）——比丘对住处的相关义务。"我们必须有个住处，且必须照顾它。放下并非如此，它不是要逃避我们的责任，那是愚蠢的行为。雨从这边下来，你就移到另一边，阳光照进来时，你又再移回这边，为什么要这样？你为什么不干脆连那里也放下？"我在这上面为他上了颇长的一课。

当我结束时，他说："哦！隆波！有时你教我执著，有时又教我放下，不晓得你到底要我怎么做。甚至当屋顶塌了，我都能放下到这种程度，你还是说这样不对。可是你教我们要放下啊！我不知道你还指望我怎么做。"

有些人就是可以如此愚蠢！

这六根可能诱使我们享乐与放纵，也可能引导我们获得知识与智慧。

每件事物皆可用来修行

若我们如实觉知眼、耳、鼻、舌、身、意六根，那么它们都是生起智慧可用的素材。若我们无法如实觉知它们，就会否定它们，宣称不想见色或闻声，因为我们会受到干扰。若切断了这些因缘，我们要凭借什么进行思维呢？

因此，佛陀教导我们要防护，防护即是戒。有防护感官的戒[1]——眼、耳、鼻、舌、身、意——这些都是我们的戒和定。

想想舍利弗的故事。在他成为比丘之前，有次看见马胜（Assaji，音译为阿说示，五比丘之一）长老正在托钵，心想："这出家人如此不凡，走路不疾不徐，衣着整洁，威仪庄严。"舍利弗受到鼓舞，趋上前去致敬并问道："抱歉，长者！请问你是谁？"

"我是一位沙门[2]。"

"你的老师是谁？"

"我的老师是乔达摩尊者。"

"乔达摩尊者教导什么？"

"他教导一切事物都从因缘生，当因缘灭时，就随之息灭。"

当舍利弗问法时，马胜比丘给了他这简短的关于因果的解释。"诸法因缘生，有因才有果；若是果息灭，必是因先灭。"他虽然只说了这些，但对舍利弗而言已经足够。[3]

这是一个佛法生起的因，那时舍利弗六根具足，拥有眼、耳、鼻、舌、身、意，若无感官，他会有足够的因以生起智慧吗？他能觉知任何事吗？但多数人都害怕感官接触，无论害怕或喜欢，我们都未从中发展出智慧，反而通过这六根放纵自己，贪图感官享受并迷失于其中。这六根可能诱使我们享乐与放纵，也可能引导我们获得知识与智慧。

因此，我们应该把每件事物都拿来修行，即使是不好的事。当谈到修行时，我们不只针对美好或令人愉悦的事，修行并非如此。在这个世上，有些事物我们喜欢，有些则否，通常我们想要和喜欢的，即使对同修的比丘与沙弥也一样。

我们不想和不喜欢的比丘或沙弥交往，只想和喜欢的人在一起。你了解吗，这是依自己的喜好在做选择。通常只要是不喜欢的，我们就不想看见或了解。但佛陀希望我们去体验这些事，世间解——看着这世间并清楚地觉知它。

若无法清楚觉知世间的实相，我们将无处可去。活在这世上，就必须了解这世间。包括佛陀在内的过去的圣者，都与这些事物一起生活。他们活在这个世上，在凡夫之中，就在这里达到实相，而不在他处。但他们有智慧，能防护六根。

一直逃避，智慧无从生起

防护并非意指不看、不听、不闻、不尝、不触或不想任何事。若行者不了解这点，一旦见闻到什么，就退缩逃避，以为只要这么做，那件事最后就会丧失控制的力量，然后他们就能超越它。但往往事与愿违，他们根本无法超越任何事。若他们逃避而未了知实相，相同的事不久仍会生起，一样得再面对。

例如那些永不满足的行者，在寺院、森林或山中受持头陀支[4]，他们到处行脚，东看看，西瞧瞧，认为如此就能获得满足。他们努力爬上山顶："啊！就是这里，现在我没问题了。"感到几天的平静后，就对它厌烦了。"哦，好吧！下山到海边去。""啊！这里既舒适又凉快，在这里修行一定很好。"不久后，他又对海边感到厌倦。对森林、山顶、海边厌倦，对一切厌倦，这并非正见[5]，也不是厌离[6]的正确意义，而仅仅是感到乏味，是一种邪见。

当他们回到寺院，"现在，我该怎么做？每个地方都去过了，却一无所获"。因此他们弃钵、卸袍，还俗去了。为何要还俗？因为他们不了解修行，不晓得还有什么事可做。他们去南方、北方、海边、山顶、森林，仍不了解任何事，因此结束一切，他们便死了。事情的演变就是如此，因为他们一直逃避事物，智慧便无从生起。

> 我们不是以身体逃避，而是使用智慧，从心里跳脱，靠当下的智慧而了解，不逃避任何事。

从心里跳脱，不是逃避面对事情

再举另外一个例子。假设有个比丘，下定决心不逃避事物，要勇敢面对它们。他照顾自己，并了解自己和他人，持续努力地解决各种问题。假设他是位住持，经常得不断面对需要注意的事物；人们一直来询问，因此必须时常保持觉醒。在可以打瞌睡之前，他们就会再用另一个问题唤醒你。这让你能思维、了解所面对的事物，你变得能以各种善巧方式处理自己与别人的问题。

这技巧从接触、面对、处理与不逃避事情中生起。我们不是以身体逃避，而是使用智慧，从心里跳脱，靠当下的智慧而了解，不逃避任何事。

这是智慧的源头，每个人都必须工作，必须和其他事物联系。例如，住在大寺院中都必须帮忙处理事情，从某个角度看，你可能会说那些都是烦恼。和许多比丘、比丘尼、沙弥住在一起，在家众来来去去，可能会生出许多烦恼，但为了增长智慧、断除愚痴，我们必须如此生活。我们要选择哪一条路，是为了消除愚痴，还是为了增加它而生活？

苦所在之处即不苦生起之处

我们必须深入思维。每当眼、耳、鼻、舌、身、意六根接触外境时，我们都应该镇定与审慎。当苦生起时，是谁在受苦？为何苦会生起？寺院的住持必须管理众多弟子，这可能会造成痛苦。若我们害怕痛苦而不想面对，要如何与它战斗呢？若不知痛苦生起，我们要如何解决它呢？

跳脱痛苦意味着知道离苦的方法，它的意思绝非从每个痛苦生起的地方逃跑，这样做只会把痛苦带在身上。

若想了知苦，就必须深入观察目前的情况。佛陀教导我们，问题从哪里生起，就必须在那里解决。痛苦所在之处，正是不苦生起的地方；一个息灭，另一个就生起，你应该在那里解决自己的问题。因害怕而逃避痛苦的人是最愚痴的人，他们只会无止境地增加愚痴。

苦，是除此之外无他的第一圣谛，不是吗？你怎么会把它看成坏事呢？苦谛、生起苦之集谛、苦止息之灭谛、灭苦之道谛，若逃避这些事物，就不是根据真实法而修行。

佛陀教导我们要以智慧跳脱。你踏到荆棘或碎片，脚底被扎伤，走路有时会痛，有时则不会。当踩到石头或树枝，真的很痛时，便检查脚底，但未找到任何东西，你不理它继续走路，然后又踩到某样东西，再次感到疼痛。这种情况反复发生。

痛苦生起时别不理

疼痛的因是什么？它是扎入脚底的刺或碎片，痛感断断续续。每次疼痛生起时，你便稍作检查，但未看到碎片，于是就不理它。不久，它又再痛，你便再看一眼。

当痛苦生起时，你必须注意它，别不理。每次疼痛生起，你就注意到："嗯！刺还在那里。"每回疼痛生起，也会生起必须拔除那根刺的想法。若不将它取出，只会变得更痛，疼痛一再复发，直到你无时无刻不想着取出刺为止。最后终于受不住了，你决心一劳永逸，将刺取出——因为它会痛！

在修行上的努力也必须如此，无论哪边会痛或哪里有摩擦，都必须探究。勇敢地面对问题，除掉那根刺，把它拔出来。一旦心有所贪著，就必须注意，当深入观察时，你就会如实地觉知它、看到它并体会它。

但我们的修行必须坚定与持续，即所谓的勤精进（viriyā rambha）——向前不断地精进。例如，当你的脚感觉不适时，必须提醒自己把刺拔出来，并努力不懈。同样的，当痛苦在心中生起时，我们必须坚持将烦恼从根拔除，彻底斩断它们。只要一直保持坚定的决心，最后烦恼一定会屈服，并被消除。

觉知生的运作，也不要落入生中

因此，关于乐与苦，我们应该怎么做？一切法都是有因而生，因若消失，果便消失。只要我们不贪爱或执著,仿佛它并不存在,苦便不会生起。苦因有[7]而生起,以有为缘而有生;取[8]则是造成苦的先决条件[9]。

只要发觉苦,就深入观察它,深入观察当下,观察自己的心与身。当苦生起时,问你自己:"为什么有苦?"立即观察。当乐生起时:"乐生起的因是什么?"每当这些事出现时都要警觉,乐与苦都是由执取生起。

以前的修行人就以这种方式看自己的心,只有生与灭,并无常住的实体。他们从各个角度思维,发现心根本没什么,没有任何东西是稳定的;只有生与灭、灭与生,无固定不变的事物。无论走路或坐着,都如此看事情,无论看什么都只有苦,一切东西都如此。犹如刚从熔炉锻造出来的大铁球,每个地方都是滚烫的。若触摸,顶部是烫的,两侧也是烫的,整个铁球都是烫的,无一处是凉的。

若不深思这些事物,对它们便一无所知。我们必须清楚地看见,切莫生出事物,也不要落入生中,要觉知生的运作。那么如"哦!我受不了那个人,他搞砸一切"的想法便不会再生起,或"我好喜欢某某"也不会再生起,剩下的只是世俗的好恶标准。我们必须使用它来与别人沟通,但内心必须是空的,这便是圣住[10]。我们必须以此为目标如法修行,莫陷入疑惑中。

在投入修行之前,我问自己:"佛陀的教法就在眼前,适合每个人,但为什么只有少数人能依教奉行,而其他人则不能呢?或有人只有三分钟热度,然后很快就放弃了;或有人虽未放弃,但是却心猿意马,无法全心投入。为什么会这样呢?"

因此,我下定决心:"好!我将尽形寿,全心全意,彻底遵从佛陀的教导,于此生达到觉悟。因为若不如此,我终将在苦海中沉沦。无论需要承受多少苦难,我都要放下万缘,精进用功,永不懈怠,否则疑惑将一直纠缠着我。"

如此思维后,我便认真地修行,无论多么困难,依然勇往直前。我将一生看成一天,丝毫不敢懈怠。"我将谨遵佛陀的教导,依循佛法而了知——这痴迷的世间为何会如此之苦。"我想明了,也想精通教法,因此我朝向法修习。

法是各自的——唯有自己了解,就是说你得亲自去修行。在解脱道上,
你顶多只能依赖老师百分之五十而已。

顶多只能依赖老师百分之五十

出家行者需要放弃多少世俗的生活呢?若我们终生出家,就意味着放弃一切,所有世人享受的事——色、声、香、味与触,都要完全抛开,但仍经验它们。因此,修行者必须少量知足,并保持离染。无论说话、吃饭或做任何事,都必须很容易满足:吃得简单、睡得简单、住得简单。你愈如此修行,就愈容易获得满足,你将能看透自己的心。

法是各自的(paccattaṃ)——唯有自己了解,就是说你得亲自去修行。在解脱道上,你顶多只能依赖老师百分之五十而已。即使我今天给你们的教导也是完全无用的,它值得聆听,但若你只因我如此说而相信,你就不会正确地使用它;若完全相信我,你就是傻瓜。把我的教导用在自己的修行上,用眼睛与心去看,亲自去做,这会更有用,更能尝到法味。

所以,佛陀不详说修行的成果,因为它无法以言语传达。就如试着为天生的盲人描述不同的颜色:"它是鲜黄色。"那是不会有什么效果的。

佛陀将它拉回到个人身上——你必须自己清楚地看见。若能清楚地看见,心里就会有清楚的证明,无论行、住、坐、卧,都将不再疑惑。即使别人说:"你的修行是错的。"你都不会动摇,因为你已亲自证明。

别人无法告知,你必须自知自证

身为佛法的修行者,无论在哪里都必须如此做。别人无法告知,你必须自知自证,一定要有正见。但在五或十次的雨安居[11]当中,真的能如此修行一个月都相当难得。

有次我前往北方,和一些年老才出家,只经历过两三次雨安居的比丘同住,那时我已经历过十次雨安居。和那些老比丘住在一起,我决定履行新进比丘应尽的各种义务——收他们的钵,清洗他们的衣服,以及清理痰盂等。我并不认为这是为任何特别的个人而做,这只不过是维持自己的修行罢了。由于别人不

会做这些事，因此我就自己做，且视此为获得功德的好机会，它给我一种满足感。

在布萨日[12]，我得去打扫布萨堂，并准备洗涤与饮用的水。其他人对这些工作一无所知，只在旁观看，我并无批评之意，因为他们不懂。我独自做这些事，结束后对自己感到高兴。在修行中，我感到振奋，并充满活力。

我随时都能在寺院中做一些事，无论我自己或别人的茅棚脏了，我就打扫干净。我并非为了讨好任何人，只是想维持一个好的修行。打扫茅棚或住处，就如清理内心的垃圾。

你们必须谨记这点。与法、平静、自制、调伏的心共住，无须担心和谐，它会自动生起，没有任何问题。若有沉重的工作要做，每个人都会伸出援手，很快就能完成。那是最好的方式。

跟着心走，永远不能领悟法

不过，我也遇到过其他类型的比丘，而这些遭遇都成为我成长的机会。例如，在一座大寺院中，比丘与沙弥都同意在某天一起洗袈裟，我会去煮菠萝蜜果树[13]。这时，就会有比丘等待别人将菠萝蜜果树心煮沸后，才来洗袈裟，再拿回茅棚晾晒，然后再打个盹儿。他们不必生火，也无须善后，自认为是聪明人，占尽便宜。其实，这是最愚蠢的，只是在增长无知，因为他们什么也不做，把所有工作都留给别人。

因此，无论说话、吃饭或做任何事，都要记得自我反省。你可能想舒服地生活、吃饭与睡觉，但你不能。我们为何来这里？若能经常想到这点，便会很有帮助。我们不会忘记，能经常保持警觉，如此地警觉，无论任何情况都能用功。若我们无法精进用功，事情的发展将会大为不同：坐着，会坐得如同在城里；走着，会走得如同在城里。然后你会想回到城里，和世俗的人厮混。

若不精进于修行，心就会转往那方向。你不会对抗自己的心，只会让它随着情绪起舞，这就称为"跟着心走"。就如对待小孩，若我们纵容他的一切欲望，他会是个好孩子吗？若父母亲纵容小孩的一切欲望，那样好吗？即使起初父母见色、闻声、嗅香、尝味——心将它们都导引入内，那些感受将得以生出智慧来。

有些溺爱他，但到该打屁股的年龄，他们偶尔还是会惩罚他，因为怕宠坏了他。

训练心也必须如此，你必须知道自己，并知道如何自我训练。若不知如何训练心，只寄望别人来为你训练，结果必定会陷入麻烦之中。修行并无限制，无论行、住、坐、卧都可以修行。打扫寺院的地板或看见一道阳光，都可能领悟佛法，但你当下必须保持正念。若你积极禅修，则无论何时何地都可能领悟法。

精进不懈就能择法

不要放逸，要清醒、警觉。在行脚托钵时会生起各种感觉，那些都是善法。当返回寺院进食时，也有许多善法可供观察。若你一直精进不懈，这些事物都会成为思维的对象，智慧将会生起，你也将会见到法。这称为择法[14]，它是七觉支[15]之一。若我们有正念，就不会轻忽它，会进一步探究法义。

若我们达到这个阶段，修行就会不分昼夜地一直持续下去，无关乎时间。没有东西能污染修行，若有的话我们也会立即觉知。当修行进入法流时，内心就会有择法觉支，持续审察法。心不会去追逐事物："我想去那里旅行，或可以去另一个地方……在那边应该会很有趣。"那就是世间的方式。只要走上那条路，修行很快就会完蛋。

要不断警觉、学习。看见一棵树或一只动物，都可能是学习的机会。将一切都引进心里，在自己的心中清楚地观察。当一些感受在内心造成冲击时，应该清楚地见证它。

你曾见过砖窑吗？在它前面有道两三尺的火墙。若我们用正确的方式建造砖窑，所有热气都会进到窑里，工作很快就能完成。我们修学佛法应该以这种方式体验事物，所有的感受都被导引入内，并转为正见。见色、闻声、嗅香、尝味——心将它们都导引入内，那些感受将得以生出智慧来。

【注释】

[1] 防护感官的戒即所谓的根律仪。例如当眼见色时，以正念防护眼根，不让贪等烦恼

入侵而使自己受到束缚，即是眼根律仪。其他五根的防护亦然。

[2] 沙门（samaṇa）：意译息恶、息心，即出家求道者。阿姜查通常将它翻译成"平静的人"。

[3] 舍利弗第一次见法，证得须陀洹（sotāpanna，初果）。

[4] 头陀支（Dhutanga）：头陀（Dhuta）意指去除；支是支分，意原因。比丘因受持头陀支而能去除烦恼，这是佛陀所允许超过戒律标准的苦行。依《清净道论》有十三支：粪扫衣、三衣、常乞食、次第乞食、一座食、一钵食、时后不食、阿兰若住、树下住、露地住、冢间住、随处住与常坐不卧。这些苦行有助于开发知足、出离与精进心。

[5] 正见（sammā diṭṭhi）：对事物的如实知见，即正确了知四圣谛。

[6] 厌离（nibbidā）：指对感官世界的诱惑不感兴趣。

[7] 有（bhāva）：指存在的过程。bhāva 的泰文翻译 phop 是阿姜查的听众熟悉的词汇，它通常被理解为"轮回的领域"。阿姜查于此处对该词的用法并未依惯例，更强调实用的一面。

[8] 取（upādāna）：执取、执著。取是十二缘起的第九支，指执著于所对之境。

[9] 十二支缘起的顺序依次为无明、行、识、名色、六处、触、受、爱、取、有、生、老死。

[10] 圣住是指圣者证入果定。依导向证入果定的观智不同，分为三种：一、空解脱——通过观照无我而证入果定；二、无相解脱——通过观照无常而证入果定；三、无愿解脱——通过观照苦而证入果定。

[11] 雨安居：僧伽于每年七月中旬至十月中旬，进行为期三个月的雨安居。在这段期间，僧伽不外出行脚，安住在一处精进修行。

[12] 布萨日（uposatha）：大约每两星期在新月与满月之日举行，比丘与比丘尼在该日忏悔罪过并诵戒。在这几天与半月日，在家众常会前来寺院，受持八关斋戒一日一夜，聆听开示，并彻夜练习坐禅与行禅。

[13] 森林比丘们将菠萝蜜果树的心材煮沸，然后以汁液浸染和清洗衣服。

[14] 择法（dhamma-vicaya）：七觉支之一。在禅修中，它是直觉的、具有辨识力的慧，可辨别法的特性，通达涅槃的本质，是智慧的同义词。

[15] 七觉支指七种觉悟的因素，也指领会四圣谛的特定知识，是圣者所具有的特质。这七种因素是念、择法、精进、喜、轻安、定与舍。当这些觉支充分发展时，便能引领行者到达涅槃。

第 4 章　了解戒律

修行并不容易，还有许多是我们所不知的，例如"安住于身，循身观察"[1]或"安住于心，随观心识"[2]。若我们尚未修习这些，可能会感到不解，戒律就是如此。

过去我曾是老师[3]，但只是个小老师，而非大的。为何说是小老师呢？我并未修行，虽然教导戒律，却不曾实践它。这种人我称之为小老师——较差的老师。说较差的老师是因为我在修行上是有所不足的，绝大多数的修行并不及格，犹如完全未曾学过戒律一样。

要完全知晓戒律是不可能的

不过，事实上，要完全知晓戒律是不可能的。因为有些事无论我们知道与否都会违犯，这是很棘手的。人们强调，若我们尚未了解任何特别的训练规则或教导，就必须热忱与恭敬地学习它，若不了解就应努力学习，若不努力，本身就是一种违犯。

例如，假设有个女人，你在不知她是女是男时碰触她，你并不确定此人的性别仍趋前碰触，这也是错的。[4] 我曾质疑为何这是错的，但当想到修行时，我了解禅修者必须有正念且要慎重，无论谈话、接触或取物，都必须先考虑清楚。这个案例错在没有正念，缺少正念，或在当下有欠考虑。

又例如，已经过了上午十一点，但天色昏暗看不见太阳，我们又没有时钟。假设我们猜想可能还是上午，且真的觉得应该是上午，便在此时进食。当开始进食时，乌云散去，根据太阳的位置，了解到已过十一点，这仍是犯戒[5]。我曾怀疑："咦？还没过中午，为何是犯戒？"

在疑惑下行动即是犯戒

此处发生的犯戒，是因疏忽、粗心大意、缺少清楚的考虑与防护。若有疑惑，却在疑惑时行事，即是恶作[6]。违犯只是因在有疑惑时行动。我们以为那时是上午，但事实不然，进食本身没有错，是因我们大意而犯戒。若当时确实是下午，却以为它不是，那是更严重的波逸提罪。

在有疑惑的情况下行动，无论行动是对是错，都是犯戒。若行动本身是对的，则它是较轻的罪；若是错的，则是较严重的罪。戒律可能如此令人迷惑！

有次我去见阿姜曼[7]。当时我才刚开始修行，曾读过《古学处注释》[8]，并有深入的了解。接着继续读《清净道论》[9]，其中包括《戒广说》(Sīlanidesa)、《定广说》(Samādhinidesa) 与《慧广说》(Paññā idesa)。我的脑袋胀得像快爆炸一样！

读完那本书后，我觉得它超出人类的修行能力之外。但接着我反省佛陀不会教导不可能修行的东西，他既不会教，也不会说，因为那些事对自己与别人都无益处。《戒广说》已太繁杂，《定广说》更是如此，《慧广说》则有过之而无不及！我坐下心想："算了！我无法再往前进，前面已经无路了。"那种感觉就好像已到了穷途末路。

死背所有的戒律是不可能的

在这阶段，我努力想突破修行的困境。我被困住了。此时恰好有个机会去见阿姜曼，我问他："尊贵的阿姜[10]，我应该怎么做？我正要开始修行，却不知正确的道路。我有许多疑惑，修行时完全找不到依据。"

他问我："问题是什么？"

"在修行过程中,我挑选《清净道论》来研读,但它似乎不可能付诸修行。《戒广说》、《定广说》与《慧广说》的内容似乎完全不切实际,我不认为这世上有人能实践它,它太过繁杂。要记住每条规则是不可能的,它超出我的能力之外。"

他对我说:

没错! 那里面有很多东西,但实际上只有一点点。若我们要考虑到《戒广说》里的每条规定,那真的很困难。但事实上,《戒广说》是从人心发展出来的。若训练心让它有惭与愧,我们就能有所防护,言行也会更加谨慎。

这将能让人少欲知足,因为我们不可能照顾太多事。一旦如此,我们的正念就会增强,随时都能保持正念。无论身在何处,我们都要努力维持完全的正念,谨慎的态度将会被培养出来。每次你对某事感到疑惑时,不要说它或反应它,若有任何事不了解,就去请问老师。尝试遵守每条戒律确实很烦人,但应该检讨是否准备接受自己的过失。我们接受它们吗?

这个教导非常重要。知道每条戒律不是那么重要,但我们应该知道如何训练自己的心。

你读过的所有东西都是从心生起,若心还没具有敏锐与清明,就一直都会有疑惑。你应该尝试把佛陀的教诲引入内心,让心安定下来。无论出现什么疑惑,只要放下它。若你不确定真的知道,就不要说它或做它。例如你怀疑"这是对是错",你无法真的确定,就别说、别做它,不要抛弃你防护的心。

当坐着聆听时,我深思这个教导,它符合佛陀所说衡量教导是否真实的八种方法:任何谈到少烦恼、出苦、离欲、少量知足、不慕名位、无渴爱和远离、

> 我只将注意力放在心上，慢慢抛开书本。

勤奋精进以及维持自在的教导，都是佛陀教法——真实的法与律（Dhamma-vinaya）的特征，任何抵触这些条规的则不是。

> 若真心诚意，就会有惭愧，会知道何时心中有疑惑，我们将不会做它或说它。《戒广说》只是文字，例如惭愧在书中是一回事，但在我们心中则是另一回事。

跟随阿姜曼学习戒律，我学到很多东西。当坐着聆听时，了解也随之生起。

只借由听闻，无法真的了解戒律

因此，关于戒律，我学了很多。在雨安居时，我有时会从晚上六点一直读到翌日凌晨。我充分了解它，将所有《古学处注释》涵盖的犯戒[11]因素都写在笔记本上，放在袋子里。我真的在这上面下了很多工夫，但到后来我慢慢放下。它太多了，我不知何者为本何者为末，而全盘接受。当了解得更完全时，我放开它，因为它太沉重了。我只将注意力放在心上，慢慢抛开书本。

不过，当我教导此地的比丘时，仍以《古学处注释》为标准。多年来在巴蓬寺，我亲自对大众宣读它。在那些日子里，我会登上法座，一直持续到晚上至少十一点或午夜，有时甚至到凌晨一两点。我们有兴趣并修持它，听过诵戒后，会去深思所听闻的内容。你无法只借由听闻，就真的了解戒律，听过后必须检视它，并进一步地探究。

虽然我研读这些东西许多年，但知识仍不完整，因书本中有许多地方意义并不明确。从读这些书至今，过了这么久的时间，我对各种戒律也已有些遗忘，但我心中并无欠缺或疑惑，只有了解。我抛开书本，专注于开发内心。心对戒律具有评断，无论在公开或私下的场合，它都不会做错误的事。我不杀生，即使是小生命，例如有人要求我以手压死一只蚂蚁或白蚁，我办不到，即使给我一大笔钱也一样。虽然是只蚂蚁或白蚁，对我而言，它的生命比一大笔钱更有价值。

动机是戒的根本

不过，我还是有可能造成昆虫死亡，例如有东西在我腿上爬，而我将它拨开时，也许它就死了。当我审视内心时，并无犯罪感、犹豫或疑惑。为什么？因为我并无杀害的动机。

"动机是戒的根本"，过去在我真正了解之前，确实为这类事情深受困扰。我会认为犯戒。"犯什么戒？没有动机啊！""确实没有动机，但你还是不够小心！"我会如此地反复发愁与忧虑。

因此，戒律是可能干扰修行者的东西。但它也有其价值，如同老师们所说："对于不知道的戒，都应该学习，若不知就应去问那些知道的人。"他们确实强调这点。

不知戒条就难免违犯

现在若不知戒条，就无法觉知有所违犯。例如华富里省（Lop Buri）寇翁高寺（Wat Kow Wong Got）有位长老阿姜保（Ajahn Pow），有天一群女众前来请问阿姜保时，他的一位摩诃[12]弟子坐在身旁。"隆波！我们想邀请你一起去旅行，你会去吗？"隆波并未回答。身旁的摩诃弟子以为阿姜保没有听见，因此他说："隆波，隆波！你听到了吗？这些女众邀你去旅行。"他说："我听到了。"女人再问一次："隆波！你会去吗？"

他只是坐着默不作声，因此邀请的事也就不了了之。她们离开后，摩诃说："隆波，你为什么不回答她们？"

他说："哦！摩诃，你不知道这条戒吗？刚才在这里的全都是女众，若女众邀请你和她们去旅行，你不该答应。若她们自行安排，那就没问题。如此一来，若我想去就可以去，因为我并未参与安排。"

摩诃坐在那里心想："啊！我真是出丑了。"

戒律里有规定，安排计划，然后和女众一起出游，即使是团体而非一对一，也是违犯波逸提罪[13]。

再举另一个例子。在家人会把钱放在盘子里供养阿姜保，他则会拿出接受布[14]，从一端捏住。但当他们将盘子放在布上时，他会将手抽回，撂下摆在上面的钱。他知道钱在那里，但对它不感兴趣，只是起身走开。

这么做是因为戒律规定，若人对金钱无欲求，就无须禁止在家人供养；若对它有欲望就必须说："居士！比丘不允许接受这个。"他必须告诉他们这一点。若你对某样东西有欲望，就必须禁止人们供养不被允许的东西，不然只需把它留在那里，然后离开。

虽然阿姜保与弟子们共住多年，还是有些弟子不了解他的修行，这是很可惜的事。就我自己而言，我深入观察与思维阿姜保许多细微的修行观点。

对戒律有所疑惑，当下修行

戒律甚至可能造成比丘还俗，当他们研读它时，各式各样的疑惑都会生起。他们回头检视过去："我的受戒仪式是适当的吗？[15]我的戒师清净吗？我受戒时坐着的比丘们，没有人知道任何有关戒律的事，他们坐的距离适当吗？唱诵正确吗？"这些疑惑不断浮现，"我的受戒堂是适当的吗？它那么小……"他们怀疑每件事，因此陷入人间地狱中。

因此，在知道如何奠定心的基础之前，它可能真的很难。你必须非常冷静，不能贸然行事；但只是冷静而不深入观察，同样不对。我曾困惑到想还俗，因看见自己与一些老师修行上的许多过失。那些疑惑使我心劳意攘，无法入睡。

我愈疑惑就愈精进修行。一有疑惑，当下立即修行。当智慧生起时，事情便开始改变。很难描述所发生的改变，心持续改变直到不再疑惑为止。我不知它如何改变，若我试着告诉别人，他们可能也不会了解。

因此，我深思"智者自知"[16]的教导，觉悟必须通过直接体验才会生起，

觉悟必须通过直接体验才会生起，研读法与律当然是正确的，但若只是研读则仍不足。

研读法与律当然是正确的，但若只是研读则仍不足。在我开始修行前，对细微罪并不感兴趣，但修行之后，即使突吉罗罪也和波罗夷罪同样重要。先前看突吉罗罪似乎没什么，只是鸡毛蒜皮的小事，到晚上就可忏悔罪过而清净，然后可能再次违犯。

不过，这种忏悔是不清净的，因为你不会停止，你并未下定决心去改变，没有防护，未认知实相，也没有放下，只是一犯再犯。

若心毫无疑惑，违犯当下就解除

就胜义谛而言，事实上无须通过忏悔罪过的例行程序。若了解心是清净的，毫无疑惑，那些违犯当下就解除了。我们尚未清净，是因为还有疑惑，还在摇摆不定。我们并非真的清净，因此无法放下，关键是未看见自己。戒律犹如保护我们免于犯错的围墙，因此必须谨慎对应。

若你尚未亲自了解戒律的真实价值，对你来说，它是困难的。在我到巴蓬寺之前的许多年，便决定放弃金钱，大部分的雨安居期间，我都在思考这件事。最后，我抓起钱包走向当时共住的一位摩诃比丘，将它放在他面前。

"摩诃！请收下这笔钱。从今日起，只要我是比丘，就不会接受或手持金钱，你可以当我的见证人。"

"收起来，朋友！学习过程中你可能会需要它。"他无意收下这笔钱，觉得很尴尬。

"你为何要舍弃这些钱呢？"他问道。

"你不用担心我，我已下定决心，昨晚就决定好了。"

了解害处，舍弃就不难

从他拿钱那天起，我们之间就好像有了隔阂，无法再相互了解。至今他仍是我的见证者，从那天起我就再不曾使用过钱或从事任何买卖。我在用钱的各方面都非常自制,虽然未做错任何事,还是经常小心翼翼,以免犯错。

我内心保持禅修,无须钱财,我视它如毒药。你把毒药拿给人、狗或任何动物,无可避免地都会导致死亡或痛苦。若清楚了解这点,就会经常提防不要误拿毒药。当清楚了解其中的害处时,要舍弃它就不会太困难。

若我对别人供养的食物有疑惑,就不会接受,无论它有多美味或精致,都不会吃。举个简单的例子,如生的腌渍鱼。假设你住在森林里,外出托钵只收到裹在叶子里的米饭和一些腌渍鱼。当你回到住处,打开小包发现那是生的腌渍鱼——二话不说,扔掉![17] 吃白饭总比犯戒好。必须要能如此做,才能说你真的了解,然后戒律就会变得很简单。

若其他比丘想要给我生活必需品,例如钵、剃刀或任何东西,除非我知道捐赠者是受持同等戒律标准的同修,否则我不会接受。为什么?你如何能相信那些不持戒的人?他们什么事都做得出来。不持戒的比丘不了解戒律的真实价值,那些东西很可能是以不正当的方式所得。我就是那么谨慎。

结果一些同修比丘常会以异样的眼光看我。"他不合群,他不好相处。"但我不为所动。"嗯!到死时我们就能相互交融了。"我心想,"届时,我们都是黄土一抔。"我自制地生活,沉默寡言,对别人的批评不为所动。为什么?因为即使解释他们也不会了解,他们根本不懂修行。

就如以前我受邀参加葬礼时,有人会说:"别听他的!只要把钱放进他的袋子里,别让他知道就好了。"[18] 我会说:"喂!你们认为我死了或怎样了?你知道只是因为有人称酒精为香水,并不会让它变成香水,但你们想要喝酒时便称它为香水,那么就去喝吧!你们一定是疯了!"

保持离欲心,正确地了解戒律

这么一来,戒律就可能会变得很困难。你必须少欲知足,并保持离欲心,你必须正确地了解。有次当我行经沙拉武里省(Sara Buri)时,我的团体前往某个村庄寺院暂住。该寺住持的戒腊和我一样。清晨,我们会一起托钵,然后回到寺院放下钵。不久，在家人将几盘食物放进会堂，然后比丘们会去拿起来打开，排成一列，作为正式供养。一个比丘会将手指放在这一列末端的盘子上，一位在家人则将手放在另一端的盘子上，然后比丘们便拿过来分配着吃。

当时大约有五名比丘和我一起行脚，但没有人去碰食物。我们托钵得到的只有白米饭，因此虽和他们坐在一起，我们只吃白饭，没人敢吃盘里的食物。

这种情况持续了好几天，我开始感觉到住持对我们的行为感到不安。可能有僧众前去对他说："那些来访的比丘不吃任何食物，我不知道他们是怎么了。"

我必须再多待几天，因此前去向住持解释。

我说："法师！我可以打扰您一会儿吗？我恐怕你和其他僧众对我们不吃在家人供养的盘中食物感到困惑。我想对您澄清它真的没什么。法师！那只是因我所学的接受供养的修行方式就是如此。在家人放下食物，然后比丘们前去打开餐盘，做好分配，并将之视为正式的供养，这是错误的，是犯突吉罗罪。具体来说，若比丘手持或接触尚未正式供养到手里的食物，会玷污食物，凡吃那食物的比丘依律都是犯戒。"

"只是因为这样，法师！我并非要批评任何人，或要迫使你和其他比丘改变规矩，完全不是。我只是想让您知道我良善的动机，因为我可能要在此地再多待几天。"

他双手合十说道："善哉[19]！善哉！在沙拉武里我还未看过一个持戒如此细微的比丘，现在已找不到这种人了。若还有，一定是住在沙拉武里之外。容我赞叹你们吧！我丝毫不会反对，这非常好。"

研读戒律直到真心了解

隔天早晨，当我们托钵回来时，没有一个比丘走近餐盘。在家众自己把食物分配好并供养给他们，因为担心比丘们不吃。从那天起，比丘与沙弥们似乎都显得很紧张，我试着解释一些事情好让他们放松心情。我认为他们害怕我们，他们只是走进自己的房间，并安静地把自己关起来。

有两三天我试着让他们放轻松，因为他们是如此羞愧。我真的没有任何对立的想法，也没有嫌食物不够或挑三拣四的意思。我以前曾禁食，有时甚至长达七八天，这里有白米饭，我知道自己不会饿死。我从修行、研读与如法修行中获得力量。

我以佛陀为典范，无论到哪里，不管别人怎么做，都不让自己卷入是非，只是完全投身于修行中——我在乎自己和修行。

那些不持戒、修定的人，无法和修行的人共住，他们必然各走各的路。以前我并不了解这点。身为老师，我教导别人，自己却没有修行，这实在很糟。当我深入观察时，发现我的修行与知识有天壤之别。

因此，我对想建立森林禅修中心的比丘们说："别做！"若你还未真正了解，就别费心去教导别人，你只会搞得一团糟而已。有些比丘以为只要住进森林里，就能获得平静，但他们仍不了解修行的本质。他们去割草[20]，什么事都自己来，那不会带来进步。无论森林有多平静，若你做错的话，就不可能进步。

他们看见森林僧住在森林里，便模仿他们住于森林，不过那是不同的，袈裟、饮食习惯不同，每件事都不一样。他们没有自我训练，没有修行，若只是依样而住，就有如炫耀或宣传的场景，只是场卖膏药的表演罢了，无法更进一步。那些只有少许修行就去教导他人者，都还不成熟，并非真的了解。不久之后，一旦他们放弃，一切就垮了。

因此，我们必须研读。仔细看《新论》[21]说些什么，研读它、背诵它，直到了解为止。随时询问老师更微细的观点，他会加以解释，如此研读直到真正了解戒律为止。

【注释】

[1] 安住于身，循身观察：指将心专注于身体，很清楚地依次随顺观察身体是由地、水、火、风所组成，而知身是集合体，是生灭变化、不净的，从而去除执著身体为我的颠倒。参见《大念处经》（《长部》第22经）。

[2] 安住于心，随观心识：指安住于心而观察心，观察心中不断生起的心的情况，清楚

觉知心纯粹只是识知目标的过程，是无常的，而去除执著心为我的颠倒。参见《大念处经》(《长部》第 22 经)。

[3] 此处指早年出家的阿姜查，即在他认真禅修之前。

[4] 与女人身体相触，是犯比丘戒中十三条僧残戒（saṅghādisesa，或译"僧伽婆尸沙"）的第二条——"故意与女人身体相触"。犯此戒者，由最初的举罪到最后的出罪，都必须由二十位僧众决定，或可残留在僧团中。

[5] 过了中午以后进食，是犯比丘戒中九十二条波逸提戒（pācitiya，或译"单堕"），的第三十七条——过午食。比丘允许进食的时间是黎明时分至中午，若不在这段时间进食，即是非食时。犯此戒者，必须向一位比丘或别众（二至三位比丘），或僧团（四位以上比丘）报告并忏悔。

[6] 恶作（dukkaṭa）：音译为突吉罗。戒律中最轻等级的违犯，戒条数量很多。波罗夷（pārājika）：或译为断头罪、驱摈罪。比丘有四条，是僧伽的根本重罪，犯者立刻逐出僧团。

[7] 阿姜曼（Ajahn Mun，1871—1949）：二十世纪泰国、老挝地区最具影响力的禅师，其持戒精严、坚持头陀行的修道生活，影响了当代许多著名的头陀僧，阿姜查即是其中之一。

[8] 《古学处注释》（*Pubbasikkhā Vaṇṇanā*）：英译本译为《基础训练》（*The Elementary Training*），和法与律（Dhamma-vinaya）有关，以巴利注释本为依据的泰文注释本，是针对佛音论师在《清净道论》中有关正法律的论述的详尽注释书。

[9] 《清净道论》（*Visuddhimagga*）：佛音（Buddhaghosa）于五世纪在斯里兰卡所著。本书是南传上座部的修行道论，全书分为二十三品，依戒、定、慧三大主题次第论述，是了解南传佛教思想与修行体系最重要的论书之一。

[10] 阿姜（Ajahn）：泰国人对住持或老师的称呼。巴利语为 Acarya，音译阿阇黎，即老师。

[11] 犯戒（āpatti）：译为罪、罪过，是佛教比丘各种犯戒的总称。

[12] 泰国国家僧伽考试以九级巴利文考试为标准，第九级为最高级。通过第四级或更高级巴利文考试的比丘，即援予摩诃（mahā）（大师）的头衔。

[13] 这是犯了波逸提戒的第六十七条"与女人约定同行"。

[14] 接受布：泰国比丘从女众手中接受东西时所使用的布。他们不直接从女众手中接受物品。阿姜保从接受布上抬起手，表示他实际上并未接受金钱。

[15] 对于受戒的程序有非常精确与详尽的规定，若未遵守可能导致受戒无效。

[16] 智者自知（Paccattaṃ veditabbo viññūhi）：佛法的特质之一。经上列举佛法的特质："法是世尊善说、自见、无时的、来见的、引导的、智者自知。"智者自知指智者当各各自知："我修道，我证果，我证灭。"出世间法当于智者自己的心中由实证而得见。

[17] 戒律禁止比丘吃生的肉或鱼。

[18] 虽然比丘接受金钱是犯戒，但许多比丘仍如此做。有些人只是表面上不接受，最后还是会接受，这可能是此例中的在家人看待阿姜查拒绝接受金钱态度的由来，他们可能心想阿姜查会接受金钱，只要不是公然拿给他，于是想把钱偷偷塞进他的袋子里。

[19] 善哉（sādhu）：传统巴利文，表示收到祝福或教法，表感谢、赞同之意等。

[20] 比丘割草犯波逸提戒。

[21] 《新论》（Navakovāda）：关于基础法与律的书。

第 5 章　维持标准

在每年佛法考试[1]后的年度聚会里,我们反省履行各种寺院义务的重要性,包括戒师与老师的义务。这些义务将我们凝聚在一起,成为一个大团体,而能和合共住、彼此尊敬,这也反过来利益团体。

从佛陀的时代至今,在所有社区里,无论居民采取什么形式,若不相互尊敬,绝对无法成功。无论世俗的或出家的团体,若缺乏互敬,将无法团结,放逸会接踵而来,终将导致修行的堕落。

我们的修行团体已住在此地约二十五年。它稳定成长,但也可能会走下坡路,我们必须了解这点。不过若我们小心留意,彼此相互尊敬,并继续维持修行的标准,我们的和谐将会很稳固。作为一个团体,我们的修行将会是佛教持续成长的动力。

研读与修行相辅相成

研读与修行是相辅相成的,佛教因解行并重才成长与兴盛。若我们只是以轻忽的态度学习经典,随后就会放逸。例如在这里第一年,有七位比丘参加雨安居,那时我心想:"每次比丘们为了佛法考试而开始读书时,修行似乎就会退步。"我试着找出原因,于是开始教导他们,每天从用餐后直到晚上六点,大约教了四十天。后来,比丘们前去应考,结果七人全部通过。

那真的很好,但对于不慎思明辨者会有些问题。为了研读,需要做很多读诵与复习,不懂得自制与自律者,很容易废弛禅修,而将大部分时间花在研读、当人们做很多研读时，心会充满文字，他们醉心于书本而忘了自己。

复习与记忆上。这使得他们放弃本业和修行的标准。

因此，当这些比丘结束研读与考试时，我可以看见他们行为的改变。没有行禅，只有一点点坐禅，应酬也会增加，自制与镇定都退步了。

经典是修行道上的指标

事实上，在修行中，当练习行禅时，应该把心真正放在走路上；当坐禅时，应该专注于此。无论行、住、坐、卧，都应努力保持安定。但当人们做很多研读时，心会充满文字，他们醉心于书本而忘了自己。这种事只发生在无智慧、缺乏自制与正念的不稳定者身上，他们的心愈来愈散乱，散心、杂谈与交际成为例行公事。这并非来自研读本身，而是由于他们不精进修行，忘了自己。

事实上，经典是修行道上的指标。若真的了解修行，那么阅读或研究都是禅修的另一面。但若忘记自己，则研究只会带来更多谈话与无益的活动。人们抛开禅修后，很快就会想还俗，那并非因为研读是坏事或修行是错的，而是由于不知检验自己。

专心致力于修行

有鉴于此，在第二次雨安居期间，我停止教导经典。许多年后，愈来愈多年轻人前来出家，其中有些人对法与律一无所知，且不懂经文。因此，我决定矫正这种情况，征询已学习过的资深比丘进行教导，他们至今一直持续如此做。这就是为何这里也有研读的原因。

不过，每年考试结束后，我便要求所有比丘恢复修行，所有与修行无直接关系的经典都被束之高阁。我们重新整理自己，回归正常的标准，如恢复日常课诵及其他共修活动。这是我们的标准，如此做是为了对治懈怠与不乐。

我对比丘们说：

别抛弃你们的基本修行：少吃、少说、少睡，自制与镇定，保持出离心，规律地行禅与坐禅，在适当的时间定期聚会。请努力这么做，不要让这殊胜的机会空过，要老实修行。你们有机会在这里修行，是因为你们是在老师的指导下生活，他保护你们处于一个水准之上。因此你们都应投入修行。行禅、坐禅、早晚课诵都是该做的事，请专心致力于修行。

无须四处游历，只要专注修行

有些穿着袈裟的人只是消磨时间在挣扎、想家与困惑上，他们都不够坚强，未专心修行。身为佛教比丘或沙弥，我们不能光赖在这里，而将住得好、吃得好视为理所当然。耽于欲乐是种危险，我们应该加强修行，敦促自己做得更多，有错则改，不要迷失于外在的事物。

志欲修行的人从不错过行禅与坐禅，不会放松自制与镇定。比丘用完餐，挂好袈裟，处理完身边的杂务后，就开始练习行禅。当我们经过他的茅棚时，看见他行禅的步道[2]都被踩得凹陷下去，这位比丘乐在其中，他是个精进与志欲修行的人。

若能如此致力于修行，就不会出现太多问题。你们若不安心修行——行禅与坐禅，就会四处游荡。不喜欢这里就行脚到那里，不喜欢那里就再迁回来这里，每个地方都一样，只是凭本能在行事。你无须四处游历，只要待在这里，好好地增长修行，仔细地学习。大家努力吧！

进步与退步都取决于此。若你真的想正确地做事，就要平衡研读与修行。当内心放松而身体也健康时，你就会安定下来；当内心迷妄，即使身体强壮，也会感到不安。

修行在于心，而不是外表

禅修的研究是长养与舍离的研究，此所谓研究是指每当心经验到一种感受时，就自问："我仍然执著它吗？""我还会环绕着它制造问题吗？""我还会对它感到喜欢或讨厌吗？"

简而言之，"我还会迷失在想法中吗"？我们经常如此，若不喜欢某样东西就会厌恶，若喜欢则会有快乐的反应，心于是变得染污与不净。若是如此，就必须承认我们还有过失，是不完美的，还需要更努力，坚持做更多的舍离与长养。这就是我所谓的研究——若被困在某件事上，认知自己受困，觉知自己的处境，然后努力改正。

和老师同住或分开应该是相同的，有些人若不练习行禅，会害怕老师的训斥或责备。从某个角度来看这是好的，但在真实的修行中无须害怕别人，而是应谨防自己在身、口、意上犯错，守护自己远离过失，"你必须告诫自己"，我们必须赶快改进、觉知自己。这就是我所谓的"研究"，深入观察这点，直到清楚了解为止。

以这种方式生活，得依赖耐力，坚忍不拔地面对一切烦恼。虽然这是好的，但它仍在"修法而未见法"的层次。若修法并见法，就能断除一切恶法，长养一切善法。当见到内在的自己时，会有喜悦的感受，无论别人怎么说，我们了解自己的心，且不为所动，无论在何处都能保持平静。

现在，刚开始修行的年轻比丘与沙弥们可能会认为，戒腊较长的阿姜似乎没有做很多行禅或坐禅，不要学他，你们应该迎头赶上，而非一味地模仿，迎头赶上与模仿是两回事。事实上，戒腊长的阿姜安住在他自己特别的禅境中，表面看来似乎没有修行，但他是在内心修行。佛教的修行是心的修行，他心里的东西无法以肉眼看到，在言行上也看不出明显的修行，心，却是另外一回事。

看见轮回过患，行为更有智慧

因此，修行已久且熟练的老师，在言行上可能会显得没有什么作为，但他守护自己的心，他是安定的。看见其外在的表现，你可能会想模仿，畅所欲言，

> 轮回之苦是势不可挡的,令人难以忍受。快乐也是轮回。若未看见轮回的过患,当有快乐时,我们便执著它而忘记痛苦。我们对它毫无所知,犹如小孩不知火的危险。

不过那是不同的,你们并非在同一个水准上,而是来自不同的地方。虽然阿姜可能只是坐在那里,但他并非漫不经心,他与事物同在,但不为所惑。

我们看不到这点,因此不能只根据外在现象做判断。当我们说话或行动时,内心也随之起伏,而有修行的人做事或说话是一回事,他们的内心状态则不同,因为它安住在法与律上。

例如,有时阿姜可能会对弟子很严厉,说的话听起来粗俗而随便,行为也很粗鲁。但我们只能看到他身、口的行为,而看不到他安住在法与律上的心。信守佛陀的教导:"不放逸是无死之道,放逸则是死亡之道。"(《法句经》)深思这句话,别人怎么做都不重要,只要不放逸。

想想经上所说:"比丘是乞士[3]。"若只从外表如此定义比丘,我们的修行形式就会很粗糙。若了解佛陀定义的比丘是"看见轮回过患的人",就会深刻许多。

看见轮回过患的人,就是看见过失与世间苦难的人。这世间有这么多过患,但大多数人都未看见,只看见欢笑与快乐。什么是轮回?轮回之苦是势不可挡的,令人难以忍受。快乐也是轮回。若未看见轮回的过患,当有快乐时,我们便执著它而忘记痛苦。我们对它毫无所知,犹如小孩不知火的危险。

若我们如此了解佛法的修行——"比丘是看见轮回过患的人",将这教法牢牢地根植于生命中,则无论行、住、坐、卧或身在何处,都能厌离。我们将能反省自己,且不放逸,即使轻松地坐着也有相同的感觉。无论做什么,都看见这个过患,因此我们是处于一种非常不同的状态。这样修行,即称为看见轮回过患的人。

一个看见轮回过患的人,既活在轮回中,也不活在其中。换句话说,他们既了解世俗概念,也了解它们的胜义。这种人无论说的、做的或想的事,都和普通人不同,他们的行为更有智慧。

所以我才说:"是迎头赶上,而非模仿。"愚蠢的人会抓住每样东西,你千万不能那样做!别忘记自己。

当老师去世，弟子就各自四散

至于我，由于健康状况不佳，因此有些事留给其他比丘与沙弥们照料，也许我会稍事休息。自古以来，当父母亲健在时，子女们和谐昌盛；一旦父母过世后，子女就零星四散，过去富裕的生活也变得日益穷困。世间的生活通常如此，在寺院里也可看到这点。

例如当阿姜还活着时，大众和合共住，道场兴隆，当他去世后，立刻就开始衰败。为什么会如此呢？因为当老师健在时，人们变得满足而忘记自己，没有真正精进研读与修行。就世俗生活而言，当父母亲健在时，子女将每件事都交给他们，凡事依赖父母，不知如何照顾自己；父母亲去世后，他们就变成得靠救济度日。

僧团的情况也是如此，若阿姜离开或去世，比丘们几乎都有社会化的倾向，他们分裂成好几个团体，逐渐陷入衰败。在老师的庇荫下生活，事事顺利，而当老师去世后，弟子们就四散。他们的见解相互冲突，思想错误者共住一处，思想正确者则又别住一处。心存芥蒂者便离开旧团体，在别处另立门户，招收自己的弟子。事情就是如此，我们都有自己的毛病。当老师在世时，我们放逸地过活，不依循阿姜所教导的修行标准，也未牢记在心。

即使在佛陀的时代也是如此。还记得经典里的须跋陀（Subhadda）比丘吗？当大迦叶尊者从波婆（Pava）城回来时，他问路边的苦行者："佛陀离开我们了吗？"苦行者回答："佛陀世尊在七天前就入般涅槃了。"

那些尚未开悟的比丘悲伤不已，号啕大哭。那些已见道者则自我反省："啊！佛陀已经去世了，他入灭了。"但烦恼仍深重者如须跋陀则说：

"你们哭什么呢？佛陀已去世，那太好了！现在我们可以轻松地生活。当佛陀在世时，他总是要求我们要遵守规定或做其他修行，要求我们不可做这个、说那个。现在他去世了，那很好啊！我们可以为所欲为、畅所欲言。你们为何要哭泣呢？"

从那时到现在，情况一直都是如此。

放逸犹如死亡。心不放逸，正念就会自动生起，智慧将更清晰，更能如实了解一切事物。

唯一的任务就是好好修行

假设我们有个玻璃杯，会小心翼翼地保护它，虽然知道它总有一天会坏灭。每次用过后，我们就把它洗干净，收到安全的地方，如此一来就可长期使用，当我们结束使用后，其他人还可以继续使用。现在我问各位，粗心地使用杯子，每天打破它们，和确保杯子完整，十年只使用一个杯子，哪种比较好呢？

我们的修行就像这样。例如，若住在这里的人都稳定地修行，当中若有十个人修得很好，巴蓬寺将会昌盛。就如在一个有百户人家的村子里，即使只有五十个好人，那村子也会繁荣。事实上，要找到十个都很难。或举这座寺院为例，要找到五六个真心投入、真正在修行的比丘，也是不容易的。

无论如何，我们现在唯一的任务就是好好地修行。想想看，在这里我们拥有什么？我们不再拥有财富、资产与家庭，即使食物，也只是日中一食。身为比丘与沙弥，我们放弃一切，已一无所有，也抛开了人们真正享受的东西。我们出家成为佛教比丘，就是为了修行，为何还要向往其他东西，耽溺于贪、嗔、痴呢？

若不修行，我们其实比在家人更糟糕，因为我们丝毫没有作用。若我们不发挥任何作用或接受职责，那就是在浪费沙门的生命，违背沙门的目标。

放逸犹如死亡。问问自己："当我死时，还会有时间修行吗？"要时常自问："我何时会死？"若我们能如此思维，心分分秒秒都会保持警觉。心不放逸，正念就会自动生起，智慧将更清晰，更能如实了解一切事物。正念将守护心，不分昼夜随时觉知生起的感受。这就是具有正念，有正念即能镇定，镇定即能不放逸。若人不放逸，就是正确的修行，也是我们的职责。

【注释】

[1] 为许多比丘举行有关经典知识的笔试，有时是针对日常生活中运用教法的难题。有时就如阿姜查所指出的，佛法考试对于他们在日常生活修行上的实践是一种

伤害。

[2] 每位比丘都有条行禅的步道,由在家信众清理,每条步道约有十至二十米长,比丘日夜都会使用。

[3] 比丘(bhikkhu)一词系由求乞(bhikṣ)而来,指依靠别人的施舍维生者。亦可解释为破烦恼者(bhinna-kleśa)。

第 6 章　为何我们生于此

这次雨安居我不太有体力,身体欠安,所以上山来呼吸点新鲜空气。人们来拜访,我也无法如往常般接待他们,因声音沙哑,气息奄奄。大家现在还能看见这身体坐在这里,也算是种福分,很快就会看不见了。气将尽,声将息,它们会如其他所有因缘和合的事物般,随着其他支撑的元素一起消逝,佛陀称此为灭尽衰灭(khaya vayaṃ)。

根本没有任何人,只有地、水、火、风

它们如何坏灭?想象一块冰,它原来只是水,将它冷冻后就变成冰,但不久就融化了。取一大块冰放在太阳下,可以看见它如何消解,身体也差不多是如此。它会逐渐瓦解,不久就只剩下一摊水,这就称为灭尽衰灭。自古以来,它一直如此,当我们出生时,就带着这坏灭的本质来到世间,无从回避,从一出生,老、病、死就和我们结伴而来。

所以,佛陀要说灭尽衰灭。现在,所有坐在讲堂里的人,无论比丘、沙弥或在家男女,无一例外,都是一堆会坏灭元素的组合。现在这堆东西就如冰块一样坚固,冰块从水开始,暂时变成冰,然后融化。你们能看见自己身体的这个败坏过程吗?看看这身体每天都在老化——头发在变老,指甲在变老,每样东西都在变老。

你们不会一直都像这样,会吗?过去的你们要比现在小很多,现在长大与成熟了。从现在起,你们将随顺自然的方式,慢慢衰老。身体就如冰块一样衰坏,

> 人们如此疏于接触自己，真是可怜！他们如此急于看其他东西，但从不曾看过自己。老实说，人们真的很可怜，他们没有皈依处。

很快就消失了。

一切的身体都是由地、水、火、风四大元素所组成，汇聚后称之为人。我们受它迷惑，说它是男人或女人，为它命名而称某某先生、女士等，如此一来，更容易相互辨认。但事实上，其中没有任何人，只有地、水、火、风。当它们聚合成形时，我们称这结果为人，但切莫高兴得太早，若真的深入观察它，其中根本没有任何人。

身体坚硬的部分——肉、皮肤、骨头等，称为地界；身体液体的部分则是水界；身体温暖的机能是火界；在身体里流动的气体则是风界。

在巴蓬寺有具看来既非男也非女的身体，它是具骷髅，挂在大会堂中。看着它，你不会有男人或女人的感觉。人们彼此询问那是男人还是女人，而所能做的只是茫然地面面相觑。它只是具骷髅，所有的皮、肉都消失了。

人们从不曾真正看过自己

人们对这些事都很无知。有些人来到巴蓬寺，走进大会堂，看见骷髅立刻夺门而出！他们不忍卒睹，害怕骷髅。我想这些人以前一定未看过自己，他们应该反省骷髅的珍贵价值。要到寺院来必须乘车或走路，若没有骨头，怎么办得到？他们能走路吗？但坐车来到巴蓬寺，走进大会堂，看见骷髅却夺门而出！他们从未看过这东西，其实他们生来就有一副，却从未看过它。

现在有机会看见，真的非常幸运。即使老人看见也会受到惊吓，这究竟是怎么一回事？这表示他们对自己完全陌生，不曾真的认识自己，也许回家后会失眠三四天……不过，他们仍和一副骷髅睡在一起！无论穿衣、吃饭或做任何事都在一起，但他们却害怕它。

人们如此疏于接触自己，真是可怜！他们总是向外看，看树、看人、看外界事物，说"这个是大的"、"那个是小的"、"这是短的"、"那是长的"。他们如此急于看其他东西，但从不曾看过自己。老实说，人们真的很可怜，他们没有皈依处。

在受戒仪式中，戒子必须学习五项基本的禅修主题：头发、体毛、指甲、牙齿、皮肤。[1] 有些学生和受过教育者在仪式中听到这部分时会暗自窃笑："到底阿姜想教我们什么呢？竟然教导一生下就有的头发，他无须教这些，我们早就知道了。为何要教导我们早已知道的事呢？"

愚人就是如此，自以为早就看过头发了。我告诉他们，当我说看头发时，意思是如实地看见它，如实地看见体毛、指甲、牙齿与皮肤。

这才是我所谓的看——不是表面上看，而是如实地看。若能看见它们的实相，就不会迷失于事物之中。头发、指甲、牙齿、皮肤的实相是什么？它们漂亮吗？干净吗？有任何真实的实体吗？是稳固的吗？不！它们什么都不是。它们既不漂亮，也无实体，但我们想象它们有。

身体就是禅修的主题

人们确实迷恋头发、指甲、牙齿、皮肤这些东西，佛陀以身体的这些部分作为禅修的主题，教导我们要觉知它们。

身体是短暂、不圆满与无主的，既非我，也非我的。我们一生下来就被骗了，它们其实是污秽的。假设一星期不洗澡，还会有人敢靠近我们吗？我们闻起来臭死了！当许多人一起辛勤工作，都汗如雨下时，那味道是很可怕的。回家用香皂和清水清洗身体后，香皂的香气取代了它，味道就比较好闻了。擦香皂似乎会让身体变香，但事实上，它的臭味仍然存在，只是暂时被压抑住而已。当香皂味消失后，身体的味道就回来了。

真正皈依处即在自己的心

现在，我们普遍认为身体是漂亮、可爱、长寿而强壮的，且永不衰老、生病或死亡。我们受到身体的迷惑，因此忽略真实的皈依处——心，它就在自己身体里面。

> 佛陀说寻找你的皈依处，意思是寻找你的真心。这颗心非常重要。

我们现在坐在这讲堂里，它或许很大，但不可能是真实的皈依处。我们可能认为讲堂是我们的，但它不是，鸽子、壁虎和蜥蜴也在此寻求庇护，我们和其他生物一起住在这里，这只是个暂时的栖身之所，我们迟早得离开它。人们将这些栖身之所，误认为真实的皈依处。

因此，佛陀说寻找你的皈依处，意思是寻找你的真心。这颗心非常重要。人们通常都不注意重要的事物，反而花时间在不重要的事物上。例如当整理家务时，他们会弯下身来擦地板、清洗碗盘等，但从不曾注意过自己的心。这颗心可能发臭了，他们可能很生气，板着一张臭脸在洗盘子。他们未看到自己的心不太干净，这就是我所说的"把暂时的栖身之所当成皈依处"。他们美化房子和住宅，但从未想到要美化自己的心；他们没有检视痛苦。

佛陀教导我们，在自己的内心寻找皈依处——"当自皈依"。还有谁能成为你的皈依处呢？你可能想依赖其他的事物，但它们是不可靠的；只有当你真正在心里找到皈依时，才能真正依赖其他的事物。

我是谁？我为何出生？

因此，你们所有的人，无论在家与出家，今天来到这里，请仔细思考这个教导。反问自己："我是谁？我为何在这里？我为何出生？"有些人并不知道。他们想要快乐，但痛苦却从不曾停止，无论贫富、老少都同样痛苦。一切都是苦。为什么？因为他们没有智慧，穷人因贫困而不快乐，富人则因拥有太多而不快乐。

当我还是个年轻沙弥时，曾说过一个譬喻，是关于拥有财富与仆人的快乐——男仆与女仆各一百名，大象、乳牛与水牛各一百头，任何东西都是一百件。这在家人真的非常享受这一切，但你能想象照顾各一百头水牛、乳牛与各一百个男女仆人的情形吗？你能想象必须照顾这一切吗？

人们未考虑到事情的这一面，他们只想拥有上百的乳牛、水牛、仆人……五十头水牛可能就太多了，光为那些畜生绑上绳子就不得了了！但人们从未想到这点，只想到获得的快乐，而未想到涉入其中的麻烦。

想要是苦，想不要也是苦

若没有智慧，身边的每样事物都会成为痛苦的根源；若有智慧，这些事物则会带领我们脱离痛苦。眼、耳、鼻、舌、身、意……你知道，眼睛不一定是好东西，当心情不好时，只是看到别人就能让你生气和失眠。你也可能在谈恋爱，若得不到想要的，爱情也是一种苦。因为贪欲，爱与恨都是痛苦。

想要是苦，想不要也是苦，想要的东西即使得到，仍然是苦，因为会害怕失去。一切是苦，你应如何和它相处呢？你可能有栋大豪宅，但若心不好，它就永远无法如你所愿。

你应看看自己。我们为何出生？这一生真的有得到什么东西吗？在乡下人们从小就开始种田，当长到十七八岁时，便匆匆忙忙地结婚，唯恐没有足够的时间赚钱。他们从年轻时就开始工作，以为会变得有钱，但直到七十、八十甚至九十岁都还在种田。我问他们："你从出生就一直工作到现在，如今差不多要走了，你能带走什么呢？"除了"我不知道"之外，他们不晓得还能说些什么。

关于这部分，我们有则谚语："别沿途停下来采草莓，在你晓得以前，暮色早已降临。"他们进退两难，只能以一句"我不知道"来搪塞，坐在草莓园中狼吞虎咽："我不知道，我不知道……"

看不见未来的痛苦，以为永远不会发生

当年轻时你认为单身不太好，觉得有点寂寞，所以去找个伴儿陪你一起生活。两个人在一起后又有摩擦！单身太寂寞，和别人一起生活又有摩擦。

当孩子年幼时，父母亲心想："等他们长大后，我们的日子就会好过一点。"他们养育三个、四个或五个小孩，认为孩子长大后，负担将会减轻。但当孩子长大后，负担却变得更重。就如一大一小两块木头，你丢掉小的拿起大的，认

> 只有佛学才有完成之时，其他的学科都只是绕着圈圈打转，到头来可真令人头痛。

为会轻一点，但当然不是如此。当孩子年幼时，他们不太会烦你，顶多一团饭或一根香蕉就好了。当他们长大后，想要一辆摩托车或汽车！好了，你爱小孩，无法拒绝他们，所以设法满足他们。

问题来了，有时父母亲会为此而争吵："不要给他买车，我们没有那么多钱！"但由于你爱小孩，所以便想办法借钱，也许还得省吃俭用，才能为孩子买东西呢！接着又有教育的问题："等他们完成学业后，一切就没问题了。"但学无止境，他们何时才会结束？只有佛学才有完成之时，其他的学科都只是绕着圈圈打转，到头来可真令人头痛。若家里有四五个小孩，父母亲会天天吵个不停。

我们看不见未来等在前面的痛苦，以为它永远不会发生，当发生时，我们才看见它。那种与生俱来的痛苦，是很难预见的。

我童年牧牛时，会拿木炭擦牙齿，以使它们洁白，回家看镜子，它们是如此美好又洁白，我被自己的骨头给愚弄了。当我五六十岁时，牙齿开始松动，掉落时非常疼痛，尤其当吃饭时真的很痛，嘴巴好像被踢到一样，只得去找牙医通通拔掉。现在我使用假牙，真牙带给我许多麻烦，我不得不把它们全部拔掉，一次十六颗。牙医不愿一次拔十六颗牙，但我对他说："请把它们全部拔掉，一切后果我自行负责。"所以他一次就全部拔掉了。但那真的是很鲁莽，拔掉牙齿后，我有两三天完全无法进食。

身体并不值得信赖

小时候牧牛时，我认为磨亮牙齿是件很棒的事。我喜欢我的牙齿，认为它们很好。但最后它们还是得离开，那疼痛几乎要了我的命。经年累月都被牙痛折磨，有时上下牙龈还会同时肿起来！

你们将来可能有机会亲身经验这件事，若你的牙齿还不错，每天刷牙以保持光亮、洁白，小心！它们日后可能会跟你开一个大玩笑。

现在，我只是让你们知道这些事，这痛苦是从我们的身体里生起的，身体里并无任何东西值得信赖。当年轻时它还不错，但年老时它就会开始不灵光，每样东西都开始摇摇欲坠。一切因缘皆随顺自然法则而行，无论我们哭或笑，处于痛苦或险阻中，生或死，对它们而言都没有差别，没有任何知识或科学可以改变这个自然法则。你也许可以找个牙医看牙，但即使他能医治，它们终究会走上自然的道路。最后，连牙医也会有相同的困扰，一切事物终将毁坏。

趁年轻有力时修行，莫等待年老

　　趁着还有些活力，我们应该深思这些事，应趁年轻时修行。若你想作功德，赶紧起身力行，莫留待老年。大多数人想等年老时才上寺院修行，不论男女都说同样的话："我想等年老时再说。"我不知他们为何那么说，一个老人还能有多少活力？让他们和年轻人赛跑，看看有何差别。留待老年才修行，这好像是说他们永远不会死一样。当他们到五六十岁时，"嘿，婆婆！让我们去寺院吧！""亲爱的，你去吧！我的耳朵已经不灵光了。"

　　你们了解我的意思吗？当她的耳朵还好时，她听些什么呢？"我不知道！"只管采草莓，最后耳朵不灵了才去寺院。那是没有希望的，她在听开示，但对内容却毫无头绪。人们一直等到无能为力时，才想到要修行佛法。

　　这些事是你们应该去观察的，它们是我们的继承物，会变得愈来愈沉重，成为每个人的负担。过去我的脚强壮耐劳，现在只是走路就很吃力；以前脚带着我，现在我得带着它们。小时候我看到老人从座位上站起来时会发出呻吟，即使到了这地步，他们仍未学到教训。坐下时，他们哎哟，站起来，他们也哎哟，一直都这样哎哟。但他们不知是什么让自己如此呻吟。

　　即使到了这时候，人们仍不了解身体的祸害，永远不知何时会和它分离。这样的痛苦，纯粹是因缘随顺自然法则所造成的，人们称它为关节炎、风湿病、痛风等，医师开药方，但永远无法完全治愈。最后它还是会毁坏，连医师也是如此！这是因缘随顺自然的轨道而行，这是它们的法则，它们的本质。

　　现在，请看这个！若你早点看见它，就会好过一点。一如看见毒蛇在前方

> 痛苦生起时，人们往往不知所措，应如何处置它呢？他们想要避开痛苦，想要解脱，但当它生起时，却不知如何对待它。他们就如此浑浑噩噩地活着，直到衰老、生病……然后死亡。

的路上，便可避开而不被咬到；若未看见它，就可能会一脚踩上去。

痛苦生起时，人们往往不知所措，应如何处置它呢？他们想要避开痛苦，想要解脱，但当它生起时，却不知如何对待它。他们就如此浑浑噩噩地活着，直到衰老、生病……然后死亡。

从前，据说在人生重病时，最亲的人应在其耳边轻声地念"Bud-dho、Bud-dho"，此时念佛对他而言有什么用？念佛对一个朝不保夕的人而言有何利益？为何不趁年轻力壮时学习念佛呢？如今在气息奄奄时，你上前对她说："妈妈！Bud-dho、Bud-dho！"为何要浪费自己的时间呢？你只会令她感到困惑，不如让她平静地去吧！

有了家眷，就只能待在限制区

当人们新婚时，夫妻相处融洽，但年过半百后，却无法相互了解。无论太太说什么，先生都难以忍受，而无论先生怎么说，太太也都充耳不闻，彼此形同陌路。

我是持平地说，因为我不曾结婚。我为何不曾组过家庭呢？只要看家眷（household）[2]这个字，就可知道它是怎么一回事。什么是家眷呢？眷就是种约束（hold）。若有人拿绳子将坐在这里的我们捆绑起来，你作何感想？那就叫做被约束（being held），范围受到限制。男人住在其限制范围内，女人亦然。

家眷这词颇为沉重，不要小看它，它是个真正的杀手。眷爱或约束是痛苦的象征。你哪里也去不了，只能待在限制的范围里。

我们再看看家（house）这个字，它是指闹哄哄的地方。你们烤过辣椒吗？整间屋子都很呛人，熏得人眼泪直流。家眷这个词就透露了烦恼的讯息，它不值得投入生命，因为它我才会出家，并坚持不还俗。

家眷是令人恐惧的，它会困住你，让你无法脱身。你必须操心孩子、金钱与其他各种问题，到死都争吵不休。但你能去哪里？你被绑住了，无论它有多问你自己："我为何出生？我能带走什么？"反复地问自己。若切实去做就会变得有智慧，否则便会继续无知。

痛苦，你哪儿也去不了，泪流不尽。若无家的束缚，也许就可以不再流泪，除此之外别无他法。

谁说受够了，那只是在骗自己

仔细深思这一切，若你还不了解，也许未来会了解。有人已学过它而到达某种程度，有人则已快解脱束缚。"我应留下来还是该离开呢？"巴蓬寺大约有七八十间茅棚，当快住满时，我告诉执事比丘留下几间空房，保留给一些和配偶吵架的人。结果不出所料，没多久就有位女士拎着皮箱前来。"隆波，我受够了这世界。""唉！别那么说，没那么严重啦！"然后丈夫也来说他受不了了。待在寺院两三天后，他们的厌世感就消失了。

他们说受够了，那只是在骗自己。

他们前往茅棚独自静坐，不久后便开始心想："老婆何时会来请我回家？"他们并非真的知道问题出在何处。在某些事情上一遇到挫折就到寺院来，在家里任何事都看不顺眼：丈夫不对，妻子不对。但经过三天安静的思考后，"嗯！老婆才是对的，是我错了。""老公是对的，我不该这么难过。"他们换边站了。

事情就是如此，所以我看淡世间，我已知道它的前因后果，因此选择比丘的生活。

这是你们的家庭作业。无论你们务农或在城里工作，好好地思考我说的话。问你自己："我为何出生？我能带走什么？"反复地问自己。若切实去做就会变得有智慧，否则便会继续无知。若现在无法完全了解，也许不久后就能了解。"哦！那就是隆波所说的意思，我以前一直无法了解。"

我想今天这样就够了。若讲太久，这把老骨头会太累了！

【注释】

[1] 这是身念处十四种禅修法之一，是将身体分成三十二部分作为禅修的主题，前五项

即是头发、体毛、指甲、牙齿、皮肤。修持时以厌恶作意正念于身体各部分的不净，是止业处；若以四界（地、水、火、风）观照，是观业处。修习此法能去除对五蕴的执著而获得解脱，是佛教特有的修行方式。参见《清净道论》第八《说随念业处品》与第十一《说定品》。

[2] 这是个泰语的文字游戏。泰文的家庭是 khrop khrua，字面上是灶房或火窟。英译本是选择一个相对应的词来表示，而非依泰文直译。

第 7 章　欲流

欲流（kāmogha），即耽溺于色、声、香、味、触的感受里。因我们只看外在，未向内看，所以才会耽溺。人们不看自己，只看别人，他们能看到其他任何人，却看不到自己。这并不困难，只是人们还未真正去尝试而已。

例如看到美女，你会有何反应？你只是在看自己心里的东西而已。看到女人是怎么一回事？当你看见脸时，就看见其他一切。你了解吗，眼睛只看到一小部分，心接着就看见其他一切，它为何如此迅速？

佛陀把修行留给我们去做

那是因为你已陷入欲流中，被困在自己的意念与幻想中。就好像你遭到别人控制成为奴隶，他们叫你坐下就得坐下，叫你走路就得走路。你不能违抗，因你是他们的奴隶。受感官奴役也是如此，无论你多么努力，就是无法摆脱它。若想请人代劳，那只会带来更多麻烦，你必须亲自解决它。

因此，佛陀把修行、解脱痛苦留给我们去做。例如涅槃，佛陀已彻底觉悟，为何他不详细描述涅槃呢？为何他告诉我们要自己去修行，并找出答案呢？有人真的为此发愁："若佛陀真的知道，"他们说，"他早就告诉我们了，为何要有所隐瞒呢？"

这种想法是错误的，我们无法那样看见实相，必须练习、修行，才可能看见。佛陀只是指出开发智慧的方法，如此而已。他说我们必须修行，唯有修行者才能达到目标。

> 佛陀无法为你指出智慧，它不是件能随意转送的东西。佛陀只能指出开发智慧的方法，至于能开发多少，则取决于个人。

但佛陀所教导的道路，和我们的习性相抵触。少欲、自制——我们并不真的喜欢，因此会说："为我们指出道路，指出涅槃之路，好让喜欢安逸的我们也能到达那里。"智慧的情况也是如此，佛陀无法为你指出智慧，它不是件能随意转送的东西。佛陀只能指出开发智慧的方法，至于能开发多少，则取决于个人。人们的福报与积德生来就不同，对法的领悟也有快慢的差别。佛陀和弟子们都必须为自己修行，虽然如此，他们仍依赖老师们的忠告及其教导的修行技巧。

疑惑无法只借着听法而消除

现在当我们闻法时，可能想通过聆听，直到一切疑惑消除，但它们永远无法只借由聆听而清除。疑惑无法单靠听闻或思考而克服，只是闻法无法带来觉悟，虽然它是有益的。在佛陀时代，有人在闻法时开悟，甚至达到最高的阿罗汉果，但那都是智慧已高度开发的人，他们早就相当了解了。例如足球灌满气时就会膨胀，里面的空气都抢着要冲出来，只是苦于找不到出口，此时只要有根针刺破它，空气立刻就喷射而出。

那些只是借由闻法就能觉悟的弟子，他们的心犹如这颗足球，里面有这种压力，但因这掩住实相的小东西，而无法自由，一旦闻法时击中要害，智慧就会生起。他们立即了解而且马上放下，并领悟真实法。很简单，如此而已，心因改变或转向而将自己转正，从一个观点到另一个。你可以说它很遥远，也可说它非常近。

耽溺在欲流和有流

这是我们必须为自己做的事，佛陀只能给我们开发智慧所需的技巧。然而在听完老师的开示后，我们为何无法将实相变成自己的？因有层膜覆盖住它。可以说是我们耽溺了，耽溺在欲流和有流（bhavogha）中。

老实修行或精进修行并不一定是必须花很多力气——只要在心上用功即可。对一切生起的感觉用功，特别是那些涉入爱欲者，这些才是我们的敌人。

有意指生之界 [1]，感官欲望即是在色、声、香、味、触与法之中生出，心认同它们，因而执著并受困于爱欲之中。

有些修行者对修行变得疲乏、厌倦与懒散，似乎无法将法放在心中，但若受到责骂，则会一直记在心里。他们也许在雨安居开始时受到责骂，直到安居结束都还未忘记，若印象够深刻，甚至终生不忘。但一谈到佛陀的教法，告诉我们要适度、自制、精进修行，为何人们就无法放在心里？为何老是忘记？就看在这里的修行，例如规定餐后洗钵时不可闲聊，似乎连这点都办不到。即使我们知道闲聊无益，且会将自己绑在爱欲中，人们还是喜欢讲话。很快的，他们开始意见不合，终至陷入争执与口角中。

只要在心上用功

这是最基本的，并非什么微细或精妙的事，但人们似乎无法在此处真正用心。他们说想要见法，但只想依自己的方式去见，而不愿依解脱道修行，因而渐行渐远。这些修行的标准都是见法的善巧方便，但人们却不愿如法而行。

老实修行或精进修行并不一定是必须花很多力气——只要在心上用功即可。对一切生起的感觉用功，特别是那些涉入爱欲者，这些才是我们的敌人。

但人们似乎办不到。每年当雨安居即将结束时，情况就愈来愈糟。有些比丘已达到忍受的极限，愈接近雨季尾声情况愈糟，他们的修行无法维持始终。我每年都谈到这点，不过人们似乎总记不住。我们制定一些标准，不到一年就失败了，闲聊与应酬又故态复萌。它很容易垮掉，情况一直如此。

那些真正对修行有兴趣的人，应想想为何会这样。那是因为人们不了解这些事的不良后果。

看不见危险，就注定要在生死中轮回

当被接纳进佛教僧团时，我们单纯地过活，不过有些比丘却还俗去上战场，比较喜欢每天过着枪林弹雨的日子。他们真的想去，虽然充满危险，仍准备要去。为何未看见危险？他们已准备好被枪毙，却无人想要为增长德行而死。只要了解这点，你就知道是怎么回事了，因为他们是奴隶，看不见危险。

真的很疯狂，不是吗？你也许会认为他们能看见，事实上不能。一旦看不见就无法从中解脱，注定要在生死中轮回。事实就是如此，只要说这种简单的事，我们就可以开始了解。

若你问他们："你们为何出生？"他们可能很难回答，因为并不了解。他们耽溺在感官与有的世界中。有是生的领域，是我们的出生地。简而言之，生命从哪里出生？有是生的肇因，凡是有生的地方，就有有。

假设我们拥有一座特别喜爱的苹果园，若不以智慧反省，对我们而言，那就是一个有。怎么说呢，假设果园有一百棵或一千棵苹果树，只要自认它们是我们的树，我们就会生在每棵树中——如一只虫般出生。就某种意义而言，有的心已钻进每棵树中，即使身为人类的身体仍在家里，我们已将触角伸进每棵树中。

我们如何知道那就是有？因我们执著"那些树是我们的"这想法，所以它是有（生之界）。若有人拿斧头砍了其中一棵树，远在自家中的我们也会随树而死。我们会暴怒，且一定得讨回公道，也许会为它和人吵架，那个争吵即是生。生之界是执著为我们所有的果园，就在认为它是为我们所有的观点上出生。

执著"我"，轮回就会转动

无论执著什么，我们就在那里出生，就存在那里。一知道我们便出生，这是通过无知的知。我们知道有人砍了一棵我们的树，但不知那些树并非真的是我们的，这就是通过无知的知。我们一定会在那个有中出生。

轮回（vaṭṭa）——因缘存在之轮——就如此转动，人们执著于有，依赖有。若珍爱有，就是一个生。此外，若为了相同的事落入苦之中，这也是生。只要我们无法放下，就会被困在生死的轨道中不断轮回，要观察这点，深入思维它！

佛陀说："无论你有什么，别拥有它。"随它去，别将它变成你的。你必须了解拥有与不拥有，知道它们的实相，别在痛苦中挣扎。

只要有"我"或"我的"的执著，就是出生的地方。

在出生发生之前，必定有个有——生之界。因此佛陀说："无论你有什么，别拥有它。"随它去，别将它变成你的。你必须了解拥有与不拥有，知道它们的实相，别在痛苦中挣扎。

你愿意回到出生处再出生一次吗？仔细观察这点。比丘或禅修者愈接近安居的尾声，就愈积极准备回去，并在那里出生。

你被什么困住？你执著什么？

其实你可以想象一下，住在一个人肚子里的感觉如何。一定很不舒服！只要想象待在茅棚一天就够了，关起所有门窗，就已经快窒息了。那么躺在一个人的肚子里九或十个月会是什么感觉呢？人们看不到事情有害的一面。问他们为何活着，或为何出生，结果一无所知。你还想再回去那里吗？你被什么困住了呢？你执著什么？

那是因为有个有与生的因。在这座寺院的大会堂里，我们有个装在罐子里以防腐剂保存的流产婴儿，有人因而得到启示吗？没有。躺在母亲肚子里的婴儿就如保存在罐里的胎儿，而你竟然会想制造更多那种东西，甚至还想回去被泡在那里。你为何看不到其中的危险与修行的利益呢？

那就是有，根就在那里，每件事都以它为中心。佛陀教导我们思维这个要点。人们想到它，但尚未看见，全都准备好要再回去那里。他们虽知道那里不太舒服，但仍想一头钻进去，将脖子再次套进圈套里，也可能知道这圈套真的很不舒服，仍想将头放进去。他们为何无法了解这点？

当我如此说时，人们会问："若真是这样，则每个人都应出家才对，如此一来，世间要如何运转呢？"你是永远无法让每个人都出家的，所以别杞人忧天。这世间因愚痴的众生而存在，因此这件事绝不单纯。

我在九岁时出家成为沙弥开始修行，但那时还不太清楚究竟是怎么回事，直到成为比丘后才找到答案。身为比丘，我凡事都小心翼翼，不受人们热衷的欲乐所吸引,我了解其中的痛苦。那就如看见一根可口的香蕉,知道它很甜,不过也知道它有毒。无论它有多甜或多诱人,我知道若吃了就会致命,我一直如此自我提醒。每次我想吃香蕉时,就会看见其中的毒,最后都能打消兴趣,从中全身而退。现在到了这年纪,这种东西已丝毫吸引不了我了。

有人看不见毒,有人虽看见但仍想碰运气。不过诚如他们所说:"若怕伤了自己的手,就不要去碰有毒的东西。"

放弃欲乐,须使用善巧的方便法

从前我也想过要体验一下,在经历五六年的比丘生活后,想到了佛陀。他修行了五六年后,结束了世俗的生活,而我对它仍有兴趣,想回去试试看:"也许我应该去建设世间一阵子,获得一些经验与学问。或者如佛陀也有个儿子罗睺罗(Rahula)。也许我对自己太严格了。"

我坐着思维这件事好一会儿,之后我领悟到:"是的!那都很好,但我只怕这个佛陀不像上一个吧!"我心里有个声音说道:"我恐怕这个佛陀会深陷泥淖中,不像上一个那样。"因此打消了那些世俗的念头。

从第六或第七次到第二十次雨安居期间,我真的打了一场硬仗。最近似乎已将子弹用尽,我已发射了好一段时间。年轻的比丘与沙弥还有很多弹药,可能想去试试自己的枪,但在尝试之前,应先考虑清楚。

爱欲真的很难放弃,也很难让人看清楚它的实相,必须使用一些善巧的方便法。想象欲乐犹如吃肉,肉被塞在齿缝里,在结束用餐前,必须找根牙签挑出来。当剔出时你暂时松了一口气。你可能决定不再吃肉,但又看到时却无法抗拒,你吃了一点,然后它又塞住了。接着,你必须再将它挑出来,松一口气后再继续吃。欲乐的情况就像这么一回事,压力愈积愈大,然后你就得先纾解一下。事情就是如此,我不知这样的无谓纷扰,到底有何意义。

我并非从别人那里学到这些,它们全部发生在我的修行过程中。我坐禅时会思维欲乐犹如红蚂蚁窝,有村民拿木棍去戳蚂蚁窝,蚂蚁全都冲出来爬到木棍与他脸上，咬他的眼睛与耳朵 [2]，而他却还未看见身处的困境。

未见害处，就无法脱离

不管怎么说，那并未超出我们的能力。佛陀教导我们，若我们看见某件事物的害处，无论它表面看来有多好，都应知道它是有害的。但若看不见害处，就只会看见它的好处。若未看见害处，我们就无法脱离它。

你们注意到了吗，有些工作，无论它有多脏，还是有人喜欢。这件工作并不干净，但你无须花钱请人做，他们会很乐意自愿来做。别的肮脏工作即使有不错的报酬，他们也不会做。对于这个肮脏工作，他们甘之如饴，你无须付钱。若是肮脏的工作，人们为何会喜欢呢？当他们如此表现时，你怎么能说那种人是聪明的呢？

看看寺院里一大群的狗，它们四处追逐、厮咬，有些还因此残废。大约过一个月后，它们又会再出现。每当有只小狗加入狗群，大狗就会追咬，它因而拖着一只被咬伤的腿边跑边叫。当狗群奔跑时，它会蹒跚地跟在后面。它还只是只小狗，但想总有一天会有机会，它们咬伤它的腿，它的麻烦顶多就是如此。在一整个交配季节中，它可能连一次机会也没有。在寺院这里，你们可以自己去看。

世间法或佛法，完全是你的选择

当这些狗成群奔跑嚎叫时，我猜想若它们是人类的话，可能正在唱歌！它们认为这很有趣，所以正在引吭高歌，但对为何要这么做却毫无头绪，只是盲目地追逐自己的本能。

仔细思考这点。若真的想要修行，应该了解自己的感觉。例如，在比丘、沙弥与居士中，应该和谁交往？若结交很喜欢讲话的人，他们也会让你说个不停。你自己分内的事就已够多了，而他们的更多，把它们加在一起，它们会爆炸！

人们喜欢和七嘴八舌、谈论是非的人交往，可以好几个小时坐着听他们讲话，但当他们前来聆听有关修行的开示时，却意兴阑珊。当我开始开示时——"Namo Tassa Bhagavato"（皈敬世尊）[3]——他们都睡着了，完全不在意佛法。当我念到"Evaṃ"（如是）[4] 时，又张开眼睛醒过来，他们如何能得到利益呢？真正的修行者听完开示离开时，会感到激励与振奋，因为有学到一些东西。

仔细想想你会选择哪一条道路。每一刻，当你站在世间法与佛法的十字路口时，会选择哪一条路？那完全是你的选择。若你想解脱，这便是关键时刻。

【注释】

[1] 界（sphere）：指心时常活动于或到访的某境地。所到访的某境地是依界而名的生存地，如欲地、色地、无色地。心之界则指心活动于某境地，如欲界心即指渴望享受色等欲望的心，包括一切主要出现于欲地的心。此处的生之界即指心活动于某境地。

[2] 在泰国东北方，红蚂蚁和它们的蛋都被拿来作为食物，这种掏取蚂蚁窝的事在当地颇为常见。

[3] "Namo Tassa Bhagavato"（皈敬世尊）：是传统礼敬佛陀的第一句巴利语，在正式开示之前念诵。

[4] "Evaṃ"（如是）：是结束谈话时所使用的传统巴利语。

第 8 章 实相的两面

我们的生活有两种可能：陷溺于世间或超越它。佛陀是能从世间获得自在者，因此他了解心灵的解脱。

同样，知识有两种——世间的知识与心灵的知识或真实的智慧。若我们未曾修行与自我训练，无论拥有多少知识，那都是世间的，无法让我们解脱。

世间的知识，只是永无止境地追逐

仔细思考与观察！佛陀说世间法让世间运转。追逐世间，心就陷入世间，无论去来都染污它自己，永远无法维持满足。世间的人一直都在追逐某些东西，永不知足。世间的知识是无知的，缺乏清晰的了解，因此永无止境。它围绕着世间的目标——积聚财物、获取地位、寻求赞美和快乐而运转，一团愚痴牢牢地困住我们。

一旦我们得到某些东西，就有嫉妒、忧虑与自私。当感到威胁时，身体无法避开，便转而以心去发明各种装备，制造武器甚至核子弹，到最后只会同归于尽。为何有这些麻烦与难题呢？

这就是世间之道，佛陀说，若有人走上这条路，将永远到不了终点。

请为解脱而修行吧！要符合真实智慧而生活并不容易，但只要认真追寻解脱的道与果，并心向涅槃，就能保持精进与安忍。安忍于少欲知足——少吃、少睡、少说话，过简朴的生活。借由这些做法，我们就能了结世间法。

若未根除世间法的种子，我们就会持续地在无止境的轮回中受苦。即使出

> 知识有两种——世间的知识与心灵的知识或真实的智慧。若我们未曾修行与自我训练，无论拥有多少知识，那都是世间的，无法让我们解脱。

了家，它仍会继续纠缠你，它创造你的见解与观点，为你的一切思想着色与美化，事实就是如此。

不可能取悦所有的人

人们不了解这点，而说将在世间完成某些事情，那都只是一厢情愿的想法。犹如刚上任的首长急于推行新政，他胸有成竹，将旧政府的一切全部更新，说："看吧！一切都由我来！"他们就是这么做，搬进搬出，其实什么事也没完成，根本无任何真实的成就。

你无法做一件事同时取悦所有的人——有人喜欢少或多，有人喜欢短或长，有人喜欢咸或辣，要让每个人都认同是不可能的。

我们都希望在有生之年能完成某些事，但这世界相当错综复杂，几乎让人不可能达到真正的圆满。即使生为尊贵王子的佛陀，拥有一切最佳的机会，也无法在世俗生活中找到圆满。

佛陀谈到欲望，以及六种能满足欲望的事物——色、声、香、味、触、法。对乐与苦、善与恶等的欲求，乃至遍及一切事物！

形色——没有任何形色可以和女人相比，不是吗？难道美色当前时你不会想看吗？一个婀娜多姿的身影向你走来时，你会忍不住盯着她瞧！那么声音呢？没有一种声音比女人的声音更能吸引你，它令你意乱情迷！香气也是如此，女人的香气是最迷人的，任何香气都无法和它相比。味道——最可口的美食，也比不上女人。触感也是一样，当你爱抚女人时，你如痴如醉，天旋地转。

感官的对象是恶魔[1]的陷阱

在古印度，曾有个来自塔克西拉（Taxila）的著名魔法师，他将一切咒术与魔法都传授给一名弟子。当这名弟子学有所成，准备离开时，他给弟子最后的叮咛："我已将一切符咒与魔法都传给你了，对于尖嘴獠牙或头上长角的众生，都无须害怕，我保证对付他们你将绰绰有余。不过，有种东西是我无法保证的，那就是女人的魅力。对此我无能为力，没有任何咒语可以与之对抗，你必须好自为之。"

两性互相吸引　女人对男人造成问题，男人对女人也是如此，他们是彼此的对手，若彼此别住就不会有麻烦。当男人看见女人时，他的心就像捣谷子般七上八下，女人看见男人时也是如此。这是什么？这些是什么力量？它们令你深陷其中，但无人了解这是要付出代价的。

念头在心中生起，是由欲望出生——渴望珍贵的物品，希望富有，或不停地追求某种东西。这种贪欲并不深刻、强烈，不致让人晕头或失控。但当性欲生起时，很快就会让人失去平衡与控制，甚至忘记养育你长大的父母！

佛陀教导我们，感官的对象是种陷阱——恶魔的陷阱。我们应了解恶魔是会伤害人的事物，而陷阱则如罗网般是困住人的事物。它是猎人——恶魔所设的陷阱。

当动物掉入猎人的陷阱时，就会陷入悲惨的处境。它们被牢牢地困住，只能坐以待毙。你们曾捕过鸟吗？陷阱弹开，啵一声，颈子就被扣住，一条强韧的绳子紧紧系住它，任凭它如何挣扎，都无法逃脱。它惊吓得拼命乱飞，但无济于事，只能等待陷阱主人出现。当猎人前来时，它被逮个正着，无处可逃！

贪恋感官终将无法自拔

色、声、香、味、触、法的陷阱也是一样，它们抓住我们，并将我们牢牢地绑住。若你贪恋感官，那么就如同上钩的鱼儿般，在渔夫来之前，如何努力都无法挣脱。事实上，你并不像被捕获的鱼，而更像青蛙，它将整只钩子都吞到肚子里去，而鱼只是嘴巴被钩住而已。

所有贪恋感官的人都如此，就如肝脏还未被彻底破坏的酒鬼，不知何时会暴毙。他们肆无忌惮地酗酒到无法自拔，就等着承受病痛的苦果。

一个路人极为口渴，很想喝水，于是停在路边向人要水喝。供水的人说："若

> 观察身体和周遭一切事物，直到对它们感到厌倦与不着迷，然后就会生起厌离心。厌离心不会轻易生起，因为你还未看清楚。

你喜欢，就可以喝。这水的色、香、味俱佳，但我必须先告诉你，喝了后会生病，严重时甚至会奄奄一息或致命。"但口渴的人听不进去，他就和手术后七天未喝水的人一般渴，迫切需要水！渴求欲爱的人就是如此。佛陀教导我们，它们是有毒的，色、声、香、味、触、法都是毒，是危险的陷阱。但此人太渴了而听不进去，"给我水，无论结果会多么痛苦，让我喝"，因此他倒了一点水喝下去，发觉味道还不错，便肆无忌惮地喝个够，之后病到奄奄一息。他因为难以忍受的欲望而听不进任何忠告。

身陷欲乐中的人就像这样，他畅饮色、声、香、味、触、法——它们是如此美妙！因而无法自拔地不停畅饮，直到死亡，都被牢牢地困住。

厌离心未生起，是因为还未看清楚

有些人因欲望而死，其他人不死也只剩半条命，被困在世间法中就是如此。世间的才智都在追逐感官和它们的对象，无论这追求和对象有多明智、动人，也只是世俗意义上的明智、动人，它并非解脱的快乐，无法让人从这间获得自在。

我们出家修行，目的就是为了洞见真实的智慧，去除执著。借由修行解脱贪著！观察身体和周遭一切事物，直到对它们感到厌倦与不着迷，然后就会生起厌离心。厌离心不会轻易生起，因为你还未看清楚。

我们出家、受戒，我们研究、读诵、练习与禅修，下定决心要坚定不移，不过这很困难。当我们决心做一些修行，并宣称要如此修行，才过一两天或几小时，就全忘光了。然后又记起，并尝试让心再次振作。"这次，我一定会做好！"不久后，又被另一个感官拖走而再次失败，于是又重新开始！事实就是如此。

我们的修行就如粗制滥造的水坝一样脆弱，仍无法看见和遵从真实的修行，它会持续，直到获得真实的智慧为止。一旦洞见实相，我们就能从一切事物中获得自在，内心始终平静。

习气使我们的心不得平静

由于习气,我们的心不得平静,因为过去的行为我们继承了这些,使它们如影随形地困扰我们。我们努力寻找出路,但却受制于它们而求出无门。这些习气忘不了它们常去的地方,并掌握一切熟悉的旧事物,尽情地使用、眷恋与挥霍——我们就是如此活着。

无论多么努力想让自己解脱,除非你看见解脱的价值与禁锢的痛苦,否则永远无法放下。你经常盲目地修行——忍辱、持戒,却只是依循形式,并非为了达到自在或解脱而修行。在能真正修行之前,你必须看见放下贪欲的价值,唯有如此,真正的修行才可能展开。

你做每件事,都必须以正念、正知去做。当你清楚地看见时,就无须有任何忍耐或勉强,会遭遇困难或挫折,是因为不了解这点。平静,来自于将身心完全投入工作中。只要你有未完成的事,就会有不满意的感觉,这些事会绑住你,无论到哪里都会挂心。你想完成每件事,不过那是不可能的。

以经常来此看我的商人们为例。"当我的债务还清,财务运作正常时,"他们说,"我就会来出家。"他们都如此说,但可能让每件事都正常运作吗?那是永无止境的。他们以新的贷款来清偿旧债,然后就得再付清这新贷款,一切又从头开始。商人以为还清债务就会快乐,但债务是循环的,永无了期。世间法就是如此愚弄我们,我们被耍得团团转,永远不了解自己身处的困境。

修行就是直接观察心

在修行中,我们只是直接观察心。每当修行开始松懈时就注意它,并让它更坚定,但没多久,它再次松懈,心便是以这种方式牵制我们。有正念的人会稳定而持续地重建自己,一再把自己拉回来——训练、修行与增长。

缺乏正念的人只会任它瓦解,一再误入歧途。他们并未坚强而稳固地立足于修行上,因此不断被世俗欲望拉扯,一会儿向东,一会儿向西。他们追逐幻

> 当看见某样事物的益处时，必须反过来也看到它的害处。当感到嗔恨与愤怒时，应回头唤起慈悲与谅解。

想与欲望而活，永远跳不出世间的轮回。

出家并不容易，必须下定决心让心保持稳固。你应该对修行有信心，坚定不移，直到好恶都不动于心，并洞见实相为止。通常，你只对讨厌的事不满，若喜欢某样东西，你并不会放弃它。你必须对讨厌与喜欢的事，以及痛苦与快乐都不动心才可以。

你难道不了解这就是法的本质！佛陀的法是深奥而精妙的，不容易领会。若真实智慧未生起，你不可能了解它，看不到前因与后果。当经验快乐时，你以为未来只有快乐；当痛苦呈现时，你又以为未来只有痛苦。你不了解只要有大就有小，有小就有大。你不如此看事情，而只看到一边，因此事情永远没完没了。

事情总有两面，你必须看得周全。当快乐生起时，不会迷失；痛苦生起时，也不会迷失。当快乐生起时，你并未忘记痛苦，因为你了解它们是相互依存的。

同样的，食物对于一切众生维持色身是有益的。但事实上，它也可能有害，例如它会造成各种肠胃病。当看见某样事物的益处时，必须反过来也看到它的害处。当感到嗔恨与愤怒时，应回头唤起慈悲与谅解。如此一来，你会变得更平衡，心也会变得更安定。

如理思维，不会执著任何东西

我曾读过一本关于禅宗的书。如你所知，禅宗强调不立文字。例如，若有个比丘坐禅时昏沉，就会受到禅杖警策，他们会拍打他的背部[2]。当昏沉的学生被打时，他会对监香者合掌称谢。禅宗的修行，教导人们对一切有助于心灵提升的事，都要心存感恩。

有天一群比丘在集会，禅堂外有一面幡在风中飘动。有两位比丘争执幡动的原因，一个说是风动，另一个说是幡动，他们各执己见，如此即使吵到死，也无法获得共识。此时，老师介入说："你们两个都不对，正确的看法是：既无幡，也无风。"

这才是修行：放下一切，既无幡，也无风。若有幡，就有风；若有风，就有幡。你应彻底思维与反省这点，直到如实了知。若能如理思维，就不会执著任何东西。一切皆空——本性空寂，幡是空的，风也是空的。在大空性中，无幡也无风，无生、老、病、死。我们世俗对幡与风的理解都只是概念，事实上一切皆无，如此而已！除了空之外，什么都没有。

若以此方式修行，我们就会彻底了解，一切问题都能迎刃而解。在大空性中，死神将永远找不到你，老、病、死也无法跟随你。当我们依据实相——正见，去看见与了解时，将只有这个大空性，再也没有我们、他们和自我。

感觉就只是感觉，来了又去

世间无尽地流转，若我们想要完全理解它，只会被它带入混乱与迷妄。但若清楚地观照世间，真实的智慧就会生起。佛陀就是个通达世间法的人——丰富的世间知识，才有伟大的影响力与领导力。他借由转化世间的智慧而生起洞见，获得出世间的智慧而成为圣者。因此，若我们依教奉行，向内观照，将达到一个全新层次的了解。当眼见色时，色不存在；耳闻声时，声不存在；鼻嗅香时，香不存在。一切感觉都很清楚地呈现，但并无任何实体。它们就只是感觉，生起然后消逝。

若我们能如实地了解，感觉将不再具有实体，它们只是来了又去的感受。在实相中，根本没有任何事物。若无任何事物，则无我们与他们。若无我们，则无一物是属于我们的。以此方式止息痛苦，既然无任何人得到痛苦，那么是谁在受苦呢？

当痛苦生起时，我们执著苦，因此必须真的去受苦。同样的，当快乐生起时执著乐，结果经验了快乐。执著这些感受而造成自我的概念，因此我们与他们的想法就持续显现。一切都从此开始，然后把我们带往无尽的轮回。

身心的孤独有助于解脱道的修行。

前来森林，不是为了执著这里的生活

因此我们禅修，并如法地生活，离家到森林里住，汲取它给我们的心灵平静。我们逃离，并非因为恐惧或逃避现实，而是为了战胜自己。不过，前来住在森林里的人却变得执著这里的生活，就如住在都市里的人执著那里的生活一般，都迷失在森林或都市里。佛陀赞叹森林生活，是因为身心的孤独有助于解脱道的修行。

然而，他并不希望我们对森林生活有所依赖，或耽溺于它的平静与安宁中。我们是为了生起智慧而来修行，在森林里可种植与培养智慧的种子，若有混乱与骚动，种子就很难生长。不过，一旦经历过森林生活，我们就可以自在地回到都市，面对它带来的一切感官刺激。住在森林学习的意义，是让智慧成长与茁壮。将来无论身在何处，我们都能运用这个智慧。

当感官受到刺激时，我们会激动，此时感官成为我们的对手。它们敢来挑战，是因为我们仍然愚昧，没有智慧可以处理它们。事实上，它们是我们的老师，但由于我们的无知，而无法如此看待。当住在城市时，我们永远没想过感官能教导什么。真实智慧尚未显现时，持续将感官及其对象视为敌人。一旦真实的智慧生起，它们就不再是敌人，而成为洞见与智慧的入口。

想想这森林里的野鸡，每个人都知道它们有多么惧怕人。但住在这里，我不只可以教导它们，且能从它们身上学到东西。我从撒米给它们吃开始。起初它们很害怕，不敢靠近。不过，经过一段时间后，它们不只习惯了，且还开始期待。你看，这里可以学到一些东西——它们本来认为米是危险的，是敌人。事实上，米并不危险，但它们不知米是食物，所以才害怕。最后，当它们了解并无危险后，便肆无忌惮地吃了起来。

野鸡通过此法自然地学习，我们住在这森林里，也以相同的方法学习。以前我们认为感官是个问题，且因不知如何正确地使用，造成很大的困扰。不过，通过修行的经验，我们学会如实地看待它们，并如鸡吃米般学会如何使用，它们就不再和我们对立，问题也就消失了。

不用急躁，别想加快修行。一步步来，温和、渐进地禅修。若心已平静，接受它；若尚未平静，一样接受它，那是心的本质。我们必须找到自己的修行步调，然后持之以恒。

不能正确使用感官，就会一直处在对峙中

只要我们思考、探究与了解的方式错误，这些事情就会和我们对立。但只要我们开始正确地研究，经验将带来智慧与洞见。鸡最后能够了解，在某个意义上，可以说它们是在修观[3]。它们如实觉知，并有自己的洞见。

在修行中，我们拥有可以作为修持工具的感官，正确地使用，将能帮助我们觉悟佛法，这是所有禅修者都必须深思的事。当未清楚地看见时，我们就会一直处在对峙中。

如今，我们生活在森林的宁静中，持续开发细微的感觉，并为培养智慧做好准备。但住在安静的森林中，稍微获得一些内心的平静，不要认为这样就够了，不能仅止于此。记住，我们是来培养与增长智慧的种子。

当智慧成熟且开始如实了解时，我们就不会再被外境愚弄。通常，若心情愉悦，我们表现出一种方式，若心情不好，则表现出另一种方式。喜欢某件东西就会兴致高昂，讨厌时则会意志消沉，就一直如此活在对立的冲突中。当它们不再与我们对立时，就会变得稳定与平衡，不会再高低起伏。我们了解世间的这些事情，且明白它就是如此，只是世间法。

世间法存在之处，解脱道也在那里

世间法会转变成解脱道，世间法有八种，解脱道也有八种[4]。凡是世间法存在之处，解脱道也存在那里。

当我们清楚地活着时，所有世间的经验都会转变成八正道的修行。若无清楚的正念，世间法就会主导一切，我们也偏离了解脱道。当正思维生起时，当下就能解脱痛苦。除此之外，你无法从其他地方得到解脱。

因此不用急躁，别想加快修行。一步步来，温和、渐进地禅修。若心已平静，接受它；若尚未平静，一样接受它，那是心的本质。我们必须找到自己的修行步调，然后持之以恒。

关于修行，我过去在没有智慧时曾想过，也许智慧还未生起，我或许可以逼它生起。但没有用，事情并未改变。然后，在仔细考虑过后才了解到，我们无法思维所没有的事物。

最好的做法是什么？就是能以平常心修行。若没有东西让我们在意，就无对治的必要；若没有问题，就无须设法解决它。当真的遇到必须解决的问题时，就是它！无须到处寻找特别的事物，只要正常地生活。要觉知心在哪里，不要纵情过活，要注意与警觉。无事时当然很好，当有事时，则审察与思维它。

保持警觉，如蜘蛛伺候昆虫一般

试着观察蜘蛛！蜘蛛会在任何适当的角落织网，然后就静静不动地守在中心。迟早会有只苍蝇飞来落脚在蜘蛛网上，只要它一触动网子，噗！——蜘蛛突然扑过来，用丝将它缠住。它将苍蝇收拾好后，便再回到网中心，静静地守候。

如此观察蜘蛛能产生智慧。我们的六根以心为中心，周围环绕着眼、耳、鼻、舌、身等其他五根。当其中一根受到刺激时，例如眼根接触到色法——它触动到心，心是觉知者，它觉知形色。光是如此，就足以令智慧生起，就这么简单。

正如蜘蛛在网子里一样，我们应独自守候。只要蜘蛛一感觉有昆虫碰触网子，就立即捉住它、系住它，然后再次回到中心。我们的心也是一样，回到中心意指正念、正知地活着，经常保持警觉，精准地完成每件事——这是我们的中心。

其实我们无须做很多事，只要如此小心地生活。但它的意思并非叫我们散漫地生活，以为无须坐禅或行禅，因而忘记一切修行的事宜。我们不能大意，必须保持警觉，就如蜘蛛等着捕捉昆虫为食一般。

我们必须知道的就是这些——坐下来观照蜘蛛。只要如此，智慧自然会生起。只要这么多，修行就完成了。

这点非常重要！它并非指日以继夜都要坐禅或行禅，若那是我们的修行观念，那真是在为自己找麻烦。我们必须考虑自己的精力，根据身体的情况量力而为。

在法的语言中，可以说就如蜘蛛诱捕各种昆虫一样，心将各种感觉系在无常、苦与无我之上。它们能去哪里呢？我们以它们为食，将它们收存起来作为营养品。这就够了。

答案就在这里，还要到何处寻找呢？

充分觉知心与其他五根很重要。知道它们如何来去、生灭，要彻底了解这点！

在法的语言中，可以说就如蜘蛛诱捕各种昆虫一样，心将各种感觉系在无常、苦与无我之上。它们能去哪里呢？我们以它们为食，将它们收存起来作为营养品。这就够了，无须再做更多的事，就只要这么多。这是心的营养品，是觉知者与领悟者的营养品。

若知道这些东西都是无常的，终归于苦，并且不属于你，那你一定是疯了才会去追逐它们！若你不是如此清楚地了解，就一定会痛苦。若仔细检视并了解它们是无常的——虽然表面看来很值得追求，不过事实并非如此，当它们的本质是苦的时，你为何还会想要它们？它们不是我们的，在它们里面没有自性，其中没有任何东西属于我们，你为何还要追求它们呢？一切问题的答案都在这里，你还要去何处寻找答案呢？

只要好好地观察蜘蛛，然后转向内心，把它转向自己，你就会了解它们都是相同的。心看见无常、苦与无我后，就会放下并释放它自己，不再执著苦与乐。这是真正修行者的心的食物，就是如此简单，你无须再到其他地方寻找。无论你正在做什么，就在当下，无须再惹上那么多的纷扰和烦恼。如此一来，你修行的动力与能量就会持续增长与成熟。

未放下渴爱与贪欲，就无法脱离轮回

这个修行的动力，会让你从生死轮回中解脱出来。我们无法脱离轮回，是由于未放下渴爱与贪欲。虽然并未作恶或有不道德的行为，但那只表示我们依戒法生活而已。例如人们在唱诵中，祈求一切众生都能与他们喜欢或所爱的事物永不分离。若你作如是想，这是很幼稚的，它是仍未放下的人的做法。

这是人类欲望的本质——期望的和事实不同。希望长寿，希望没有死亡与病痛，这就是人们的希望和欲望。因此当你告诉他们，是他们未满足的欲望造成痛苦时，那无异是当头棒喝。但他们能怎么回答？只能无言以对，因为那是实相！你一针见血地指出他们的欲望。

每个人都有欲望，并希望获得满足，但无人愿意停止或真的想要出离。因此，我们的修行一定要耐心地锻炼。那些稳定修行，没有偏差或懈怠，以温和而自制的态度坚持不放逸的人——他们都会明了。无论发生什么事，他们都会保持坚定而如如不动。

【注释】

[1] 恶魔（Māra）：音译为魔罗、摩罗，意译为杀者、夺命、能夺、能夺命者、障碍或恶魔。一切烦恼、疑惑、迷恋等能扰乱众生者，均称为魔。

[2] 纠正僧众坐禅时之怠惰、瞌睡、姿势不正的方法。警策棒为长扁平形木板，大小、形状、重量不一，通常长约四尺二寸，上幅稍宽，约二寸左右，柄部圆形。警策之法，师家先轻打昏沉者右肩，以示预告，后再重打予以警告。受者合掌谢之，打者则横持警策问讯。

[3] 观（vipassanā）：音译为昆婆奢那，意思是从各种不同的方面照见。观是直接照见究竟法的无常、苦、无我三相，从而获得解脱。

[4] 八种世间法是得、失、毁、誉、称、讥、苦、乐；八种解脱道是正见、正思维、正语、正业、正命、正精进、正念、正定。

PART TWO

定

第 1 章　一份法的赠礼

在巴蓬寺里，比丘们的双亲有时会来探访儿子，我很遗憾没有礼物可以送给这些访客。西方人已有许多物质上的东西，但所拥有的法很少。我曾到过那里，亲见那里只有很少的能带来安稳与平静的法，有的只是会持续让人心感到困惑与不安的事物。

西方的物质已非常富庶，许多事物都充满官能的引诱——色、声、香、味、触等。然而，不知法的人只会被它们迷惑。因此，今天我将以法为赠礼，让你们从巴蓬寺与国际丛林寺（Wat Pah Nanachat）带回家去。

知道的法愈少，心愈会经常处于迷妄中

法是什么？法是能解决我们的问题与困难的东西，逐渐将大事化小，小事化无。这才是所谓的法，且应通过日常生活加以学习，如此，当一些法尘[1]在内心生起时，就能立即处理它。

无论身在泰国或其他国家，我们都有各种问题，若不知如何解决，就会一直受困于痛苦与忧伤中。能解决问题的是智慧，要有智慧必须先开展和训练我们的心。

修行的题材一点儿也不遥远，就在我们的身心里。西方人和泰国人一样，都有身与心。有迷妄的身与心，就表示是个迷妄的人；而有平静的身与心，则表示是个平静的人。

事实上，心如雨水，在自然状态下它是纯净的。但若滴一些绿色颜料到澄

当心缺乏照顾时,就如无母亲或父亲照顾的孩子,没人保护的孤儿会
非常缺乏安全感。

净的雨水里,它就会变绿,若滴黄色颜料则会变黄。心的反应也是如此,当舒适的所缘滴到心里,心就感到舒畅,当不舒适的所缘滴进时,它就会不愉悦。它如水一般被染色了。

澄净的水接触黄色就变黄,接触绿色就变绿,它经常在改变颜色。事实上,绿色或黄色的水原是澄净而清澈的。在自然状态下,心也是清净无染的,只因追逐所缘才变得困惑,而迷失在它的情绪中。

让我解释得更清楚些。想象你正在寂静的森林中禅坐。若无风,树叶是静止的;风一吹就会飘动。心就如叶子般,当接触所缘时,它也会根据所缘而摇晃、颤动。我们知道的法愈少,心就愈会持续追逐所缘,感觉快乐就屈服于快乐,感觉痛苦则屈服于痛苦,经常处于迷妄之中!

最后,人会变得神经质,为什么?因为无知,他们只是跟着情绪走,而不知如何照顾自己的心。当心缺乏照顾时,就如无母亲或父亲照顾的孩子,没人保护的孤儿会非常缺乏安全感。同样的,若心缺乏照顾,若性格因缺少正思维的锻炼而不成熟,事情就可能会变得很麻烦。

当心与法尘接触时,若不以智慧处理,心就会被扰乱

我想谈的是名为业处(kammaṭṭhāna)[2]的修心法。kamma 意指作业,ṭṭhāna 意指处。这是佛教让心安定与平静的方法。以它来调伏心,以调伏后的心观察身。

生命只由身与心两部分组成,身是指肉眼能看到的部分,而心则指非物质的部分,它只能由内在之眼或心眼看到。身与心这两部分,经常处于混乱的状态中。

什么是心?它其实不是任何东西。就世俗的意义而言,它是能看或能感觉者,那个能感觉、接受与经验一切所缘者,就名为心。当下就有心,当我对你们说话时,你们的心认知到我所说的话,声音进入耳朵,然后知道我说了什么,那个能经验这过程的就称为心。

此心并无任何自性或实体，它没有任何相状，只是经验心理活动——如此而已！若我们教导心使之具有正见，它就不会有任何问题，而会很自在。

心是心，法尘是法尘；法尘不是心，心也不是法尘。为清楚了解内在的心与法尘，我们便说能接受法尘突然啪地闯进来的，就是心。

当心与其所缘两者相互接触时，就产生感觉，有好、坏、冷、热各式各样的感觉。若不以智慧处理这些感觉，心就会被扰乱。

禅修核心——观察呼吸

禅修是种开发内心的方法，以使心成为智慧生起的基础。其中，呼吸是身体的基础，观察呼吸的修行方式称为安那般那念（ānāpānasati），或入出息念。我们将呼吸当做心的法尘，以它为禅修的所缘，因为它是最简单的，且自古以来一直是禅修的核心。

我们坐禅时是交脚盘坐：右脚放在左脚上，右手放在左手上。保持背部挺直，然后对自己说："现在，我要放下一切的负担与挂碍。"你不想受到任何事的干扰，暂时放下一切挂碍。

现在，将注意力放在呼吸上，开始吸气与吐气。在练习入出息念时，不要刻意拉长或缩短呼吸，也不要让它变强或变弱，只要让它正常与自然地流动。从内心生起的正念与正知，会觉知入息与出息。

放轻松，不要想任何事。你唯一要做的，就只是将注意力放在呼吸上，除此之外，其他的事一概不管！保持正念，专注在吸气与吐气上，觉知每个呼吸的初、中、后段。吸气时气息是从鼻端开始，中段在心脏，后段则在腹部。吐气时，刚好相反，气息从腹部开始，中段在心脏，后段则在鼻端。

把注意力放在这三点上，将可纾解一切烦忧。什么都别想，持续将注意力放在呼吸上。也许其他的念头会闯进来，而让你分心，别理它，只要再次将注意力拉回到呼吸上。心可能会被判断与观察所缘的动作打断，别理它，持续练习，持续觉知每个呼吸的初、中、后段。

最后，心将随时都能觉知呼吸的这三个点。当练习一段时间后，心与身会逐渐习惯这项工作。疲倦会消失，身体会感到轻松，呼吸也会愈来愈细微。正念与正知会保护心，并照顾它。

让心平静以生起智慧

如此练习，直到心平静与安定，直到心一境性。心一境性指心与呼吸完全合一，不离开呼吸。心此时是无染与自在的，觉知呼吸的初、中、后段，并安住于其上。

心平静下来后，接着只要将注意力锁定在鼻端的呼吸，无须再跟着它上下往返。呼吸进出时，只专注于鼻端。

这就名为静心，让心放松与平静。当轻安出现时，心就会止住，它会停在呼吸上。这就是大家熟知的，让心平静，以便使智慧生起。

这是开始，是修行的基础，无论身在何处，都应每天练习。无论在家里、车上，躺着或坐着，都应保持正念、正知，随时照顾自己的心。

这就是所谓的修心，无论行、住、坐、卧，都应练习，而不是只在打坐时才练习。重点是应随时觉知内心的状态，为了做到这点，我们应经常保持正念、正知。心是快乐或痛苦？它迷妄吗？它平静吗？设法觉知内心，如此才能使它平静，心平静时，智慧就会生起。

身体是由地、水、火、风组成

以轻安[3]的心观察禅修的主题——身体，从头顶到脚底，然后再从脚底到头顶。如此不断地重复，将注意力放在头发、体毛、指甲、牙齿与皮肤上。在此禅法中，我们将看到整个身体都是由四界——地、水、火、风组成的。

我们身体坚硬与固体的部分是由地界所组成；液体与流动的部分是水界；进出身体的气体是风界；身体的热能则是火界。

不是众生，不是个人，不是自我，不是灵魂，不是我们或他们，它们只是地、水、火、风四界而已。

当它们聚在一起就组成所谓的人。不过，当身体分解时，则只剩下这四界。佛陀教导我们，其中并无所谓的众生，没有人，没有泰国人，没有西方人，没有个人，最后只有这四界——如此而已！我们认为有个人或众生，但其实并没有这种东西。

无论分解成地、水、火、风或组成所谓的人，一切都是无常、受制于苦和无我的。它们都不稳定、不确定，且经常在变化——无时无刻是稳定的！

我们的身体是不稳定的，不断在改变与变化。头发在改变，指甲在变，牙齿在变，皮肤在变——每样东西都在改变，无一不在变化！心也一样不断在变化，它并非自我或任何不变的实体，也不是真实的我或他，虽然它可能这么想。也许它会想自杀，也许会想到快乐或痛苦——各类的事！它是不稳定的。若没有智慧，且相信这颗心，它将会不断欺骗我们，而我们便会在苦乐之间摆荡。

心是常变化的东西，身也是如此。身心整体是无常的，是苦的来源，是无我的。这些就是佛陀所指出的，不是众生，不是个人，不是自我，不是灵魂，不是我们或他们，它们只是地、水、火、风四界而已。

看见无常、苦、无我，贪、嗔、痴会逐渐消失

一旦心了解这点，它就能放下，不再执著我是美丽的、我是善的、我是恶的、我在痛苦、我拥有、我这个或我那个。你会体验到一种一体的状态，因为你已了解到所有的人基本上都相同——没有我，只有四界而已。

当你思维并看见无常、苦与无我时，就不会再执著自我、众生、我、他或她。心看见这点，就会生起厌离，它会看见一切事物都只是无常、苦与无我的。

然后，心会停止，心就是法。贪、嗔、痴会逐渐消逝，最后只剩下心——纯净的心。这就称为禅修。

这份法的赠礼，是给你们在每天的生活中研究与思维的。它会指出安心之道，让心平静与不惑。你们的身体可能在混乱中，但心则不会。世人或许会觉

得迷妄，但你们却不会。当被迷妄包围时，你们不会迷妄，因为心已看见，心就是法。这是正道——正确的道路。

【注释】

[1] 法尘：即意根（心）所对之境，为六尘（色、声、香、味、触、法）之一。

[2] 业处（kammaṭṭhāna）：直译为作业之处或工作之处，是禅修者成就止观的基础或修习止观的对象。《清净道论》有举四十业处，即一、十遍处，二、十不净，三、十随念，四、四梵住，五、四无色，六、食厌想，七、四界差别。参见《清净道论》第三《说取业处品》。

[3] 轻安（passaddhi）：有身（心所）轻安与心轻安两种，其特别的作用是分别破除心所与心的不安，对治掉举和恶作，平静心所和心的躁动。

第 2 章　内心的平衡

安定内心的意思是,寻找到正确的平衡。若你过度勉强心,它会太超过；若你不够努力,它又会错失了平衡点。

通常,心不是静止的,它不时在动摇,我们必须巩固它。让心强壮和让身体强壮不同。要让身体强壮,就得锻炼它、勉强它；要让心强壮,则得让它平静,不胡思乱想。对我们大多数人而言,心从未平静,它不曾拥有过定的力量,因此,我们必须在一个范围里将它建立起来。我们禅坐,与觉知者同在。

专注于呼吸使身心轻安

若强迫呼吸变长或变短,我们就无法平衡,心也不会变得平静。就如我们初次使用缝纫机,在实际缝东西之前,得先练习踩机器,以使动作协调。修习入出息念也是如此,不要在意它长或短、弱或强,就只是注意它。我们只是随它去,随顺自然地呼吸。

当它平衡时,就可以将呼吸作为禅修的所缘。当吸气时,气息是从鼻端开始,中间是胸部,最后则到腹部；当吐气时,顺序则正好相反。过程中,只要注意鼻端、胸部与腹部。注意这三点是为了让心稳固,限制心理活动,以便让正念与正知能轻易地生起。

当注意力安住在这三点上时,就可放下它们,只单独专注于气息进出的鼻端或上唇,无须再跟着呼吸上下,而是在鼻端建立正念,注意这一点上的呼吸——进、出、进、出。

无须特别去想些什么，只要专注于这项简单的工作，让心活在当下。不久，心就会平静，呼吸也会愈来愈微细，心与身都会变得轻安。这是禅修正确运作的状态。

持续觉知心是否安定

坐禅时，心变得愈来愈细微，无论它在何种状态，都应尽量觉知它。在那里，心理活动和轻安并存，此时有寻[1]，它是将心带入思维主题的举动，有多少正念就有多少寻。然后伺[2]会紧接着出现，围绕那主题进行思维。

各种微弱的所缘可能会不时生起，但我们的正知是关键——无论发生什么事，我们都持续觉知它。当我们更深入时，仍要持续觉知禅修的状态，觉知心是否安定。因此，定与觉知两者便都现前。

有一颗平静的心，并不表示没有事情发生，所缘还是会生起。例如，当我们说初禅时，会说它有五禅支[3]，除了寻与伺之外，还有喜[4]会随着禅修主题生起，然后是乐[5]。这四者在轻安生起时并存于心，它们是单一的状态（single state）。

第五支是一境性[6]。你们可能会质疑，在同时有其他禅支存在的情况下，怎么可能是一境性？这是因为它们在轻安的基础上全都成为一体，它们一起被称为定的状态。它们不是日常的心理状态，而是禅定的要素。这五种特相，都不会妨碍基本的轻安，寻不会妨碍心，伺、喜、乐的生起，也同样不会妨碍心。心与这些禅支是一体的，这是初禅。

禅定深入时五盖皆消失

我们无须称它为禅那[7]——初禅、二禅等，让我们称它为平静的心。当心愈来愈平静时，它就会舍弃寻与伺，只留下喜与乐。心为何要舍弃寻与伺呢？那是因为心愈来愈细微，寻与伺的活动太粗糙了。在这个阶段，心停止寻、伺，可能生起狂喜的感受，眼泪也许会如泉涌夺眶而出。

但是，当禅定更深入时，喜也会被舍弃，只留下乐与一境性，最后，连乐也不见了，心达到最细微的状态。此时，只有舍[8]和一境性，其他一切都停止了，心安住不动。

一旦心平静后，上述的情况就会发生。你们无须对它想太多，当因缘条件成熟时，它自己就会发生，这就称为静心的能量。在这个状态中，心不会昏沉，五盖——贪欲、嗔恚、掉举、昏沉、睡眠与疑——都消失了。

心安住于正念、正知，不会落入疑惑中

若心理能量不够强固，且正念微弱，所缘就会偶尔闯入。心是平静的，但平静中好像有些混浊。然而，它不是一般的昏沉，某些印象会显现——也许会听到一个声音，看到一只狗或其他东西。它不是那么清晰，不过也不是梦，这是因为五禅支已经变得不平衡与微弱的缘故。

心在这些轻安的阶段中很容易耍花招。心处于这种状态时，意象有时会通过任何感官产生，禅修者无法确认究竟发生了什么事。"我睡着了吗？不。这是梦吗？不，这不是梦……"这些印象从中等的轻安中生起。若心真的平静与清晰，我们就不会对各种生起的所缘或影像产生疑惑，不会生起"我刚才恍惚了吗？我睡着了吗？我是否迷失了？"这种问题，因为它们是内心还有疑惑的特征。

"我是睡着或醒着？"这样的心是迷糊的，迷失在情绪之中，犹如躲在云后的月亮，你仍可以看见月亮，但是云让它变朦胧了。它不像已破云而出的月亮，皎洁而明亮。

若心是平静的，且安住在正念、正知上，则对于所遭遇的各种现象就不会有疑惑，心将确实地超越这些障碍。我们将如实觉知心里生起的每一件事，不会落入疑惑中，因为心是清晰与光明的。禅定中的心就是如此。

止与观相辅相成

有些人发现入定很难，因为他们没有正确地趋入法，虽然有些禅定，但不够强固。然而，这种人可通过使用智慧、思维与看见事物的实相而达到平静，并以这种方式解决问题。这是使用智慧，而非定力。

在修行中达到平静，并不一定需要坐禅。只要问你自己："嘿，那是什么？"当下便解决你的问题！一个有智慧的人可以如此做，也许他们无法进入深定，但已有足够的定力可以长养智慧。其间的差别，就如种植稻米与小麦，人们在生计上依赖稻米更甚于小麦。我们的修行也是如此，更依赖智慧来解决问题。当看见实相时，平静就会生起。

智慧与禅定的方式并不相同。有些人拥有观与较强的智慧，但定力并不深。当他们坐禅时，并不平静，会想得多一点，思维这个与那个，直到最后思维苦与乐，并看见它们的实相为止。无论行、住、坐、卧，法的觉悟都可能发生。他们通过观看、舍弃、了解实相与超越疑惑，达到平静，因为他们已亲自看见它。

另外一种人则只拥有少许的智慧，但定力却很强。他们可以很快进入深定，但却缺乏智慧。他们捉不到自己的烦恼，无法觉知它们，也无法解决自己的问题。

不论采取何种方式，我们都必须去除不正确的思维，只留下正见。我们必须去除迷妄，只留下平静。

这两种方式殊途同归。修行的这两面——止与观，是相辅相成的，缺一不可。

正念是单纯的专注

正念负责审视禅定中生起的各种禅支，它是通过修行可帮助其他禅支生起的因缘。正念是生命，当缺乏正念或心放逸时，我们就犹如死了一般。若无正念，我们的言行就会毫无意义。正念是单纯的专注，它是生起正知和智慧的因。无论培养何种美德，若缺乏正念，它们便是不圆满的。正念在行、住、坐、卧时照管我们，即使不在定中，它也会一直现起。

> 我们可以将修行归纳为戒、定、慧：专注与自制是戒；心在那控制之内稳固地建立起来是定；对于所从事的活动能完整而全面地了知是慧。

无论做什么，都要保持警觉。如此一来，惭愧[9]将会生起，对于做错的事会感到惭愧。当惭愧增强时，定力也会随之增强，放逸就会消失。即使不坐禅，这些禅支也会在心中现起。

禅支会生起，是因为培养正念。长养正念吧！它有真实的利益，能在工作的当下，念念分明。若我们如此觉知自己，对错自然立辨，解脱道会变得更清楚。一切惭愧的因消失，智慧便会生起。

我们可以将修行归纳为戒、定、慧：专注与自制是戒；心在那控制之内稳固地建立起来是定；对于所从事的活动能完整而全面地了知是慧。修行，简单地说，就只是戒、定、慧。换句话说，就是解脱道。除此之外，别无他法。

【注释】

[1] 寻（vitakka）：将心投入或令它朝向所缘的心所。伺（vicāra）是保持心继续专注在所缘上。在禅修时，寻的特别作用是对治昏沉睡眠盖，伺则对治疑盖。寻如展翅起飞的鸟，伺则如展翅于天空的鸟。寻和伺的作用强，心可长时间安住于所缘，达到禅定。

[2] 参见注[1]。

[3] 五禅支：诸禅由称为禅支的心所分别，通过逐一舍弃较粗的禅支，增强定力以提升较微细的禅支，即能进入更高的禅定。初禅有寻、伺、喜、乐、一境性五禅支；第二禅有喜、乐、一境性；第三禅有乐、一境性；第四禅有舍、一境性。

[4] 喜（pīti）：喜欢或对所缘有兴趣，共有五种：小喜、刹那喜、继起喜、踊跃喜、遍满喜。禅定之喜是遍满喜，生起时，犹如水注满山洞般展至全身。喜禅支对治嗔恚盖。

[5] 乐（sukha）：心的乐受，是脱离欲乐而生，对治掉举和恶作盖。

[6] 一境性（ekaggatā）：巴利语直译是一（eka）专（agga）之境（tā）。此心所是所有禅定的必要因素，其作用是配合其他禅支，密切地观察所缘，能对治贪欲盖。

[7] 禅那（jhāna）：即心完全专一的状态，通常包括四色界禅和四无色界禅。

[8] 舍（upekkhā）：心所法之一，是对所有的心所采取中立的态度。此处之舍为禅舍，是指对第三禅的最上之乐也能不生好恶，无有偏向。

[9] 此惭愧是建立在因果知识的基础上，而非情绪性的罪恶感。

第 3 章 和谐的正道

你有多自信,有多肯定,你在自己的禅修中吗?这么问很合理,因为现在包括比丘与在家人在内,都在教导禅修,因此可能会让你们感到犹豫与怀疑。但你们若有清楚的了解,就能让心平静与安定。

你们应了解,八正道即戒、定、慧,道不外乎此。修行就是为了让道在心中生起。

让呼吸自然进行,别强迫它变长或变短

坐禅时,我们被教导要闭上眼睛,别乱看东西,因为现在要直观内心。当闭上眼睛时,注意力就会向内集中,我们将注意力放在呼吸上,把感觉集中在那里,将正念也放在那里。当道支[1]处于和谐的状态时,我们就能如实地看见呼吸、感觉、心与法尘。这里我们将看见焦点,定与其他道支会在那里和谐地汇集。

当你和他人同时坐禅时,想象你是在独自静坐,培养独自静坐的感觉,直到心放下一切外缘,只专注于呼吸为止。若你一直想"这人坐在这里,那人坐在那里",就无法安静下来,因为心不会向内集中。抛开一切,直到感觉无人坐在身旁,直到空无一物,直到不再摇摆,对周遭的事物都不感兴趣为止。

让呼吸自然地进行,别强迫它变长或变短,只要坐下来看着它进出。一旦心放下一切外缘,汽车的声音或其他类似的东西就不会妨碍你。色或声,没有任何东西会妨碍你,因为心不受理它们,会完全集中在呼吸上。

和谐出现时心不再迷妄

若心是迷妄的，且无法集中在呼吸上，就深呼吸一口气，尽可能吸进空气，然后再吐尽，如此连做三次，然后重新调整注意力。此时，心会变得比较平静。

心暂时静下来后，不安与迷妄会再度生起，这是很自然的情况。当这情况发生时，就再一次深呼吸，将注意力重新建立在呼吸上，只要持续如此做。当这情况发生几次之后，你就会熟悉它，心会放下一切外缘，正念便能稳固建立。

心变得愈来愈细微时，呼吸也会如此，感觉将变得愈来愈敏锐，身与心都会变轻。我们的注意力被锁定在里面——清楚地看见入息与出息，并清楚地看见一切法尘。在此将看见戒、定、慧一起出现，这就称为和谐的正道。当和谐出现时，心不再迷妄而成为一体，这就称为定。

当心稳固地统一后，没有任何法尘能打扰它

在观察呼吸一段时间后，它会变得很微细，呼吸的觉知也会逐渐停息，只剩下纯粹的觉知。现在要以什么作为禅修的所缘呢？就以这认识——觉知无呼吸的状态，作为所缘。无法预料的事可能会在此时发生，有些人会经验到它们，有些人则不会。

若它们真的生起，我们应稳住并保持坚定的正念。有些人看到呼吸消失时会感到恐慌，怕自己会死。在此，我们应如实觉知当时的情况，只要注意呼吸消失，并以此作为觉知的对象。

我们可以说心不动的状态，是最稳固的定的形式。也许身体的感觉会轻到好像感觉不到一样，会觉得有如凌空而坐。虽然这似乎很不寻常，你应了解它没什么好担心的，只要让心安定下来即可。

当心稳固地统一后，没有任何法尘能打扰它，想在这状态待多久都可以。没有痛苦的感觉会来打扰，到达这程度的定后，可随时选择离开它；但当出定后，是很舒服地出定，而非因对它感到厌烦或厌倦。我们出定，是因现在已经足够，

已感到很自在,没有任何问题了。

若能发展出这种定,则坐三十分钟或一小时,心就能维持好几天的平静与安定。当心如此时,是清净的。无论经验到什么,都能从容面对与观察,这是定的成果。

戒、定、慧各有其功能,辗转相生

戒、定、慧各有其功能,这三者就如一个循环,我们可在平静的心中看见它们全部。当心安定时,因为智慧与定力,它就能镇定与自制。当心变得愈来愈镇定时,就会愈细微,结果又反过来让戒更清净。当我们的戒更清净时,将有助于定的发展。当定稳固地安立时,又有助于智慧的生起。戒、定、慧就如此辗转相生。

最后,正道变成一个,且随时都在运作。我们应培植从正道产生的力量,因它能带来洞见与智慧。

由定而来的乐易产生执著

定能为禅修者带来许多利益或伤害。对无智慧的人而言是伤害,但对有智慧的人而言则是真实的利益,因为它能引导至观。

可能对禅修者造成伤害的是安止定[2]——深刻而持久的定。这种定会带来大平静,有这种平静的地方就有快乐,有快乐时,对那快乐的贪欲与执著就会生起。此时,禅修者不想思维其他事情,只想沉湎于愉悦的感受中。

当修行一段时间后,我们可能变得擅长于此,很快就能入定。一旦我们开始注意禅修所缘时,心就能入定,不想再出来观察任何事情,陷在那快乐中而无法自拔,这是个危险。

我们必须使用近行定[3]。在此我们入定,然后当心充分安定时,就出来看外在的活动[4]。以定心去看外在的活动,将能产生智慧。这很难理解,因为它

> 邪定是心入定,而完全无觉知。定在这层次可能成为敌人,因为缺少对与错的觉知,所以智慧无法生起。

很像一般的思考与想象。

当思考存在时,我们可能会认为心是不平静的,但事实上这思考是发生在定中。虽然有思维,但它不会妨碍定。提起思考,是为了思维它,这不是妄想或臆测,这思维是从平静的心生起,这就称为"在定中觉,在觉中定"。若它只是普通的思考与想象,心就无法平静,会受到干扰。

我现在说的并非一般的思考,它是思维(观),智慧就从这里生出。

心入定而完全无觉知,即是邪定

因此,有正定与邪定。邪定是心入定,而完全无觉知。你可以坐两个小时甚至一整天,但心并不知道它到过哪里,或发生什么事。有定,但仅此而已,就如一把使用不到的利刃,这是种受蒙蔽的定,因为缺少觉知。禅修者可能会认为自己已达到究竟,因此无须费心去寻找其他东西。定在这层次可能成为敌人,因为缺少对与错的觉知,所以智慧无法生起。

若是正定,无论定境多深,都一定有觉知,它充满正念与正知。这是能生出智慧的定,人们在此不可能会迷失,禅修者应了解这点。少了这觉知你将无法成功,它从头到尾都必须存在,这种定才没有危险。

正定开发出来时,慧随时可能生起

你们可能会质疑,慧如何从定生起。当正定被开发出来时,慧随时都有机会生起——在一切姿势中。当眼见色、耳闻声、鼻嗅香、舌尝味、身受触或心经验法尘时,心都完全觉知那些法尘的真实本质,不会追逐它们。

当心有智慧时,就不会拣择,无论在任何姿势,都能完全觉知乐与苦的出生。我们能放下这两者,不会执著,这才是正确的修行,在一切姿势中都应该如此。

一切姿势不仅指身体的姿势,同时也指心,随时都对实相具有正念、正知。当定被正确开发时,智慧就会如此生起。这是观——对实相的觉知。

有粗与细两种平静。来自于定的平静是粗的，当心平静时会有快乐，它便以这快乐为平静。但快乐与痛苦都隶属于有与生的领域，只要我们仍执著快乐，就不可能从生死轮回中解脱。因此，这种快乐不是平静，平静也不是快乐。

另一种平静，是来自于智慧的平静。在此平静与快乐中不会混淆，我们了解智慧之心——思维并觉知快乐与痛苦——才是平静。从智慧生起的平静，能了解快乐与痛苦的实相。心不会执著那些状态，它超越它们而生起，这才是所有佛教徒修行的真正目标。

【注释】

[1] 道支：即八正道。

[2] 安止定（absorption samādhi）：即心完全专一的状态，又称为禅那，包括四色界禅与四无色界禅。安止定相对于近行定（upacāra samādhi）而言，安止定的禅支强固，定心可以持续不断，而近行定是指接近安止的定，其禅支尚未强固，定心无法长时间持续。

[3] 参见注［2］。

[4] 外在的活动是指所有法尘的活动，它被拿来和安止定的内在活动做对比，在安止定中，心不会出来接触外界的法尘。

第 4 章　心的训练

少欲知足，完全投入禅修

在阿姜曼和阿姜绍[1]的时代，生活比较简单，比今天单纯许多。那时比丘们只做少数的工作与仪式，他们住在森林里，居无定所，可以完全投入禅修。今日我们司空见惯的奢侈品，对他们而言是很少见的，他们用竹子制作茶杯与痰盂，在家人很少来访。比丘们都能少欲知足，自得其乐。他们生活与呼吸的，都是禅！

比丘们就生活在物资如此匮乏的困苦环境中，若有人染患疟疾前往求药，老师会说："你不需要医药，继续修行吧！"此外，当时根本没有像现在这么方便的药物可用，有的只是在森林里生长的药草。比丘们面对如此的环境，必须有更大的耐心与毅力，他们不会为了一些小病痛而操心。现在，你们只要有一点小毛病，就立刻往医院跑了！

有时你必须走十一二公里的路去托钵，在黎明时就启程，也许到十或十一点钟才回来。你并未得到很多食物，也许只有一些糯米饭、盐与一点辣椒，是否配饭的菜都无妨，当时情况就是如此。没人会抱怨饥饿或疲惫，他们不习惯埋怨，只学会照顾好自己，秉持耐心与毅力，在危机四伏的森林中修行。丛林里有许多猛兽，因此，修持头陀行的森林比丘们身心都备受煎熬。确实，当时比丘们的耐心与毅力都超乎常人，因为环境迫使他们必须如此。

今天的环境则迫使我们往相反的方向。从前人们旅行得靠双脚，然后有了牛车，接着是汽车。渴望与欲求愈来愈大，到了现在，若车里没有冷气，你甚至还不想坐——若没有冷气就去不了！耐心与毅力的美德已日益式微，禅修与修行的标准也愈来愈松散。现在的禅修者都喜欢随着自己的想法与欲望行事，当老一辈的人讲到从前时，就如在听神话或传奇故事。你只是不在意地听，丝毫不了解，因为它与你完全无关。

不跟随习气，只阅读自己的心

根据从前的出家传统，身为比丘，至少得与老师共住五年。有些时日必须禁语，不说太多话，不阅读书籍，只读自己的心。以巴蓬寺为例，现在有许多大学毕业生来出家，我试着劝阻他们花时间读经，因为这些人一直都在读书。他们有许多机会读书，却少有机会读自己的心。因此，当他们遵照泰国传统来出家三个月时，我会试着请他们合上书本与手册。在出家时，他们会拥有殊胜的机会阅读自己的心。

聆听自己的心是很有趣的。未经训练的心只会跟着自己的习气跑，它因从未受过训练而恣意跃动。训练你的心！佛教的禅修是与心有关的——修习你自己的心，这非常重要。佛教是心的宗教，如此而已。修习心的人，就是佛教的修行者。

我们的这颗心就住在牢笼里，更糟的是，那是头关在笼子里盛怒的老虎。这颗狂心若得不到它想要的，就会制造麻烦，你必须以禅与定训练它，这就称为训练心。

修行的基础起初是持戒，戒是身、语的训练，它可能带来冲突与迷妄。当你不让自己做想做的事时，冲突就会产生。这冲突介于智慧与烦恼之间，就是所谓的"带来苦灭之苦"。

少吃、少睡、少说！凡是过去的世俗习惯，一律要减少，要勇于反抗它们的势力。不要只做自己喜欢的事，或纵容自己的想法。停止这种盲从，你必须经常对抗这无明之流，这就称为戒。当以戒训练自己的心时，它会变得非常不满，且力图反抗，因它受到限制与压抑。当这颗为所欲为的心受到阻挠时，便会开始徘徊与挣扎，对我们而言，苦在这时便会变得很明显。

禅修之前须先知道苦是什么

苦是四圣谛中的第一谛，许多人都想摆脱它，丝毫不想拥有任何痛苦。事实上，苦能带来智慧，它让我们思维苦谛。乐很容易让人闭起眼睛与耳朵，而无从长养耐心，舒适与快乐会让人草率轻忽。就这两种烦恼而言，苦是较容易被觉察的。因此，为了止息苦，就必须先将它提出来。在知道如何禅修之前，我们必须先知道苦是什么。

一开始，你必须如此训练自己的心。也许你不了解发生什么事，或它的要点为何，但当老师告诉你做什么时，你就必须去做，如此才能发展出耐心与毅力的美德。无论发生什么事，都应承受，因为那就是它的方式。

例如，当开始修定时，你想要安定与平静，却毫无所获，因为你从未如此修行过。你的心说："我将一直坐到平静为止。"但平静从未生起，此时你感到痛苦。当苦出现时，你就起身跑开！如此的修行，不能称为修心，只能说是逃避。

以佛陀的法训练自己

你应该以佛陀的法来训练自己，取代情绪的放纵。无论懒散或勤奋，都只是继续修行。你不认为这是比较好的方式吗？跟随情绪的另一条路，永远无法带你通往法。若修行佛法，则无论心情如何，都只管继续修行，不断地修。自我放纵之道绝非佛陀之道，若我们依自己的观点，依自己对法的看法修行，将永远无法看清楚对错。我们无法知道自己的心，知道自己。

因此，依循自己的教导修行是缓慢的，随顺法修行才是最直接的方式。不论懒散或勤奋时都在修行，对于时间与地点都能清楚地觉知，这就称为修心。

若你放纵自己，依循自己的见解修行，便会开始胡思乱想并疑神疑鬼。你如同佛陀所说，修心之道和世间之道正好相反，因为它是来自清净心。未被杂染附着的清净心，是佛陀和圣弟子们之道。

自己会想：“我既没有福报，运气又不好，已禅修了好几年，到现在还未觉悟，也未见法。”以这种态度修行不能称为修心，只能称为修习灾难[2]。

若你是尚未觉悟、见法的禅修者，仍未改头换面，那是因为你错误地修行，并未遵循佛陀的教导。佛陀如此教导我们：“阿难，努力修行！不断开展你的修行。如此一来，你的一切疑惑、不确定都会消失。”你的疑惑无法通过思考、推理、推测或讨论消失，也不因无所作为而自动消失，一切烦恼只有通过修心，通过正确的修行才会消失。

如同佛陀所说，修心之道和世间之道正好相反，因为它是来自清净心。未被杂染附着的清净心，是佛陀和圣弟子们之道。

若你修习法，就必须以自己的心礼敬法，而非让法来礼敬你——若你如此修行，痛苦将会生起，没有人能逃离苦。当你着手修行时，苦早就在那里了。

禅修者的职责——正念、摄心与知足

禅修者的职责是正念、摄心与知足，这些事会阻止我们，阻止那些从未受过训练者的心的习气。我们为何要费心做这件事呢？若你不训练心，它就会继续狂野而顺着本性走。训练那本性，让它有利于应用，是有可能的。

例如树木，若只是让它们保持自然状态，我们就永远不可能利用它们来盖房子，无法将它们做成木板或其他可用的建材。若木匠想盖房子，他会先找树，将原木做成有用的建材，那么在短期内，就能盖出一栋房子。

禅修和修心与此类似。你必须取这颗未经训练的心，就如在森林里砍取树木一般。然后，训练它，让它更细致、敏锐，更能觉知它自己。每件事都处于自然状态中，当了解它的本质时，就能改变它。我们可以离开它、放下它，然后就不会再继续受苦。

心的本质是，只要它贪爱与执取，就会衍生出不安与迷妄。一开始它可能在四处漫游，当我们观察这不安时，也许会认为不可能训练它，因而感到痛苦。我们不了解心就是如此，即使是在修行，试图达到平静，也会有念头与感觉在四处攀缘，心就是如此。

当一再思维心的本质时，便会了解心就是如此，它不会变成其他的样子。我们将如实觉知心的方式，那是它的本质。若清楚地了解这点，就能从念头与感觉中脱身。我们不必一再告诉自己"它就是如此"，无须多此一举。心真的了解时，就能放下一切。念头与感觉仍然存在，但它们已不再具有影响力。

这犹如小孩喜欢做一些会激怒人的举动，惹得我们想责骂或打他们的屁股。我们应该了解，孩子会那样表现是很自然的，然后放下，让他们照自己的方式玩耍。如此一来，麻烦就解决了。它们是如何解决的呢？因为我们接受孩子的方式。我们的看法改变了，能接受事物真实的本质。我们放下，心变得更平静，我们拥有了正见。

邪见使心混乱，正见使心平静

若我们有邪见[3]，那么即使住在深邃的洞穴里，或在高耸的山顶上，心还是在混乱中。当拥有正见时，心才会平静，然后没有任何疑惑需要解决，也不会有问题产生。

心就是如此，舍离贪染之后便能放下。只要有任何贪爱的感觉，我们都会远离它，因为我们知道那感觉的实相。它并非特地出现来惹恼我们，我们可能会作如是想，但其实它本来如是；若进一步深入探究也一样，它就是如此。

若我们放下，那么色就只是色，声就只是声，香就只是香，味就只是味，触就只是触，心就只是心。犹如油与水，若将两者一起放在瓶子里，因为本质的差异，它们不会混合。

油与水的不同，就和智者与愚人的不同一样。佛陀和色、声、香、味、触、法一起生活，他是个阿罗汉、觉者，他出离这些事物，而非染著它们。他一点一点地出离与断执，因为他了解心是心，想是想，不会将这两者混在一起。

心是心，想与受是想与受，让事物就只是它们自己吧！让色只是色，声只是声，法只是法。我们为何要多此一举去贪著它们呢？

若能如此思考与感觉,我们就能出离。想法与感觉是一回事,而心则是另外一回事,就如油与水虽同在一个瓶子里,但两者是分开的。

佛陀、圣弟子们和世俗凡夫生活在一起,他们不仅和这些人住在一起,还教导愚钝的世俗凡夫如何成为觉悟的圣者与智者。他们能如此做,因为他们知道如何修行,知道心是怎么一回事,就如我所解释的一样。

当你禅修时,不要边修边怀疑

因此,当你在禅修时,不要边修边怀疑。我们剃度出家,并非为了逃离而迷失在愚痴中,也不是由于怯懦或恐惧,而是为了训练自己,为了做自己的主人。

若了解这点,就能依法而行,法将变得愈来愈清楚。那些了解法的人便能了解自己,了解自己的人也能了解法。

现今,只剩下暮气沉沉的法的遗物,被公认是佛陀的教戒,事实上,真实的法无所不在,无须逃到其他的地方去寻找。你必须通过智慧、才智、善巧方便来代替逃避,但不要通过无明来逃避。若你希求平静,那么让它成为智慧的平静,那就够了。

无论何时,我们只要见到法,就有了正确的方法和道路。烦恼只是烦恼,心只是心,无论何时我们出离,都是根基于事物的实相之上,它们只是我们的所缘。当在正道上时,我们就是圆满的;当圆满时,随时都有开放与自在。

佛陀说:"听我说,比丘们!你们不可执著任何法。"这些法是什么?它们是一切事物,无一事物不是法,爱与恨、乐与苦、善与恶都是法。无论多么微不足道,一切事物都是法。当修行并了解法时,我们就能放下,就能遵守佛陀不执著任何法的教导。

我们心里生起的一切因缘,所有内心的因缘,以及身体的一切因缘,都一直处于变化的状态。佛陀教导我们不要执著任何因缘,他教导弟子们,修行是为了出离一切因缘,并非为了获得更多。

佛陀教导我们要思维一切法，通过思维自己的身与心来修道。法不在其他任何地方，它就在这里；不在遥远的地方，它就在我们的这个身心里。

解脱道——单纯放下每一法

若我们遵从佛陀的教导，那就对了。虽然是对的，但仍有麻烦；麻烦不是那些教导，而是烦恼。烦恼带来的误解障蔽了我们而造成麻烦，遵循佛陀的教导并不真的有任何麻烦。事实上，执著佛陀的解脱道并不会带来痛苦，因为解脱道就是单纯地放下每一法。

究竟的佛教禅修，就是佛陀教导的放下。别背负任何东西到处走，要出离！若看到善的，放下；若看到正确的，放下！放下的意思不是无须修行，而是必须遵循放下的方法修行。

佛陀教导我们要思维一切法，通过思维自己的身与心来修道。法不在其他任何地方，它就在这里；不在遥远的地方，它就在我们的这个身心里。

因此，禅修者必须精进修行，让心更宽广、光明，让它自在与独立。做了一件善行，别一直记挂在心，要放下！戒绝了一个恶行，也要放下！佛陀教导我们要活在当下，就在此时此地，不要让自己迷失在过去或未来中。

放下心中石头何等自在

放下或以空心工作，是人们最难了解时，也是最常与自己的意见相左的教法，如此说话的方式称为法的语言。当我们以世俗的语言来想象它时，会感到迷惑，并以为能为所欲为。它可能被如此解释，但它的真实意义更近于此——就如拿起一块沉重的石头，不久后，我们便开始感觉它的重量，但我们不知如何放下它，因此一直忍受这个重担。

若有人告诉我们抛开它，我们会说："若抛开它，我将一无所有了。"当听到各种抛开它可能得到的好处时，我们都不相信，心里始终认为："若抛开它，我将一无所有。"因此，我们继续带着那块沉重的石头，直到筋疲力竭且不胜负荷时，才抛开它。

抛开它之后，我们顿时体会到放下的利益，立刻感到舒适与轻松，且亲身

> 只想要称赞而不想要责备，是世间道，而佛道是在适当的时机里接受
> 称赞和责备。

感受到，背着石头是多么沉重！在放下石头前，我们不可能知道放下的利益。因此，若有人告诉我们放下，一个未觉悟的人不会了解它的意义。他们会盲目地抱着石头，拒绝放下，直到实在抱不动了，才不得不放下。

此时，他们亲身感受到舒适与轻松，并知道放下的利益。不久之后，我们可能又再次背起重担，但现在已知道结果会如何，因此比较容易放下。这个了解——身负重担的痛苦与放下的轻松舒适，是了解自我的一个例子。

我们的自尊——我们所依赖的自我意识，就好像那块沉重的石头。当想到要放下我慢[4]时，我们会害怕失去一切，从此一无所有，但最后真的可以放下它时，就能亲自领悟到不执著的轻松与舒适。

心会骗人，不要相信它

在心的训练中，对于称赞与责备都不能执著。只想要称赞而不想要责备，是世间道，而佛道是在适当的时机里接受称赞和责备。例如，养育小孩最好不要成天责骂，有些人骂过头了。智者知道何时应该责骂，何时应该称赞。

我们的心也是如此，善用才智了解你的心，并善用方便照顾它，如此你将成为善于修心的人。若心是善巧的，它就能使我们解脱痛苦。苦，就存在我们心里，它经常让事情变复杂，让心变沉重。它就在这里生灭。

心之道就是如此，有时是善念，有时是恶念。心会骗人，不要相信它！应该直观心本身的因缘，接受它们的实相，它们就是它们本来的样子；无论善、恶或其他，它就是如此。若你不执著这些因缘，它们就只会是它们那样，不多也不少。若我们执著，就会被反咬住，并因而受苦。

具备正见就只会有平静，定会生起，慧也会生起。无论行、住、坐、卧，都有平静，所到之处皆平静，无有一处不平静。

随时随地都可以修行

今天你们来闻法，有些你们可能已了解，有一些则不了解。为了让你们更

容易了解，我说了一些修定的观念与方法，无论你们认为它对或错，都应思维它。

我自己身为老师，也处于类似的困境中。我也是盼望能听到法的开示，因为无论到哪里，我总是为别人开示，从未有机会聆听。因此，你们真的应该感谢能听到老师的开示。

当你坐着静静聆听时，时间飞快流逝。你渴望法，因此认真地聆听。起初，为别人说法是种乐趣，但不久之后，乐趣就消失了。你感到无聊与厌烦，然后会想聆听。

因此，当你从老师那里听到开示时，你的心深受鼓舞，并很快地就能了解。当你年老并渴望法时，它的滋味分外甜美。

身为别人的老师，你是他们的模范，也是其他比丘的榜样，甚至是所有人的模范，因此不要忘了自己，但也不要想着自己，若这种想法生起，立刻抛开它们。若能如此做，你就是个了解自己的人。

有千百种修习佛法的方式，禅修的内容是说不完的。有许多事情可能让我们疑惑，只要持续扫除它们，就不会再有疑惑了！当我们拥有如此的正见时，无论在何处禅坐或经行，都会有平静与自在。无论在何处禅修，那就是你要带着正知去的地方。

不要认为只有禅坐或经行才能修定，随时随地都可以修行。随时有觉知、正念，随时都可看见心与身的生灭，不要让它扰乱你的心。

让烦恼各自回家，心始终是空的

不断地放下，若爱生起，让它回家去；若贪生起，让它回家去；若瞋生起，也让它回家。它们住在哪里？找出来，然后护送它们回去，不要保留任何东西。

若你如此修行，就会像一座空屋，或换个方式说，这是一颗空的心，是颗空的且无一切邪恶的心。我们称它为空心，不过它并非无一物的空，而是没有邪恶，充满智慧的空。此时，无论做什么，你都是以智慧去做、去想，那里将只会有智慧。

这是今天我供养你们的教导，它被录在录音带里。若闻法让你们的心平静，那就够了，你们无须记住什么，有些人可能不相信这点。

若我们让心平静下来，然后只管聆听，让它通过心且持续地思维，我们就会像是一台录音机。当以后我们打开它时，一切都还在那里。不用害怕会没有东西，只要打开你的录音机，一切都在那里。

我希望将这些教导供养给每位比丘和每个人，你们有些人或许只懂一点泰文，不过那并没有关系，但愿你们能学到法的语言，那就够了！

【注释】

[1] 阿姜绍（Ajahn Sao）是阿姜曼的老师。

[2] 泰文的 paibat（修行）与 wibat（灾难）只有一字之差，这样的文字游戏在英文翻译与中文翻译里看不出来。

[3] 邪见（micchā diṭṭhi）：即错误的见解。其特相是错误地分析事物，如将无常、苦、无我、不净的身心五蕴，误以为是常、乐、我、净的。

[4] 我慢：不善心所之一。其特相是使心高举，有傲慢的作用，以自我标榜为现状，以贪为近因，犹如狂人。

第 5 章　阅读自然之心

我们修行的方式包括仔细观察事物,并弄清楚它们。我们坚持不懈,不匆忙慌张,也不太缓慢,逐步摸索,拼凑出事情的全貌来。最后,这一切会汇归于一处,也就是让我们的修行有个目标。

具正见的渴望即非愚痴

对大多数人而言,刚开始修行时,动机不外乎是欲望,因为渴望而开始修行。在此阶段,我们的渴望是种错误的渴望。换句话说,它是愚痴的,是种掺杂错误理解的渴望。

若渴望中没有掺杂错误的理解,我们说那是有智慧的渴望,是不愚痴的——具有正见的渴望。如此的例子,我们说是因个人的波罗蜜[1]或过去所累积的功德。不过,这不会发生在所有人的身上。

有些人不想有欲望,或想要无欲,因为他们认为修行是指向不渴望。但若没有欲望,就无法修行。

我们可以亲自去验证。佛陀和弟子们为了断除烦恼而修行,我们必然渴望修行,并渴望断除烦恼,拥有心的平静,没有迷妄。不过,若这渴望掺杂错误的理解,则它只会为我们制造更多的麻烦。若诚实地面对它,我们真的是一无所知,或所知的是毫无结果的,因为无法适当地使用它。

每个人,包括佛陀在内,都由欲望开始修行——渴望拥有心的平静,以及渴望没有迷妄与痛苦,这两种欲望的价值完全相同。若不了解的话,则渴望没有迷妄与不想要痛苦都是烦恼,它们是渴望的愚行——没有智慧的欲望。

耽著欲乐或苦行都是欲望

在修行中,我们将耽著欲乐与耽著苦行都视为欲望。我们的导师——佛陀,就在这矛盾或两难中被困住了,他遵循许多修行法门,结果都跳脱不出这两端。至今我们还是如此,仍为这两端所苦,因而不断偏离正道。

不过,我们必须这样开始,从凡夫与烦恼之身开始,从没有智慧的渴望和缺乏正见的欲望开始。若缺乏正见,则两种欲望都和我们作对,无论渴望或不渴望,那都是渴爱[2]。若不了解这两者,则当它们生起时,我们将不知如何处理。我们将感到进退维谷,而又无法停止。无论做什么,我们都只会更渴望,这是因为缺乏智慧以及还有渴爱的缘故。

就在渴望与不渴望里,我们便能了解法。我们正在寻找的法就在这里,但我们并未看见,反而坚持努力去停止渴望。我们想要事物成为某种特定的而非其他的样子,或想要事物不要成为某种特定的样子,而成为另一种样子。这两者其实是相同的,都是两种极端的一部分。

我们可能不了解,佛陀和所有弟子们都有这种渴望。不过,佛陀已了解渴望与不渴望都只是心的活动,瞬间出现后就消失。这些欲望随时都在进行,若有智慧,就不会认同它们——不会执著。无论渴望或不渴望,我们都只是如实观察,将它们视为自然的心的活动。当仔细观察时,便能清楚地了解,法尔如是。

修行如捕鱼,得逐步练习收网

所以,在此的思维练习,将带领我们去了解。

举例来说,有个渔夫在收渔网,网里有条大鱼。你们认为他在收网时的感觉如何?若担心鱼会逃脱,他会匆忙而慌乱地收网,狂拉猛扯,而不知这条大鱼在拉扯时早已逃脱——他过于使劲了。

从前他们会这样说，我们应小心翼翼地慢慢把它收进来，别让它逃脱。修行就应如此，逐步感觉对待它的方式，小心地收进来，别失去它。有时会发生一种情况，我们不想做它，或不想看、不想知道，但不会离开它，继续感觉它，这才是修行。若想要做，就去做，若不想做，也一样去做，我们只是持续地做它。

若我们热衷于修行，信心的力量会将能量注入所做的事情上。但在这阶段，我们仍无智慧，虽然充满精力，但无法从修行中得到许多利益。我们可能会持续做一段时间，而且会生起找不到路的感觉，可能觉得找不到平静与安定，或尚未做好修行的准备，或觉得解脱道根本不可行。于是，我们便放弃了。

这时我们一定要非常小心，必须发挥更大的耐心与毅力。就如收网捕进大鱼——我们得逐步地去感觉对待它的方式，小心翼翼地、慢慢地将它收进来。之间的搏斗并不太困难，因此不间断地继续收网。一段时间之后，鱼儿终于累得停止挣扎，我们就能轻松地捉住它。通常它就是这样发生的，我们得练习逐步地收网。

除非正确修行，否则智慧不会生起

我们依此方式进行思维。若在教法的理论层面，没有任何特殊的知识或学问，我们便根据日常经验来思维。使用已有的知识，从日常经验衍生的知识，对心而言是自然的。事实上，无论是否研究它，我们原本就具有心的实相。心就是心，无论是否学习过它。

所以我们说，无论佛陀是否出世，法尔如是，一切事物都依自己的本质而存在。这自然的情况不会改变，也不会无端消失，它就是如此。这就是真实法（sacca dhamma）或实相，若我们不了解这真实法，就无法辨识它。

除非我们能止住心，达到平静，否则心还是会和从前一样。因此，导师说："只要持续做它，持续修行。"我们可能会想："若我不了解，如何做呢？"除非正确地修行，否则智慧不会生起。

因此，我们说："只要持续修行。若能不间断地修行，就会开始去想自己在做什么，而认真地思考修行。"

没有事情能一蹴而就，必须持续努力

没有事情能一蹴而就，因此开始时，无法看到修行的成果。犹如钻木取火的例子，有个人对自己说："他们说这里有火。"于是，开始使劲地摩擦。他非常性急，不停地摩擦，却没有耐心。他想要有火，但火就是不出现，他感到气馁，便暂停下来休息。然后再开始，但进展很慢，于是他又停下来。那时热量都消退了，因持续的时间不够久。

他一再摩擦，直到筋疲力尽，便完全撒手。他不只是疲累而已，而且愈来愈灰心，最后只得完全放弃，"那里没有火"。事实上，他做得并没错，只是一直没有足够的热量来生火。火一直都在那里，只是他并未贯彻到底。

这种经验令禅修者在修行中感到气馁，因此不停地从一种修行转换到另一种。对每个人来说都相同，为什么？因为我们都立足于烦恼的基础上。佛陀也有烦恼，但他有更多的智慧，当佛陀与阿罗汉身为凡夫时，就和我们一样；当我们是凡夫时，就无法正确地思考。

当渴望生起时，我们没有看见。当不渴望生起时，也没看见。有时我们感到激动，有时又感到满足。当不渴望时，我们同时有满足与困惑；当渴望时，它可能又变成另外一种满足与困惑。一切就这样混杂在一起。

无须依文解义，只须思维自己的身心

佛陀教导我们思维身体。例如：顶上的头发、身上的毛发、指甲、牙齿与皮肤——这都是身体。我们就往这里观察。若看不清楚身体这些事物的实相，就无法对其他人有任何了解。我们无法看清别人，也无法看清自己。

若确实了解与看清身体的本质，那么对于别人的疑惑就会消除。因为每个人身与心的本质都相同，无须检视世上的所有身体，就知道他们和我们都一样。

> 若我们有智慧，就会了解这世上的所有人其实都等同于一个人，他们和这个人是相同的，因此只需要研究与思维自己的身与心即可。若能洞见与了解自己身心的本质，就能了解所有人的身与心。如此一来，修行会变得比较轻松。

若具有这种了解，负担就会减轻，否则所做的一切，都会演变成更沉重的负担。

戒律也类似于此。当看戒律时，会觉得很困难，我们必须逐条持守、研究，逐条检视自己的修行。我们可能会想："哦，那是不可能的！"我们研读所有戒条繁复的字面意义，若只是依文解义，便可能会遽下结论，而说若要完全持戒，那是超出我们能力之外的事，因为戒条实在太多了。

经典告诉我们，要以戒逐条检视自己，并全部严格持守，我们必须全部知道，并彻底遵守。这种说法就如同说，要了解别人就要彻底检视每个人一样。这是非常沉重的看法，之所以如此，是因为我们只是依文解义。若只是照本宣科，便只得照此方式去做。有些老师就是如此教导——严格遵守教本所说，但这是办不到的。若知道如何守护自己的心，就等同于遵守一切戒律的规定。

事实上，这种依文解义的研究态度，对修行毫无助益，甚至对解脱道丧失信心，这是因为我们还不了解。若我们有智慧，就会了解这世上的所有人其实都等同于一个人，他们和这个人是相同的，因此只需要研究与思维自己的身与心即可。若能洞见与了解自己身心的本质，就能了解所有人的身与心。如此一来，修行会变得比较轻松。

我们必须教导自己无人可代劳

佛陀说，我们必须教导与指导自己——无人可以代劳。当我们研究与了解自己存在的本质时，就能了解一切存在的本质。每个人其实都一样，都是同一个品牌，都来自同一家公司——只是肤色深浅不同而已！就如两个品牌的止痛剂，都能止痛，只是名称不同而已，两者其实并无差别。

当你逐渐熟悉后，就会发现这看事情的方式会变得愈来愈容易，而将之称为"（逐步）感觉我们的方式"，我们就是如此开始修行的。我们变得擅长此道，坚持不懈，直到了解为止。当了解生起时，就能洞见实相。

我们如此持续修行，直到对它有感觉为止。经过一段时间后，靠着自己特殊的性向与能力，一种新的了解会生起，我们称此为择法。七觉支就是这样在心中生起，择法是其中之一，其他六觉支是正念、精进、喜、轻安、定与舍。

若我们研究七觉支，就会知道书上的说法，但还未看到真实的觉支。真实的觉支是由心中生起的，因此，佛陀给我们各种不同的教导。所有的觉者都教导离苦之道，他们教法的记录，我们称之为理论的教导。这理论源自于修行，但如今却只成了书本上的学问或文字。

正确修行就可以见法

真实的觉支已消失，因我们不知它们就在我们里面，不了解它们就在自己的心里。若它们生起，是因修行而生起，且能带来深入法的洞见。这是指我们可以将它们的生起，当做修行正确的指标。若未正确地修行，它们就不会出现。

若正确地修行，就可以见法。因此，我们说要持续修行，逐步感觉自己的方式，且不停地探究。别以为离开了这里，你还能在别处找到要找的东西。

我有个资深弟子，在来此之前，曾在一间研究寺院学习巴利文，但未学得很成功，因此心想修禅的比丘，只要坐着就能看见并了解所有东西，所以想来尝试。他带着"坐禅就能翻译巴利语经典"的动机来到巴蓬寺，这是他的修行观。于是我向他解释我们的方法，他是完全地误解了。他原以为，只是坐着并弄清楚一切事物是件简单的事。

从修行得到的了解能带来舍离

谈到有关对法的了解时，学问僧和修行僧使用的是相同的字眼，但真正从研究理论中得到的了解，和从修行中得到的，大不相同。两者看起来好像一样，但其中一个要更深奥与深刻。

从修行中得到的了解能带来舍离与断除，直到完全舍离为止——我们在思维中所坚持的。若贪欲或嗔怒在心中生起，我们不会漠不关心，或丢下它们不管，而是正视它们，观察它们如何生起与从何而来。接着思维，看看它们如何与我们对立。我们清楚地看见它们，并了解自己是借由相信与追逐它们而陷入困境。这种了解，除了在自己的清净心之中，无法从其他地方获得。

就因为如此，研究理论者和修禅者才会相互误解。通常那些强调研究者会说："禅修的比丘只是跟随自己的想法，缺少经教的基础。"事实上，在某种意义上来说，研究和修行这两种方式，完全是同一件事。它们就如手心和手背，若伸出手，手背看起来好像不见了，但它只是隐藏在下面而已。当把手翻过来时，同样的情形也发生在手心上，它哪里也没去，只是隐藏在下面而已。

以自然之心为研究对象

当我们想到修行时，应牢记这点。若自认为修行不见了，便会决定离开它去研究，希望有好的结果。但无论你研究多少法，永远都无法了解，因为你并非如实觉知。若确实了解法的真实本质，就应能放下。此即舍离——去除贪爱，不再执著。若仍有执著，它也会变得愈来愈少。

当谈到研究时，可以如此了解它：我们的眼睛是个研究的主题，耳朵是另一个研究的主题——每样东西都是研究的主题。我们可能知道色是像这样或像那样，之后却变得贪爱色，且不知如何出离。我们能辨别声音，之后便贪著它们。色、声、香、味、触、法犹如陷阱，会让众生陷入其中。

观察这些事物，是我们修行佛法的方式。当某个感觉生起时，我们便以自己的了解去认识它。若熟悉理论，便立即转向它，看一件事情如何这样发生，然后再变成那样等等。若我们并未如此学习过理论，便观察心的自然状态，这就是我们的法。

若我们有智慧，就能检视这自然之心，并且以它作为研究的对象。那是同一回事，我们的自然之心即是理论。佛陀说，提起任何生起的思想与感觉，并观察它们。使用自然之心的实相作为理论，我们依靠这个实相。

若你有信心，则无论是否研究理论都没有关系。若信仰之心带领我们增长修行，不断地增长精进与忍辱，则是否有研究都无关紧要。我们以正念作为修行的基础，对于身体行、住、坐、卧的所有姿势，都保持正念。若有正念，就会有正知伴随生起，两者将会一起生起，不过，它们生起的速度很快，以至于可能无法区别它们。但只要有正念，就会有正知。

生起的只是一种感觉，它没有自我

当心稳固与安定时，正念将快速而轻易地生起，这也是智慧之所在。不过，有时智慧会不足，或未在正确的时间生起，那时或许有正念、正知，但单靠它们还不足以解决问题。通常，若正念与正知是心的基础，就会有智慧在场协助。

不过，我们必须不断通过观禅的修行来增长智慧。这是指无论心中生起什么，都能成为正念与正知的所缘，但必须根据无常、苦与无我去看。

无常是基础，苦是指不满足的性质，无我则是说一切的所缘并非独立的实体。我们了解所生起的只是一种感觉，它没有自我，也不是个实体，它会自行消失，如此而已！有些愚痴或无智慧的人，会错过这个机会，而无法从中获得任何利益。

若智慧存在，则正念与正知都将与它同在。不过，在这个最初阶段，智慧可能不是非常清楚，因此，正念与正知无法捕捉到每个所缘，但是智慧会前来帮忙。它能看见有什么正念的特质以及生起了何种感觉。或从广义来看，无论有什么正念或感觉，那都是法。

佛陀以观禅的修行为基础，他看见正念与正知两者都是不确定与不稳定的。任何不稳定而我们却想让它稳定的事，都会造成痛苦。我们想要事情符合欲望，但事与愿违，所以会痛苦。这是染污心的影响，是缺乏智慧之心的影响。

身、心只是如实呈现自己的样子

修行时，我们很容易落入希望它简单与希望它如己所愿的陷阱中。我们无须多深入，就能了解这种态度。只要看这个身体，它真的曾如我们所愿吗？前

> 无论心中生起什么,都如此观察:虽然我们喜欢它,但它是不确定的(无常),且是不满足的(苦),这些经常生灭的事物不受心的摆布,它们不是独立存在的实体或自我(无我),并不属于我们。

一刻希望它变成一个样子,后一刻又希望它变成另一个样子,我们真的曾有过喜欢的样子吗?我们身与心的本质完全相同,它只是如实地呈现它自己的样子。

在修行中,这个要点很容易被遗忘。通常,我们只要感觉到不合意的事,就避之唯恐不及;凡是讨厌的事,就甩掉它。我们不曾停下来想过,喜欢与讨厌事物的方式是否正确,只是认为不合意的事一定是错的,而合意的事一定是对的。

这正是渴爱的根源。当我们接收到眼、耳、鼻、舌、身、意传来的刺激时,一种喜欢或讨厌的感觉就会生起,这显示出心是充满执著的。

因此,佛陀教导无常,他给我们一个思维事物的方式,若执著某些不是恒常的事物,就会感受到痛苦。

这些事物没有理由应符合我们的好恶,要让事物都变成自己所想的那样,是不可能的,我们没有那种权力或力量。无论我们想要事情变成怎样,每件事都有它自己的样子。像这样的欲求,并非离苦之道。

在此可以看见,染污心了解的是一个方式,清净心了解的则是另一个方式。

例如,当具有智慧之心接收到某些感觉时,不会将它看成是可以执著或认同的对象,这就是智慧之道。若缺乏智慧,我们就只能跟随着愚痴,愚痴就是不了解无常、苦与无我。对于喜欢的东西,就认为是好的、对的;对于不喜欢的东西,则认为是不好的。如此,我们不可能达到法——智慧不可能生起。

以观禅观察各种法尘,以止禅安定心

佛陀将观禅的修行安置在他的心中,用它来观察各种法尘。无论心中生起什么,都如此观察:虽然我们喜欢它,但它是不确定的(无常),且是不满足的(苦),这些经常生灭的事物不受心的摆布,它们不是独立存在的实体或自我(无我),并不属于我们。佛陀教导我们,要如实观察它们,这是我们在修行中应该采取的原则。

然后,我们会了解,我们不能随心所欲,好心情与坏心情都会随时出现。

它们有些是有益的,有些却不然。若无法正确地了解这些事,就无法正确地判断,而会追逐渴爱——无尽地追逐欲望。

我们有时快乐,有时悲伤,这都是自然的。我们有时高兴,有时失望,对于喜欢的事,便认为是好的,对于讨厌的事,则认为是坏的,因而离佛法愈来愈远。当这种情况发生时,我们无法了解或认识法,因而感到困惑。贪欲不断增长,因为我们的心除了愚痴之外,什么也没有。

这就是我们所谓的心,我们无须到遥远的地方去寻求了解,只要看见这些心的状态是无常、苦、无我的即可。若持续如此增长修行,我们就可以称它为修观,这是认知心的内涵,我们就是依此方式增长智慧。

我们的修止就像这样,例如在呼吸的进出上保持正念,作为安定心的基础或方法。借由跟随呼吸的流动,心逐渐稳固、安定与静止,这种安定心的修行方式,即称为止禅。我们需要多做这种修行,因为心充满许多纷扰,它很混乱,很难说它这样多少年或多少世了。若我们静坐思维,就会看见心的许多因素并非趋向平静与安定,反而是会带来混乱的。

寻找适合自己的禅修主题

佛陀教导我们,必须找个适合自己特殊根性的禅修主题——一个适合自己性行[3]的修行方式。例如,反复观察身体各部分——顶上的头发、身上的毛发、指甲、牙齿与皮肤——能使我们很安定。

通过这个修行,心可以变得非常平静。若思维这五种事物能带来定,那是因为它们是适合我们个性的思维所缘。若找到这种适合的方式,就可考虑以它来修行,并利用它来对治自己的烦恼。

另一个例子是念死[4]。对于那些还有强烈贪、嗔、痴并发现它们难以控制的人来说,以自己的死亡作为禅修的主题,是很有用的。我们可以看到,无论贫富或善恶,每个人都不免一死。

在修习念死的过程中,我们发现一种厌离的看法会生起,修得愈多,就能得到愈多的定。因为它是适合我们的修法，若这修止的方法与我们的根性不合，就无法产生厌离的看法。唯有这所缘真的适合自己，我们才能发现它会很轻易地经常在心中生起，并发现自己时常会想到它。

我们可以在日常生活中看见一个实例：当在家人带来许多盘不同的食物供养比丘时，我们遍尝每一样，看看喜欢哪一种。当一一尝过后，就知道哪一种最适合我们。这只是个例子，我们会吃适合自己口味的食物，而不再理会其他几盘。

入出息念适合所有人

入出息念是适合所有人的例子。我们试过各种不同的修法，感觉都不是很好，但当坐下来观察呼吸时，便感觉很好，我们可以清楚地看见它。我们无须舍近求远，可以使用就近的事物。只要观察呼吸，它出去又进来，出去又进来——就这样看着它。持续一段时间观察呼吸的进出后，心会慢慢地安定下来，其他活动仍会生起，但感觉上似乎离我们很远，就如彼此分隔两地，不再感到亲近。我们不再有同样紧密的联系，或许完全没有联系。

当我们对入出息念的修法有感觉时，它就会变得比较容易。若持续这个修行，就能累积经验，并变得善于觉知呼吸的本质。我们会知道气息长时是怎样，气息短时又是怎样。

从另一个角度看它，呼吸就如食物。我们不难了解，我们全都是靠食物的帮助才能存活。若十分钟、一个小时甚至一天不吃一般的食物，都没有关系，因此这是种粗食。但在很短的时间内若不呼吸，就会死亡。无论坐着、走路、睡觉或清醒，都要呼吸，若五或十分钟不呼吸，就会死。

正在修入出息念的人，应有这种了解，来自这修法的感觉，真的很美好。若不思维，则不会将呼吸视为食物，但事实上，我们一直都在吃空气——进、出、进、出……一直如此。

你也会发现，愈如此思维，从修行中得到的利益就愈大，呼吸也会变得更细微，甚至可能发生呼吸停止的情况，看起来就如完全没有呼吸一样。

实际上，呼吸是通过皮肤的毛孔进出，这称为微息。当心完全静止时，正常的呼吸就有可能以这种方式停止，我们完全无须惊慌或害怕。若无呼吸，应该怎么办？只要觉知它。觉知没有呼吸，这样就可以了，这才是正确的修行。

平静来自心一境性

在此说的是修止的方式，是增长定的修法。此修法足以带领我们走完全程，或至少到达能清楚看见道路与生起净信的地步。若我们持续以此方法思维，就可以充满能量。这就如缸里的水，将水倒入，并保持满水位，持续将水注入缸里，如此住在水里的昆虫就不会死。每天精进地修行就像这样，一切都回到修行上，我们会感到美好且平静。

这平静是来自我们的心一境性。不过，这心一境性也可能会很麻烦，因为我们会不希望其他心境来干扰。事实上，那些心境确实会出现，若我们思维它们，它们也可能成为心一境性。这就如我们看到各类的男女，对他们的感觉和对自己的父母会不相同。事实上，所有男人和我们的父亲一样都是男性，而所有女人和母亲一样都是女性，但我们对他们的感觉却不相同。我们觉得自己的父母更重要，他们对我们意义非凡。

心一境性的情况也是如此，我们应以对父母的同样态度去对待它，其他生起的活动，都将它们看成是一般各类的男女。我们不会停止看它们，只是认知它们的出现，而不会赋予它们和双亲相同的价值。

各种感觉都无法持久，不应执著

当修止达到定时，心将变得清晰与光明，心理活动将会减少，只有很少的法尘会生起。当这种情况发生时，深沉的平静与快乐可能会生起。但我们可能

> 佛陀所说的厌倦或厌世,是没有喜好或厌恶的,是由了解诸行无常而生起的。当愉快感在心中生起时,我们了解它是不持久的。我们称这种厌倦为厌离,它是渴爱与贪著的反义词。

会贪著那快乐,因此,应该思维那快乐是不确定的,而不快乐则是无常的。我们会了解,各种感觉都无法持久,不应执著。若具有智慧,就会如此看事物,会依它们的本质了解其实相。

就如拿起一条打结的绳子,若用力的方向正确,结会松脱并逐渐解开,而不会再那么紧绷。这就如了解事物是无常的,以前我们觉得事物一直会是它们那样,如此做时,就把结愈推愈紧。这种紧,便是痛苦。

像这样的生活非常紧张,所以要把结稍微松开,缓和一下。我们为何要松开它?因为它太紧了!若不执著它,就能松开它;紧张并非一种恒常的状态。

我们将无常的教法当做基础,看乐与苦都是无常的、不可靠的,绝对没有任何事物是恒常的。秉持这种了解,我们逐渐不再相信自己的各种情绪与感觉,邪见愈来愈少,对情绪与感觉的信赖也会随之减少,这就是解结的意思。它持续松脱,贪著也将逐渐被拔除。

情绪无法带来真正的快乐

当我们在自己的身与心以及这世间上,看见无常、苦与无我时,将发现内心会生起一种厌倦。这不是日常生活中那种让人感到什么都不想知道、看见或谈论,完全不想与任何人有关联的厌倦。那不是真的厌倦,它还有贪著,我们仍未明了,心中还有嫉妒与厌恶的感觉,且执著于会造成痛苦的事物。

佛陀所说的厌倦或厌世,是没有喜好或厌恶的,是由了解诸行无常而生起的。当愉快感在心中生起时,我们了解它是不持久的。我们称这种厌倦为厌离,它是渴爱与贪著的反义词。在我们看来,没有任何事物值得贪爱,无论它们是否合乎我们的好恶都没有关系,我们不会认同它们,或赋予它们任何特殊的评价。

如此修行,就不会让事物有理由来为难我们。我们已了解情绪无法带来真正的快乐:执著快乐与不快乐,以及喜欢与憎恶,只会造成痛苦。若我们仍如此执著,就无法以冷静的态度对待事物,这种染著会造成痛苦。诚如佛陀的教导,凡是会造成痛苦的事物，它本身都是苦的。

一切事物都是法，它无所不在

　　因此我们了解，佛陀教导我们要知道四件事：苦、苦的因、苦的止息与灭苦之道。他教导我们只要知道这四件事。当了解它们时，一旦苦生起，我们就能认出它来，并知道它有个因，知道它不会无端出现。要想解脱这个苦，就得先消灭它的因。

　　我们为何会有痛苦与不满足感呢？我们将会了解那是执著各种好恶所致，并知道是因自己所造的业而受苦，是因妄自赋予事物价值才会痛苦。

　　因此，我们说："觉知苦，觉知苦的因，觉知苦的止息，以及觉知灭苦之道。"当知道苦时，就能解结。但必须先确定是朝正确的方向用力，换句话说，必须觉知事情的实相。执著将会被根除，这便是止息痛苦的修行。

　　觉知苦，觉知苦的因，觉知苦的止息，以及觉知灭苦之道。所谓的灭苦之道是正见、正思维、正语、正业、正命、正精进、正念与正定。当我们对于这些有正确的了解时，便会有正道。这些事将能止息痛苦，为我们带来戒、定与慧。

　　我们必须清楚地了解这四件事，必须想要了解，想要看见这些事的实相。当看见这四件事时，我们称此为真实法。无论我们向内、向前或向左、向右看，所见全是真实法，只是如实地看见每件事物。对于那些已悟入法的人来说，无论去到哪里，一切事物都是法，它无所不在。

【注释】

[1] 波罗蜜（pāramitā）：意译为到彼岸。通常指菩萨之修行，由过去世乃至今生所累积的善业、功德等，能成就解脱的资粮。《清净道论·说梵住品》列举十波罗蜜为施、戒、出离、慧、精进、忍辱、谛、决意、慈、舍。

[2] 渴爱（taṇhā）：受制于无明的欲望。

[3] 性行：通过个人的自然态度与行为所显露的性格，由于过去所造业的不同，人的性格也不同。阿毗达磨诸论师将性行分成六种：贪行者、嗔行者、痴行者、信行者、觉行者、寻行者。如贪行者，适合修持十不净与身随念等十一种业处。

[4] 念死（maraṇa-sati）：十随念的修法之一。也是修止的一种方法。修此法者当生起"死将来临"、"命根将断"或"死、死"的如理作意，如此思维，就能镇伏五盖，得到近行定。勤修念死者能常不放逸，舍弃对命的爱着。

第 6 章　解脱之钥

研究身心现象，是为解脱痛苦

修学佛陀教导的法，目的是为寻找离苦得乐之道。无论我们研究身体或心理现象——心或心所[1]，只有当达到解脱痛苦的终极目标时，才算是走对路，才是圆满的。痛苦，自有它存在的因缘。

请清楚地了解，心静止不动时，是处于清净自然的状态。心一旦开始活跃，便成为行[2]。心被某物吸引时，它就变成行；当厌恶生起时，它也变成行；跑来跑去的欲望，也是来自行。若我们的觉知未适时地跟上这些心理变化，心就会追逐它们，由于它们而成为行。每当心活跃的那一刻，它就变成世俗谛。

因此，佛陀教导我们，思维心的这些变化。每当心活跃时，它就变成是无常、苦与无我的，这是一切行法的三个普遍特征。佛陀教导我们，观察与思维心的这些活动。

这就和缘起的教导一样：无明是行生起的因缘，行是识生起的因缘，识是名色生起的因缘等，就如我们在经典里所学的。佛陀将每个环节都区分开来，以方便学习。这是对实相的正确叙述，但当这过程真的在现实生活中发生时，学者却无法跟上它们的脚步。就如从树顶摔到地上一样，我们对于在过程中究竟折断多少树枝毫无概念。

同样，当心突然受到法尘的冲击时，若心喜欢它，就会立刻变成好心情，心并未觉知过程中的因缘变化，就认为它是好的。实际发生的过程与理论的架

> 无明是行生起的因缘，行是识生起的因缘，识是名色生起的因缘。

构一致，但同时又超越理论的界限。

一切苦、痛、忧、恼来自何处

没有东西会宣称："这是无明，这是行，这是识。"这过程不会让学者有机会读出它正在发生的名目，虽然佛陀详释了每个刹那的顺序，对我而言，它比较像是从树上掉下来。当我们摔下来时，根本没机会去衡量已掉落几尺几寸。我们只知道，自己已砰然坠地，并且很痛！

心也是如此，当它为了某事而坠落时，我们觉知到的只有痛苦。这一切苦、痛、忧、恼来自何处？它并非来自书本里的理论，我们痛苦的细节并未记载在任何一本书里，它也不会完全符合理论，但两者是沿着同一条路线进行。

单靠学问无法与真实同步，因此，佛陀教导我们，要为自己培养清晰的觉知。无论生起什么，都是在这觉知中生起。觉知时，是如实地觉知，心与心所都不被视为是我们的。最后，这些现象都会被弃之如敝屣，我们不应执著，或妄自赋予它们任何意义。

心只是心，法只是法

佛陀并未教导会让我们产生执著的心与心所的概念，他唯一的动机，是让我们将它们视为无常、苦与无我，然后放下，弃置一旁。当它们生起时，保持正念与正知。心已受到条件的制约，已被训练与制约成偏离清净觉知的状态，当它转动时，又创造出会进一步影响心的有为法，然后像滚雪球一样愈滚愈大，这过程生出善、恶与世上其他一切事物。

佛陀教导我们，要完全放下。不过一开始，你必须先熟悉理论，以便能在往后的阶段完全放下。这是个自然的过程，心和心所就是如此。

例如八正道，当智慧正确地洞见事物时，这正见就会带来正思维、正语、正业等，这都包括从那个清净觉知生起的心所在内。这觉知就如灯笼，在暗夜喜好止的平静，仍会带来进一步的有与再生。一旦心的不安与激动安定下来，人们就会执著结果的平静。

中投射光线在前方的道路上。若觉知正确，符合实相，它就会遍布与照亮解脱道上的每一步。

无论我们经验到什么，它都是从觉知中生起。若心不存在，觉知也不会存在，这一切都是心的现象。就如佛陀所说，心就只是心，而非众生、人、自我或你自己，它既非我们，也非他们。

法就只是法，这自然的过程不是一个自我，不属于我们或其他任何人，它什么也不是。任何人只要经验到它，都会落入色、受、想、行、识等五蕴之中。佛陀说，放下这一切。

平静并非解脱道的终点

禅修就如木棍，观是木棍的一端，止则是另一端。若捡起它，是只有捡起一端，或两端都会捡起来呢？当有人捡起木棍时，两端都会同时捡起。那么哪一端是观，哪一端是止呢？在哪里其中一个结束，而另一个开始呢？它们都是心。当心静下来时，平静是从止开始生起，我们将心集中与统一在定的状态。

不过，若定的平静与寂静消失，痛苦就会取而代之。为何会如此？因为由修止提供的平静，仍建立在执著上，这执著届时会成为痛苦的因，平静并非解脱道的终点。

佛陀根据自己的经验了解到，这种心的平静并不究竟。"有"过程底下的因还未消除，轮回的因缘仍然存在。他的修行还不圆满，为什么？因为还有苦。因此，在止的基础上，他开始思维、观察与分析缘起实相的本质，直到执著，甚至对定的执著消失为止。

止仍只是世间法与世俗谛的一部分，执著这种平静就是执著世俗谛，只要还有执著，就会陷入有与再生之中。喜好止的平静，仍会带来进一步的有与再生。一旦心的不安与激动安定下来，人们就会执著结果的平静。

我们不断地在天堂与地狱之间来回

因此,佛陀才要审视有与再生底下的因与缘。只要他未彻底深入那件事并了解实相,就以平静的心持续往更深处探索,省察为何一切事物无论平静与否,都会成为有。他持续稳定地观察,直到了解每件事的存在,就如一团炽热的铁。

当一团铁被烧得火红时,你有可能碰触它而不被烫到吗?它有任何部位是冷的吗?试着摸它的顶部、侧边或底部,能找到任何一点是冷的吗?不可能,这块灼热的铁是通体火红的。

我们连止也不能执著,若认同那个平静,认为有人是安定与静止的,便会强化独立的自我或灵魂的感觉。这自我的感觉,是世俗谛的一部分,心想"我平静"、"我激动"、"我很好"、"我不好"、"我快乐"或"我不快乐",只会让我们被困在更多的有与再生中,那更痛苦。当快乐消失时,不快乐就会取而代之;当忧伤消失时,快乐又会再回来。被困在这个无尽的轮回中,我们不断地在天堂与地狱之间来回。

心没有实体,它什么也不是

在觉悟之前,佛陀认出他自己心里的这个状态。他知道只要有与再生的因缘未消除,他的工作就未结束。专注于生命的缘起,他如法地思维:"因为这个而有生,因为生而有死,以及这一切来去的活动。"因此,佛陀思维这些主题,以了解关于五蕴的实相。每件身与心的事物,每件被构思与想象出来的事物,无一例外都是行。

他一旦觉悟这点,便教导我们放下它;他一旦觉悟这点,便教导我们彻底舍弃它。他鼓励其他人也能如实地了解;若不了解,就会痛苦,放不下这些事物。不过,一旦我们看见事物的实相,就会知道它们如何欺骗我们。就如佛陀所说:"心没有实体,它什么也不是。"

心生来就不属于任何人,它死时也不属于任何人。心是自由、光明显耀与

快乐的情感是种生的形式，而悲伤的倾向则是种死的形式，有死即有生，
有生必有死，生与死都不脱这轮回的范畴。

不夹杂任何问题或争议的。问题之所以会产生，是因心受到有为法与自我的错误概念所蒙蔽。

因此，佛陀教导要观察心，开始时有什么？根本一无所有。它不随有为法生起或消失，遇到好事时不因而变好，遇到坏事时也不因而变坏。当它洞见事物本质时就是如此，对无自性的了解确实存在。

佛陀通过智慧，洞见一切事物都是无常、苦与无我的，他希望我们也能以相同的方式完全领悟。觉知者能如实觉知，当觉知快乐或哀伤时，都不为所动。快乐的情感是种生的形式，而悲伤的倾向则是种死的形式，有死即有生，有生必有死，生与死都不脱这轮回的范畴。一旦禅修者的心能领悟到这点，对于是否还有后续的有与再生，便不再有任何疑惑，无须再问任何人。

觉知者只是客观观察生死的过程

佛陀遍知一切有为法，因此能完全放下，放下五蕴，觉知者只是客观地观察整个过程。若经验到正面的事，不会跟着它一起变成正面，只是观察并保持觉知；若经验到负面的事，也不会随之变成负面。为何会如此？因为他的心已切断这些因缘而获得自由。他已洞见实相，导致他再次转生的因缘已不复存在。

这是确定与可信赖的觉知，是真正平静的心，没有生、老、病、死。这既非因也非果，亦不依赖因果，它独立于因果、缘起的过程之外。

于是，因消失了，不再残留有的条件。这个心超越生与死、快乐与悲伤、善与恶之上。你能说什么？它难以用言语形容。所有支持的因缘都已消失，任何尝试对它的描述都只会带来执著，话语都成了心的理论。

心的理论性描述与它的运作都是准确的，但佛陀了解这种知识相对而言是无用的。你理智上了解一些东西，然后相信它，但那并无真实的利益，无法带来心的平静。佛陀的觉知能带来放下，它将导致舍弃与出离，因为正是心让我们涉入对或错的事。若我们是聪明的，就涉入对的事；若是愚笨的，就涉入错的事。这样的心是世间，世尊以这世间的事物来检视这世间，在觉悟世间的实

相之后，他便被称为世间解。

研读心所，对断除贪、嗔、痴无益

因此，回到止与观的议题上，重点是长养我们自心的这些状态。只有当我们亲自去培养它们时，才会知道它们的实相。我们可以去研读所有书上关于心所的说法，但那种智力上的了解，对于实际切断自私的贪、嗔、痴，是毫无用处的。

我们只是研究关于贪、嗔、痴的理论，描述这些烦恼的各种特征："贪的意思是这样，嗔是指这个，痴则是如此定义。"我们只是知道它们的理论特质，只能在那个层次上谈论。我们知道，且自以为是聪明的，但当这些烦恼实际呈现在心中时，它们是否符合理论呢？

例如，当经历讨厌的事时，我们是否会反应它并陷入坏心情？我们执著吗？能放下吗？若厌恶生起，而我们认出它，还会执著它吗？或一旦我们看见它，就能放下它吗？若看见某些不喜欢的事物，然后发现厌恶感一直留在心里，我们最好回去重新学习。因为它还是不对，修行仍不圆满；当它达到圆满时，就能放下，请如此观察它。

若希望领受这修行的果实，就必须实际深入观察自己的心。尝试以许多个心的刹那[3]与其不同的特征，来描述心的心理学，在我看来，是修行还不够深入，仍有许多事需要做。若我们想要研究这些事，就要以洞见来彻底觉知它们；若无洞见，如何能了结它们？那将会没完没了，永远无法完成研究。

停止爱与恨就能超越痛苦

因此，修习法非常重要，当我修行时，就是如此研究的。我不懂什么刹那或心所，只是观察觉知的特质。若仇恨的想法生起，我问自己为什么；若喜爱的想法生起，我也问自己为什么，就是如此做。无论是称为想法或心所，那又智慧是每个修行层面的基础。为了充分了解言行的后果——尤其是有害的后果——你需要智慧的指导与监督，以详细检查因果的运作，这将会净化我们的言行。

如何？

只要洞察这一点，直到你能消除爱与恨的感觉，以及它们完全从心里消失为止。当我在任何环境下都能停止爱与恨时，就能超越痛苦。接下来发生什么事都无妨，心都能放松与自在。什么都没留下，一切都停止了。

要如此修行。若人们想谈很多理论，那是他们的事。但无论如何争辩，修行总会回到我所说的这点来。当某事生起时，它就在这里生起；无论是多或少，它就从这里出生；当它停止时，就在这里停止，还会有其他地方吗？佛陀称这点为觉知者。当它如实觉知事物的状态时，我们就能了解心的意义。

它们不断地欺骗，当你研究它们时，它们同时也在欺骗你。我们还能如何处置它们？即使你知道它们，仍会被它们所骗，就在你知道它们的地方。情况就是如此，症结就在这里。我的意见是，佛陀并不希望我们只知道这些事物的名称，佛陀教学的目标，是让我们通过寻找潜在的原因，找到从这些事情中解脱的方法。

戒、定、慧融合为一体

我修习法，但所知不多，只知道解脱道是由戒开始。戒是解脱道完美的开端，定的深沉平静是完美的中段，慧则是完美的结尾。虽然它们可区分为三个独特的训练层面，但愈深入看它们时，这三个特质就愈会融合为一，若想持戒，必须有智慧。

我们通常建议人们，从持守五戒开始，开发道德标准，如此戒才会稳固。不过，戒的圆满需要很多智慧，必须考量自己的言语与行为，并分析它们的后果，这都是智慧的工作。为了培养戒，必须依赖智慧。

根据理论，首先出现的是戒，接着是定，然后是慧。但当我检视它时，我发现智慧是每个修行层面的基础。为了充分了解言行的后果——尤其是有害的后果——你需要智慧的指导与监督，以详细检查因果的运作，这将会净化我们的言行。

一旦我们熟悉道德与不道德的行为，就会了解修行的位置，接着才能断恶修善。断除恶法，增长善法，这就是戒。当如此做时，心会变得愈来愈稳固与安定，安定与不动的心对于我们的言行，是没有恐惧、后悔与疑惑的，这就是定。

这个稳定、统一的心，形成我们后续修行更强力的能量来源，让我们得以对经验到的色、声、香等进行一种深刻的思维。一旦心安住在稳固的正念与平静上，我们就能进一步地探究五蕴——色、受、想、行、识——以及六尘——色、声、香、味、触、法——的实相。它们不断地生起，我们则持续保持正念，加以观察。

然后，便会知道它们的真相，它们是根据自然法则而存在。当这了解稳定地增长时，智慧就会生起。一旦清楚了解事物的实相，我们旧的认知就会被根除，概念性的知识会转化成智慧。戒、定、慧就是如此融合为一体。

当智慧的力量与勇气增加时，定就会逐渐变得更稳固。定愈稳固，戒也会更加坚固与完备。当戒圆满时，它会滋养定，而定的增强也会导致慧的成熟，这三个训练层面，环环相扣并辗转相生，它们结合在一起，遂形成八正道——成佛之道。

一旦戒、定、慧臻于顶点，道就有力量根除那些会染污清净心的烦恼[4]。当贪欲生起时，或当嗔恚与愚痴出现时，道是唯一有能力斩断它们轨迹的东西。

正道产生的条件是戒、定、慧

修法的架构是四圣谛：苦、集（苦的起因）、灭（苦的止息）、道（灭苦之道）。这条道路是由戒、定、慧的修心架构所组成，它们真正的意义不在字面上，而在你的内心深处。

戒、定、慧就是如此，它们持续地辗转前进，八正道将会涵盖任何生起的色、声、香、味、触、法。不过，若八正道的各支孱弱、怯懦，烦恼就会占据你的心。

若正道够强壮、勇敢，它就能征服并消灭烦恼；若烦恼的力量勇猛，而正道的力量微弱，烦恼就会战胜正道，而征服心。若觉知的速度不够迅速敏锐，不如经验到的色、受、想、行，它们就会占有并压倒我们。正道与烦恼相互倾轧，当法的修习在心中发展时，这两股力量在道上的每一步都会相互较劲。犹如有两个人在内心争吵，那是正道与烦恼在争夺心的统治权。

正道指导并促进我们思维的能力，一旦我们能正确地思维，烦恼就会退却。但若我们摇摆不定，每次烦恼重整与得势时，它就会取代正道。这两边会持续斗争，直到最后一方获胜，大势已定为止。

若我们致力于发展正道，烦恼就会逐渐地、持续地消除。四圣谛一旦充分开发，就会安住在我们的心里。无论痛苦的形式为何，它总是有个存在的原因，此即第二圣谛。这原因是什么？那就是虚弱的戒、虚弱的定与虚弱的慧。当正道无法持久时，烦恼就会统治心。当它们统治时，第二圣谛就开始大展身手，并造成各种痛苦，那些能平息痛苦的特质都消失了。

正道产生的条件是戒、定、慧，当它们的力量达到完全时，正道就锐不可当，将能冷静地战胜带来苦恼的贪爱与执著。烦恼被正道打败，所以痛苦无法生起，苦于是止息。

为何正道能带来苦的止息？因为戒、定、慧达到圆满的巅峰，正道拥有锐不可当的动力，一切都汇集在这里。我认为任何如此修行的人，都和心的理论性概念无关。若心跳脱这些概念，就是完全可靠与确定的。此时，无论我们走哪一条路，都无须太过费心，就能笔直地前进。

戒、定、慧构成解脱道

想想芒果树的叶子，它们像什么？只需要检视一片叶子便能知道。虽然有成千上万的树叶，但我们知道它们都一样，只要看其中一片，其他的基本上都是相同的。树干也是如此，只需要看一棵芒果树的树干，就可以知道它们全体的特征。只要看一棵树，其他的芒果树基本上都没有差别。即使它们有千万棵，若知道其中一棵，我便知道全部。这是佛陀的教导。

戒、定、慧，构成佛陀的解脱道。但道并非法的本质，道既非它本身的终点，也不是世尊究竟的目标，但它是内在的指南。

> 为了达到这点，需要训练，而完成工作所需的工具与装备是：布施、持戒、禅定与智慧。我们必须实践它们，并加以训练，它们共同形成一条向内的解脱道，而智慧是第一步。

例如，你如何从曼谷旅行到巴蓬寺来，你追求的不是道路，而是抵达寺院，但旅途中需要道路。你所行走的道路不是寺院，它只是到这里的方法而已。但若你想抵达寺院，就必须沿着路走。戒、定、慧也是如此，我们可说它们不是法的本质，而是到达那里的道路。

当戒、定、慧圆熟时，就会得到心的深刻平静，那才是目的。一旦达到这个平静，即使听到噪音，心还是如如不动，当达到这平静，就无须做什么了。佛陀教导我们，要彻底放下，无论发生什么事，都不用担心。之后，我们真正地、毫无疑问地自知自证，不再只是相信别人所说。

佛教的基本原则是诸法皆空，它不依赖神通力、超自然力，或任何其他神秘、奇异的现象，佛陀不强调它们的重要性。不过，这种力量确实存在，并可能被开发，但这"法"的面向是虚妄的，因此佛陀不提倡或鼓吹它，而只称赞能从痛苦中解脱的人。

为了达到这点，需要训练，而完成工作所需的工具与装备是：布施、持戒、禅定与智慧。我们必须实践它们，并加以训练，它们共同形成一条向内的解脱道，而智慧是第一步。若心被烦恼污染，道就无法成熟，但我们若能坚持并够强壮，道就会根除这些染污。不过，若烦恼占上风，就会压过道。修行佛法就只是这两种力量不断地抗衡，直到抵达道路的终点为止。它们不断地战斗，直到最后。

一旦希望进入第几禅，心立即远离禅修

使用修行工具，必须承担困苦与艰巨的挑战，我们得依赖耐心、毅力与坚忍，必须亲自去做、去体验、去了解它。不过，学者们却很容易感到困惑。

例如，当坐禅时，只要心感受到一点平静，就会开始想："嗯！这一定是初禅。"他们的心就是如此运作。一旦这些想法生起，所感受到的平静便会破灭了。他们又立刻想，这一定是第二禅。

别思量与推测它，没有任何告示牌会宣告我们正在经历哪一阶段的禅定。事实是全然不同的，没有任何符号会如道路标志一样告诉你："此路通往巴蓬

当不刻意尝试做某件事时，心就会比较自在。

寺。"我不如此读心，它不会作这样的宣告。

虽然一些很受敬重的学者，对初禅、第二禅、第三禅与第四禅作了描述，写下来的都只是外在信息。若心真的进入这些深层平静的状态，它不会知道任何那些描述。它能了知，但所知的和研究的理论不同。

若有学者尝试撷取他们的理论放入禅修中，边坐边想："嗯……这可能是什么？这是初禅吗？"就在那里平静破灭了！他们并未经验到任何实质的内涵。

为何会如此？因为有贪欲，一旦生起渴爱，会发生什么事？心立即远离禅修。

因此，我们都必须放弃思量与测度，完全舍弃它们。只要提起身、口、意，彻底投入禅修，观察心的运作。但不要将经书带在身旁，否则每件事都会变得一团糟，因为没有一件书里的事会完全吻合实相。

心无法用外在的标准测量

那些研究很多东西的人，脑袋里充满理论性的知识，通常在法的修习上都不成功，他们陷入资讯的泥淖中。实相是——心无法用外在的标准加以测量，若达到平静，只要让它处于平静即可，最微妙层次的深沉平静确实存在。

就个人而言，我并不知道很多修行的理论，在成为比丘的三年后，对真实的禅定仍充满许多问题。

当禅修时，我一直尝试思考与想象它是什么，但心却变得比先前还更掉举、散乱！妄想增加，我还未禅修时，比现在还平静。天啊！真难，真气人。虽然我遇到许多障碍，但从未放弃，只是持续地做它，当不刻意尝试做某件事时，心就会比较自在。但每次我下定决心要入定时，它就会失控。"这究竟是怎么一回事，"我质疑，"为何会发生这种事？"

之后，我才逐渐了解，禅修与呼吸的过程很类似。若我硬要强迫呼吸变浅、变深或不变，是很困难的。不过，若我们去散步，完全不在意是在吸气或吐气，它就会非常放松。

因此，我反思："啊！也许就是应该这么做。"当人白天像平常一样走路，不刻意注意呼吸时，呼吸会造成痛苦吗？不，他们只会感到轻松。

但当我执意要让心平静时，执著与贪染就悄悄进驻了。当尝试控制呼吸变浅或变深时，它只会比先前更紧张。为什么？因为我所用的意志力是染污的，是有执著与贪欲的，我并未觉知正在发生的事。所有的挫折与痛苦，都是因为我将渴爱带入禅修而引起。

一次奇妙的禅修体验

我曾在一间距村子约半里路的森林寺院待过。有天晚上，当我练习行禅时，村民正在大肆集会庆祝。当时一定已过了十一点，我感觉有点不寻常，从中午起，就一直感到奇怪。我的心很平静，几乎没有思虑，感到非常轻松自在。我练习行禅，直到疲累才进入茅棚打坐。

当坐下来时，几乎还来不及盘腿，不可思议地，我一心只想进入深刻平静的状态，这一切都自然地发生。当坐定之后，我的心变得非常平静，像磐石一样坚定，我还是可以听到村民的歌舞声，但也可以完全关掉声音。

奇怪，当我没有注意声音时，它很安静——什么也没听到；但若我想听就可听到，丝毫不受影响。那就如有两个所缘并排于心中，但并无接触，我可以看见心与觉知的所缘是分开与不同的，就如痰盂和水壶。

接着，我了解到：当心统一在定中时，若注意力向外，就可听见，但若让它住于它的空性中，则它是完全安静的。当声音被认知时，我能看见觉性与声音是截然不同的。

我沉思："若它不是这样，还会是怎样？"它就是这样，这两个东西完全分开，我持续如此观察，直到了解又更深一层："啊！这很重要。当现象的相续认知被切断时，结果就是平静。"先前的相续（santati）妄念，转变为寂静（santi）之心。我持续静坐，专心禅思，那时的心只专注于禅修，不管其他任何事。若我就在此时出定，也没有丝毫减损，因为它是完整的。我可以稍微放松，不过绝非因为懒散、倦怠或气恼，完全不是，这些都不存在于心中。心中只有圆满的内在平衡与平静——不偏不倚。

最后，我真的休息了一下，但那只是改变坐姿，心仍继续保持不动摇。我抓过枕头，想要小憩一会儿，当倾身时，心仍和先前一样平静。然后，就在头碰到枕头之前，心的觉知开始向内流，我不知它要去哪里，但它只是往内愈流愈深。它就如电流从电缆流向开关，当碰到开关时，我的身体发出砰然巨响爆炸开来，那段时间的觉知非常清晰与微妙。

过了那点之后，心随即往更深处穿透，进到完全一无所有之处。绝对没有任何外面世界的东西能深入那里，完全没有任何东西可能到达它。在里面停留一段时间之后，心接着向外回流。不过，当我说它回流时，意思并非是我让它向外回流，我只是个观察者，只觉知与见证。心愈来愈往外出来，直到终于恢复"正常"为止。

当我的意识状态恢复正常时，问题来了："那是什么？"答案立即出现："这些东西自有它们发生的因缘，你无须寻求解释。"这答案能满足我的心。

不久后，心又再开始往内流，我并未刻意导引它，它是自动自发的。当我愈来愈向内移动时，它又碰到那相同的开关，这次我的身体粉碎为微尘。心再次往自己更深处穿透，寂然无声，甚至比第一次更微妙，绝对没有任何外在的东西可能到达。心在此随意停留了一段时间，然后再向外回流。那时它是顺着自己的动能，一切都自动自发，我并未刻意影响或导引它向内或向外流。我只是个觉知者与观察者。

我的心又回到它平常的意识状态，而我并不想知道或推测发生了什么事。当我禅修时，心又再一次向内流。这次整个宇宙都粉碎并化为微尘，地球、大地、山岳、田野与森林——全世界——都瓦解成空界。人们消失了，所有东西都不见了，在这第三次的场合里，什么也不留。

向内流的心，随意停留在那里一段时间。我无法说我了解它究竟是如何停留，很难描述发生了什么事，我无法以任何东西来比拟，也找不到恰当的譬喻。

这次心停留的时间比以前更久，过了一段很长的时间后，它才从那状态出

> 无须再到遥远的地方寻找,只要看自己的心。这个心是百折不挠的,这是心的力量,是活力与能量的泉源。心有这个潜力,这是定的力量与强度。

来。当我说它出来时,并非意指是我让它出来,或是我在控制它发生,一切都是心自动完成,我只是个观察者。最后,它再回到平常的意识状态。

你怎么为这三次发生的事命名呢?谁知道?你会以什么字眼来标示它呢?

无须到遥远的地方寻找,只要看自己的心

我对你们所说关于心的每件事,都是随顺自然的方式。这并非心或精神状态的理论性描述,无须那么做。只要有信仰或信心,就能到达那里,并真的去做它,不只是玩玩而已,你是将整个生命放在上面。当你的修行达到我所描述的状态时,整个世界都会翻转过来,你对实相的了解将完全不同,见解也将彻底转化。

若有人在那时看见你,可能会认为你疯了。若此经验发生在无法完全掌握自己的人身上,他们可能真的会发疯,因为所有的事情都已不同于从前。世上的人会变得和以前看起来不同,不过你是唯一如此看待的人。

所有的事情都彻底改观,你的思想发生了质变,其他人想的是一回事,而你想的则是另一回事;他们以一个方式思考,而你则用另一个方式思考;他们正走向某一条路,而你则往上攀爬另一条路。你和其他人不再相同,这种经验事情的方式不会让你堕落,它坚持往前走。试试看吧!

若它真的如我所说,你就无须再到遥远的地方寻找,只要看自己的心。这个心是百折不挠的,这是心的力量,是活力与能量的泉源。心有这个潜力,这是定的力量与强度。

定——思维与观的基础

在这点,它仍然只是从定生出的力量与清净。这个是最高层次的定,心已达到定的顶点,它不只是刹那定。若你在此时转换修习观禅,思维将会是持续而敏锐的,或可将那集中的能量使用在其他的用途上。从这点上,你可以长养

神通力，施展神变，或随意使用。

许多苦行者与隐士使用禅定的能量制作圣水、护身符或施咒，这些东西在此阶段都是可能的。但它就如酒精，喝了之后，会让你沉醉。

这个定的层次是个休息站，佛陀在此暂停与休息，它形成思维与观的基础。不过，为了观察周遭的因缘，无须如此深的定，才能持续稳定地思维因果的过程。

为了做到这点，我们专注在心的平静与清明上，分析经验到的色、声、香、味、触、法。观察情绪与情感，无论是正面的或负面的、快乐或痛苦的，观察这一切。就如有人爬上芒果树，准备摇下芒果，而我们则站在下面等着收集。不捡烂掉的，只收集好的芒果，这并不累，因为我们无须爬树，只是待在树下捡拾果实。

你们了解这比喻的意思吗？一切都只要以平静心来体会，就能提供深刻的了解。我们不再为经验到的事物创造更多的诠释，那只是画蛇添足而已。

得、失、毁、誉、称、讥、苦、乐都如实地呈现，我们是平静且有智慧的。这真的很有趣，筛选与区分这些会变得很有趣，其他人所说的好、坏、善、恶、彼、此、苦、乐或任何事，都成为有益于我们的事物。

已有人爬上芒果树摇枝干，好让芒果掉到我们身上，我们只需愉悦地安心收成。有什么好怕的呢？是别人将芒果摇下来给我们。得、失、毁、誉、称、讥、苦、乐，就如掉下来的芒果，只需以平静的心检视它们，然后我们便会知道哪些是好的或烂的。

当我们开始使用禅修所长养的平静与安定，来思维这些事物时，智慧就会生起。这是我所说的智慧——观，它并非杜撰或推测出来的东西。

若具有智慧，观将自然地展现，我们无须为正在发生的事贴标签。若只有一点清晰的洞见，称为微弱的观（little vipassana）；当清晰的洞见有些增加时，称为中等的观（moderate vipassana）；若完全如实觉知时，则称为究竟的观（ultimate vipassana）。我个人比较喜欢以慧来代替观。

若我们经常想坐着思考并修习观禅，就会遭遇困难。观需要从平静与轻安心领先它自己。没有耐心才会想速成，那并非正确的方式，不要走在你的水牛前面，必须走在水牛后面。

入手，整个过程自然地发生，完全自动自发，无法勉强。

修行要有耐心，不要依赖高压的手段

佛陀说此过程有自己成熟的步调，达到这修行阶段后，允许它根据我们的潜能、习性，以及过去所累积的功德自然发展，但精进地修行，绝不停止，进步得快或慢，并非我们所能控制。这就有如种树，树知道它应该长多快，若我们希望它长得更快，这只是妄想；若希望它长得更慢，那也是妄想。只要我们下了工夫，结果自然会显现，就如种树。

例如想种一棵辣椒树，我们的任务就是挖个洞埋下种子，浇水、施肥，并保护它免于病虫害。这是我们的工作，事情到此为止，接着需要靠信心。辣椒树是否能长大，取决于它自己，那不是我们的事。揠苗助长并非自然运行的方式，我们的职责只是浇水与施肥，修行也应以同样的方式让心放轻松。

若我们在此世觉悟，那很好；若必须等到来世，那也无妨。我们对于法具有信心与正确的信念，进步得快或慢，取决于我们的潜能、习性，以及至今所累积的功德，如此修行，让心放轻松。就如坐马车，我们不会将车放在马前面，或如耕田，我们不会走在水牛前面而是后面。我的意思是，心领先它自己。没有耐心才会想速成，那并非正确的方式，不要走在你的水牛前面，必须走在水牛后面。

这就如我们所种的那棵辣椒树，为它浇水和施肥，它就会吸收养分。当蚂蚁或白蚁来袭时，就驱逐它们。只要如此做就够了，辣椒树自己便能长得很漂亮。一旦它漂亮地长大后，别因为认为它应该开花，就试图勉强它开花，那不干我们的事，如此只会徒增困扰。让它自己长大，一旦真的开花了，别要求它立即结出辣椒。不要依赖高压的手段，那真的会造成痛苦！

想清楚之后，就会了解自己的职责是什么，大家各司其职。心知道自己的角色，有什么工作需要完成，若心不了解，就会在种下辣椒树的那一天，试图勉强它结籽，心会坚持它必须在一天内就长大、开花与结籽。

我们持续做自己的部分，无须担心它可能要花多久的时间。即使可能要花一百世或一千世才能觉悟，那又如何？

以一颗自在的心不疾不徐地修行

　　这就是第二圣谛——渴爱造成痛苦生起。若我们觉知这圣谛并深思它，就会了解，在修行中试图揠苗助长，只是徒增烦恼，那是错误的。了解它如何工作，我们便能放下，让事情根据我们的潜能、习性与过去累积的功德，去自行成熟。我们持续做自己的部分，无须担心它可能要花多久的时间。即使可能要花一百世或一千世才能觉悟，那又如何？

　　无论多少世，我们都只要持续以一颗自在的心，不疾不徐地修行。一旦心到达入流的阶段后，就没什么好害怕的了，它甚至连最细微的恶行都能超越。佛陀说，达到须陀洹的心，已进入觉悟的法流。

　　这些人永远不会再经历恶道，再堕入地狱。他们的心已断除邪恶，怎么可能再堕入地狱呢？他们已看见造恶业的危险，即使你试图勉强他们说坏话或做坏事，他们也不可能去做，因此没有落入恶道或地狱的危险，他们的心随顺法流而行。

　　一旦在法流之中，你就会知道自己的职责是什么。你了解眼前的工作，并了解如何修行，知道何时该紧或该松。你了解自己的身与心——色与名的过程，并舍弃应被舍弃的事物，持续断恶，无丝毫疑惑。

以最大的诚意反复去做，直到禅修成为你的一部分

　　在我的修行生涯中，我并未试图控制一大堆事；只有一件，我训练这颗心。例如我们看见一具躯体，若被它吸引，那么就去分析它，它有个漂亮的外表——头发、体毛、指甲、牙齿与皮肤。佛陀教导我们，要彻底并反复地思维身体这几部分，个别地观想它们，拆开它们，烧光它们，剥掉皮肤。就是如此做，专注于这个禅修法，直到它坚定不移为止。

　　看所有人都是如此，例如当比丘与沙弥早晨入村托钵时，看见任何人，无论是另一个比丘或村民，将他或她都看成死尸，一具在前面踽踽而行的尸体。

持续专注在这个念头上,就是这样用功,它能带来成熟与进步。当你看见一个迷人的年轻女郎时,观想她是具行走的尸体,身体发出腐烂的恶臭的死尸。看每个人都一样,别让他们太靠近!别让你的心着迷。若将别人看成是腐败与恶臭的死尸,我可以保证,你一定不会着迷。

持续思维,直到看见、确定并熟练为止,如此无论走哪一条路,都不会迷失。将心全部放在其上,每当你看见某个人时,都看到尸体,无论是男或女,都将之视为死尸,还有别忘了将自己也看成尸体!万物终归于此。

试着尽可能如此彻底发展你的观点,不断训练它,直到它逐渐成为你心的一部分。我保证,那会非常有趣——若你确实地做它。但若只是凭借读书所得的印象来对待它,你就会遇到困难,你必须实地去做它,并以最大的诚意去做,反复地做,直到这禅修成为你的一部分。将领悟实相当做目标,若是基于希望超越苦的动机,你就是站在正道之上。

持戒不严谨,无法顺利修观

现在,有许多人在教导修观与其他许多禅修技巧,我会这么说:"修观并不容易。"我们不可能一掷中的。若持戒不严谨,将无法顺利进行修观,你得自己去发现。戒与律是必要的,因为若身、口、意的行为不清净,我们的脚跟就无法站稳。无戒的禅定,就如试图跳过解脱道的基础,小心摔死!

同样地,你偶尔会听到别人说:"你无须修止,跳过它,直接修观。"喜欢便宜行事的懒人,才会无须费心持戒。要知道,坚持净化你的戒是困难重重的,它不只是玩玩而已,若可以略过一切戒律的教导,将会容易许多,不是吗?每次遇到困难,我们只要跳过它,就可避开它。当然,我们都喜欢跳过困难的片段,不过那终究是行不通的。

有次我遇到一位比丘,他告诉我他是个真正的禅修者,请求待在我这里,并询问作息表与戒律标准。我向他解释,在这间寺院,我们是依律——佛陀制定的寺院规范而生活。若他想来接受我的训练,必须放弃钱财,以及私人拥有的衣物与医药。他告诉我,他的修法是:"不染著一切世俗事物。"我告诉他,我不知他说的是什么意思。

"若我待在这里,"他问道,"保存我所有的钱财而不染著,金钱只是个世俗概念而已,这样如何呢?"我说:"当然,没问题!若你能吃盐巴而不觉得咸,你就可以使用金钱而不执著。"他只是在耍嘴皮子而已,事实上是懒得遵循戒律的细节。

我告诉你,那很难。"当你吃盐巴,并诚实地向我保证不咸时,我就会认真地接受你;但若你告诉我不咸,我就会给你一整袋,让你吃下去!要不要试试看?它真的尝起来不咸吗?不执著世俗事物,不只是伶牙俐齿的说法。若你想如此说,就不能待在我这里。"因此,他离开了。

我们必须尝试并维持戒的修行,出家人应接受苦行的训练,在家人则必须持守五戒,不论说或做每件事,都要尝试达到清净。我们应尽可能培养善行,并持续逐步地做它。

渴望平静也是一种渴爱

开始修止时,别因为试了一两次,心不平静就放弃,那不是正确的方式。你必须长期禅修,为何要如此长的时间呢?想一想,我们已让心迷失多久了?我们有多少年没有修了呢?每次心命令我们遵从一条歧路时,我们便毫不犹豫地跟着走。要安定这颗流浪的心,让它停止与不动,几个月的禅修够吗?

想想这点。当我们训练心随时保持平静时,请了解,烦恼一旦开始生起时,心便会不平静,会散乱与失控,为什么?因为有渴爱。我们不希望心思考,不想经历任何散乱,这也是渴爱——渴望没有。我们愈渴望不要经历某些事,就愈邀请它们进来。"我不想要这些东西,它们为何一直跟着我?我不希望这样,它为何偏偏这样?"

又来了!我们渴望事情以一种特别的方式存在,因为我们不了解自己的心。在了解与它们厮混是个错误之前,它可能会持续很久、很久。最后,当我们想

> 就如养水牛，你有农夫、一些稻作与水牛。水牛想吃稻作，稻作是水牛喜欢吃的食物，对吗？你的心如水牛，烦恼如稻作，觉知者则是农夫。修行佛法就像这样，没有差别，拿它来和自己作比较。

清楚时，便了解："哦！它们是因为我的召唤才来的。"

渴望不要经历，渴望平静，渴望不要散乱与激动——这些都是渴爱，都是炽热的铁块，别在意它，只要持续修行。每次我们经验一种心情或情绪，都依据无常、苦与无我加以检视，将它丢入这三个范畴的其中之一。

然后反思与观察，这些烦恼几乎都伴随着过度的想。每次某种心情生起，想就会跟在后面蹒跚而来。想与慧截然不同，想只反应并跟随心情，它们源源不断地出现在眼前。

若慧在运作，就会让心静止。心停止不动，只觉知与认识被经验的事物：当这情绪出现时，心是这样；当那情绪出现时，它是那样。

我们持续觉知，最后它会冒出来："哈！这一切的想，这些漫无目标的瞎扯，这些担忧与判断，都没有实质意义，都是无常、苦与无我的。"把它丢入这三个范畴的其中之一，平息骚动，从根斩断它。之后，当我们坐禅时，它还会再跑出来，密切注意它，盯着它看。

无论心走向何方，都密切注意它

就如养水牛，你有农夫、一些稻作与水牛。水牛想吃稻作，稻作是水牛喜欢吃的食物，对吗？你的心如水牛，烦恼如稻作，觉知者则是农夫。修行佛法就像这样，没有差别，拿它来和自己作比较。照顾水牛时，你如何做？你会放开它，让它自由闲逛，但一直密切注意它，若它离稻作太近，你便发出叫声，水牛听到后就会回头。不能放纵水牛不管，若它冥顽不灵，不听警告，你就得拿根棍子狠狠地打它的背部，它就不敢再靠近稻作。千万别睡着了，你若躺下来打盹，稻作就会成为牛的食物。修行也是如此，注意看心，"觉知者"会照顾心。

"注意看自己内心的那些人，将能脱离魔王的陷阱。"不过，这觉性也是心，那么是谁在观察心呢？这念头让你非常困惑。心是一回事，觉知者是另一回事，但"觉知者"是源自同样这个心。所谓觉知内心是什么意思？它遭遇心情与情绪时是怎么一回事呢？没有任何烦恼又是怎么一回事？能觉知这些事情的就是所谓的觉知者。

觉知者敏锐地跟着心,智慧就从这觉知生出。心是思考与陷入情绪纠缠者,一个接一个——就如水牛。无论它走向何方,都密切注意它,它怎么可能乱来?若它走向稻作,你便发出叫声;若它不听,就拿起棍子大步走向它,狠狠一击!你就是如此教训渴爱。

训练心也是如此,没有差别。心经验某种情绪并执著它时,觉知者就要负责教导它。检视心情,看它是好的或坏的,然后向心解释因果、缘起。当它再次执著某样东西是可爱的时,觉知者必须再次教导心,向它解释因果,直到心能放开它为止,这将为心带来平静。

一旦心发现,任何执著本质上都是痛苦的,它就会停止。心不会再受到那些东西的干扰,因为它一直都受到严厉的鞭策。坚定地阻断心中的渴爱,挑战它的根本,直到教导贯彻内心为止。你就是这样训练自己的心。

一切圣者都亲自觉知实相

从我退隐到森林中禅修开始,一直都如此修行,我训练弟子时,也要求他们如此修行。因为我希望他们看见实相,在心无杂念的情况下看见,而非只是阅读经典。当解脱发生时,你清楚知道;若解脱尚未发生,则思维事情的前因是如何地导致后果。持续思维直到知道,并彻底了解。

一旦它被智慧洞穿,它自己便会消失。当有东西挡在前面并卡住时,观察它,别放弃,直到放开对它的执著为止。就在这里反复观察,我个人就是这样训练自己,因为佛陀说你必须亲自觉知。一切圣者都是亲自觉知实相的,你必须往内心深处去发现它,自行觉知。

若相信自己,对觉知的内容有信心,则无论别人称赞或批评你,你都会感到很轻松。不论别人怎么说,你都很自在。为什么?因为你觉知自己。若有人对你歌功颂德,但其实你并没有那么好,你真的会相信他们吗?当然不会,你只是继续修行。若有人对自己觉知的内容缺乏信心,当受到称赞时,他便会很

> 佛陀说，在修行开始的阶段必须很用功，彻底地开发，并执著很多东西：执著佛，执著法，执著僧，坚定与深入地执著。那是佛陀所说，以诚心与耐心执著，并紧紧地握住。

快地相信，认知会因而遭到扭曲。

同样地，当别人批评你时，反省并检视自己，"不！他们所说不是真的，这指控是错误的，我并非那样，他们的指控无法成立"。果真如此，有必要对他们生气吗？他们的话根本就不是真的。

不过，若我们确实如他们所指控的犯了错，则批评就是正确的。果真如此，你有必要对他们生气吗？当你能如此思维时，就可无往而不自得。没什么事是错的，每件事都是法，我就是这样修行的。

心只是烦恼的帮佣，不要相信它

这是最直截了当的道路，你可以和我争辩法的要点，但我不会参与。我不会还嘴，只会提供一些想法供你思考。请了解佛陀的教导：放下一切，以正念、正知放下。若没有正念、正知，则放下就和乳牛与水牛不分一样。若你未将心放进去，就没有正确的放下。

你放下，是因你了解世间的真相，这才是不执著。佛陀说，在修行开始的阶段必须很用功，彻底地开发，并执著很多东西：执著佛，执著法，执著僧，坚定与深入地执著。那是佛陀所说，以诚心与耐心执著，并紧紧地握住。

在我自己的寻找过程中，我几乎试遍所有可能的思维方式。我为法献出生命，因为我对觉悟实相与到达那里的道路有信心。这些事情确实存在，就如佛陀所说，但要了解它们需要修行——正确地修行。你要将自己逼到极限，训练、省察与从根本转变，这些都需要勇气。

你应该如何做？训练这颗心。脑袋里的想法叫我们往一个方向，而佛陀则告诉我们往另一个。为何需要训练？因为心整个被烦恼层层包覆，未受训练的心就是如此。它是不可信赖的，别相信它。它是不善的，我们如何能相信不清净的心呢？

因此，佛陀警告我们，别将信任放在染污心上。一开始，心只是烦恼的帮佣，但当它们混在一起久了之后，心就会整个变成烦恼本身。所以佛陀教导我们，不要相信心。

中道就是放下快乐与痛苦

若我们好好地检视自己的出家戒，就会了解整件事都和训练心有关。每次我们训练心时，都会烦躁不安，当心烦躁不安时，我们便开始思维："天啊！这个修行太难了！它是不可能的。"

但佛陀并不这么想。他认为当训练引起烦恼时，那就表示我们走对路了，但我们不作是想，以为那是代表错误的信号，就是这误解让修行显得如此艰巨。开始时，我们感到烦躁不安，因此认为走错路了。每个人都只想要好的感觉，而不太关心它是否正确。

当违逆烦恼并挑战渴爱时，当然会感到痛苦，我们激动、沮丧、困惑，然后放弃，自认为走错路了。不过，佛陀却说我们是对的，我们正在对抗烦恼，是它们在烦躁不安，但我们却以为是自己在烦躁不安。

佛陀说，是烦恼在激昂与沮丧，每个人都相同，这正是为何修行如此重要的原因。人们因看不清事情而失去中道，落入纵欲和苦行的两端。一方面，喜欢放纵贪欲，为所欲为，想舒适地坐着，又喜欢舒适地躺着伸懒腰，无论做什么都只求舒适，这就是我所说的纵欲——贪著好的感觉。在这种放纵的情况下，修行怎么可能进步呢？

另一方面，若逸乐与舒适的情况不再，我们就会不安，而为此沮丧、愤怒与痛苦，这是失去中道而落入苦行的一端。这并非平静与安定之道，佛陀警告我们，不可落入纵欲与苦行的任何一端。

经验快乐时，只要清楚觉知它即可；经验愤怒、嗔恚与不安时，则要了解自己并未遵从佛陀的脚步。那不是追求平静者的道路，而是一般人的道路。内心平静的比丘不会走上那些路，他笔直地走在中道上，左右两边深谷分别是纵欲与苦行。这才是正确的修行。

若你想接受出家的训练，就必须走在这条中道上，不落入苦、乐两端，放

> 法是智者可以直接自知的东西。无须问任何人，自己就可清楚地了解事物，正如佛陀所说，而毫无疑惑。

下它们。但感觉上，它们好像在一旁伺机侵袭我们。开始时，它们从一边踢，"哎哟"，然后，从另一边，"哎哟"。我们就好像木钟里的钟锤，在两端之间来回摆荡。中道，就是放下痛苦与快乐，这才是正确的修行。当渴望快乐袭击我们，而我们不去满足它时，就会感到痛苦。

若不走中道之路，永远不可能成为圣者

实践佛陀的中道，是艰苦与深具挑战性的。事情不外好、坏两端，若我们相信它们，就得服从它们的命令。若我们正在对某人生气，便会马上抓起棍子攻击他们，丝毫没有耐心；若喜爱某人，便会想从头到脚亲吻他们。我说得对吗？这两端都偏离中道，不是佛陀建议的做法。他的教导，是逐渐放下这些东西。那是一条带领我们走出有与再生的道路，是条解脱生、老、病、死、忧、悲、苦、恼的道路。

那些渴望有的人，是对中道无知的人。他们先落入快乐的一边，然后再整个翻转过来，落入不满与不安的一边。他们一直在中道的两边徘徊，在摆荡的过程中，始终看不到这处圣地。他们无法待在没有有与再生的地方，他们不喜欢那样，因此不停留。其实，无论他们是走出家门被狗咬，或飞上天空被秃鹰啄食，那都是有。有其实并未如我们想象中的好。

人们对于从有与再生中解脱是无知的，人心在这方面是盲目的，因此一再与它擦身而过。中道是佛陀走过的道路，是正确修行的道路，超越有与再生。超越善与不善的心，在中道里释放出来。

这是平静的圣者之路，若我们不走这条路，则永远不可能成为圣者，那平静永无机会展现。为什么？因为有与再生，仍有生与死。

佛道是不生不灭、不高不低、不乐不苦、不善不恶的。它是正直之道，是平静与安定之道，它平静地解脱欢乐与痛苦，以及快乐与悲伤，这就是修行佛法的方法。体验它，心就能停止，可停止发问，无须再寻找答案。就在那里！这正是为何佛陀说，法是智者可以直接自知的东西。无须问任何人，自己就可

清楚地了解事物，正如佛陀所说，而毫无疑惑。

喜欢某物时，检视它会将我带往何处

我已告诉你们一些我如何修行的小故事。我并无很多知识，未学很多东西，我学的是自己的心，通过尝试错误的实验，以自然的方式学习。当喜欢某样东西时，我就检视究竟是怎么一回事，以及它会将我带往何处，不可避免地，它将会造成一些痛苦。我的修行是观察自己，随着了解与智慧的加深，我逐渐认识自己。

坚定地致力于修行！若你想要修行佛法，请试着不要想太多。若你正在修禅，发现自己想勉强达成特定的结果，那时最好先停止。当心安定而变平静时，于是你心想："这就对了！就是这个，不是吗？"这时请停止，将一切分析与理论的知识打包收起来，别拿出来讨论或教导。那并非洞见内心的知识，它们是不同的知识形态。

当某件事的实相被看见时，它和书写的叙述是不同的。例如写下贪欲这些字，当贪欲真的淹没内心时，书写的文字不可能传达出和事实一样的意义。愤怒也一样，我们可以在黑板上写这些字，但真的发怒时，那经验是不相同的。我们还来不及读完那些字，心就被怒火给吞没了。

若法未引入内心，你就并非真的知道

这点非常重要。理论的教导是准确的，但它们需要被引入内心，必须被内化，若法未引入内心，你就并非真的知道与看见。这对于我没有差别，因为我不曾广泛地学习，但我确实做过一些足以通过某些佛学理论考试的学习。

有天，我有机会去聆听一位禅修大师的开示，当聆听时，我心中浮现一些不敬的想法。当时我不知如何聆听一项真正的开示，无法理解这位头陀比丘在说什么。他的教导好像是出于自己直接的体验，他似乎是根据实相在说法。

之后，我在修行中获得一些第一手的经验，亲见那位比丘所说的实相。我了解到应如何了解，智慧也随着那觉醒而生起，法在我自己的心中生根。我花了很长的时间，才了解到那位头陀比丘的教导是出自他亲眼所见。

他教导的法是直接来自他自己的经验，而非书本，是根据他的了解与智慧而说。当我走上这条路时，我一一见证了他所说的每个细节，并承认他是对的。因此，我继续往前走。

把握每个修行的机会，创造未来解脱的因

尝试把握每个你可以精进修行的机会，不要在意心是否平静。最重要的是，让修行之轮持续转动，不断创造你未来解脱的因。若你已完成工作，便无须担心结果，别去忧虑无法得到结果，忧虑是不平静的。

然而，若你不去做，如何有结果？你怎么可能看见？有寻找才会有发现，一定要吃饭，肚子才会饱。"周遭每件事都在欺骗我们"，认出这点，即使只有十次也好，但我们却一再被相同的谎言与故事欺骗。若知道他在说谎，那还不错，但我们可能要经过很久之后，才会知道这点。我们的老朋友，一再试着用他的谎话来欺骗我们。

修行佛法意指在心中持戒、习定与修慧，忆念佛、法、僧三宝，彻底放弃一切世间法。我们的行为是在此世就会成熟的因缘，因此要认真修行。

即使必须坐在椅子上禅修，我们也能集中注意力。一开始，无须专注很多事情，只要注意呼吸，若喜欢可以结合呼吸在心里默念"佛、法、僧"。

集中注意力时，别控制呼吸，若呼吸变得费力或不舒服，就表示方法不正确。只要还无法自在地呼吸，它就会变得太浅、太深、太细或太粗。不过，一旦呼吸放轻松，就会发现它愉悦而舒适。

清楚觉知每个入息与出息，将能逐渐掌握呼吸的窍门。若做法不正确，就会失去呼吸，当出现这种情况时，最好先暂停，重新调整正念的焦点。

这是观的本质:将每件事物都丢入无常、苦与无我里,无论是好的、坏的、可怕的或其他,都把它抛进来。

无论呈现何种感官经验,都当做思维的所缘

若在禅修时,体验到心的神通现象,例如心变得光明灿烂或看见天上的宫殿等,都无须害怕,只要觉知你正在经验的每件事,并持续禅修。经过一段时间后,偶尔呼吸好像会渐渐停止,呼吸的感觉似乎消失,你因而感到惊慌。别担心,没什么好怕的,只要觉知"呼吸已停止"即可。事实上,呼吸还在,只是比平常更微细而已,它会逐渐自行恢复正常的状态。

开始时,只要专注于让心安定与平静。无论是坐在椅子上、正在开车、驾驶船只,或做任何事,你都应娴熟于禅修,以便能随意进入平静的状态。当你坐上火车,很快就能将心带入平静的状态。这种熟练的程度,表示你对解脱道已非常熟悉。

接着你便观察,利用定心的力量,观察所经验到的东西,有时是看见的,有时是听闻、嗅、尝、触或心中想象与感觉的。无论呈现的是何种感官经验,或喜欢与否,都将之作为思维的所缘。只要觉知正在经验的东西,别投射意义或诠释到觉知的所缘上。

若它是好的,觉知它是好的;若它是不好的,也只要觉知它不好。这是世间的实相,无论善或恶,一切都是无常、苦与无我的,都是不可信赖的,没有任何东西值得贪爱或执著。

若能维持这种止与观的修行,智慧自然会生起。每件被感觉与经验的事物,都会落入无常、苦与无我这三个坑里,这就是观禅。心已平静,每次心的杂染生起时,就将它们投入那三个垃圾坑的其中之一。这是观的本质:将每件事物都丢入无常、苦与无我里,无论是好的、坏的、可怕的或其他,都把它抛进来。

很快地,了解与洞见就会在这三个普遍的特征中浮现——那是微弱的观。在这开始的阶段,智慧仍很微弱,但试着继续保持这个修行。

研究佛法和修行佛法不同

该是我们开始禅修的时候了！为了觉悟、舍弃、出离与安定而禅修。这很难以言语表达，但那就如有人想认识我，他们就必须住在这里。在每天的接触下，我们最后就会彼此认识。

我也曾是个头陀比丘，行脚参访老师，且过着独居的生活。我并未四处为人开示，而是前往聆听当时的佛教大师开示。我不是去教导他们，而是去聆听任何他们给我的建议。即使是年轻或戒腊较小的比丘想要告诉我什么是法，我都会耐心地聆听。不过，我很少参与关于法的讨论，因牵涉到长篇大论时，我会看不到要点。

无论接受任何教法，在他们谈到出离与放下时，我立刻就能领会，我所做的一切，都是为了出离与放下。我们不必成为经典的专家，日复一日，我们逐渐老去，每天都在捕风捉影，却遗漏了真实的事物。修行佛法和研究它，是截然不同的事。

略过修止而直接修观，是不可能成功的

我不批评任何一种禅修形式与技巧，只要我们了解其真正的目的与意义，它们并没有错。不过，我们自称为佛教禅修者，却不严格持戒，在我看来，是永远无法成功的。为什么？因为我们试着忽略解脱道最重要的部分——戒、定、慧。

有些人可能会告诉你，不要执著修止的定："别费心在修止上，直接进到修观的智慧与洞见。"在我看来，若想要略过修止而直接修观，终将发现那是不可能成功的。

不要摒弃卓越森林大师们的修行风格与禅修技巧，诸如阿姜绍、阿姜曼、阿姜通拉（Ajahn Taungrut）与阿姜优波离（Ajahn Upali）等。若确实按照他们的方式去做，他们教导的道路是完全可信与真实的。若追随他们的脚步，我们

就会获得真实的洞见。阿姜绍持戒精严，他从来未说应绕过它。

若这些森林传统的大师们，以一种特别的方式建议禅修与僧规，基于对他们深切的敬意，我们应该遵从其教导。若他们说做它，我们就去做它；若他们说停止，因为它是错的，我们就停止。

我们出于信心而做它，带着诚意与决心去做它。我们做它，直到在自己心中见法，直到我们就是法为止。这是森林禅师们的教导，弟子们因而对他们生起深刻的敬畏之心与孺慕之情，因他们是通过遵从老师的道路，而看见老师所看见的法。

开始修行吧！你就能见到法

试试看！照我所说的去做。若你真的去做它，就能见到法，成为法。若真的着手去寻找，有什么能阻止你呢？烦恼一定会被消除，只要用的是正确的对策——出离、静默、知足与放弃一切我见。然后，即使他人的说法是错的，你能耐心地聆听；当其说法是正确的，你也能耐心地听完。以此来检视自己，我向你保证，若你去尝试，绝对是可行的。

不过，学者们很少真正将法付诸修行，只有少数人如此做，真遗憾！你们远道前来拜访，已很值得赞叹，它显示出内心的力量。有些寺院只鼓励研究，比丘们不断地研究再研究，似乎看不到终点，且永远不斩断需要斩断的东西。他们只研究平静这字眼，殊不知唯有让心不动，才有可能发现真正有价值的东西。

你们应如此研究，才是真正有价值，且完全不会动摇的，它直接进入你们阅读的核心。不过，若学者们不禅修，他们对知识将只有很少的领悟。一旦将教法付诸修行，所研究的东西就会变得相当清晰。

因此，开始修行吧！开发这种领悟。试着住在森林，并待在其间一座小茅棚里。短暂尝试这种训练，亲自试试这种感觉，这将比你只是读书更有价值，然后你就可与自己进行对话。

在心放下与歇息的自然状态下观察它，当它从这个不动与自然的状态，以思想与概念的形式向外扩散与波动时，"行"的缘起过程就启动了。

要非常小心并注意这缘起的过程，一旦它起动，离开自然的状态，修行就会偏离正轨，而落入纵欲或苦行的两端，就从这里，展开内心缘起的网络。若心境是善的，就会产生正向的缘起；若是恶的，缘起就朝负面发展。这些都在你自己的心里发生。

实地去修行，会有一条路引导你

我告诉你们，仔细观察心如何运作是很有趣的，我可以快乐地谈论这主题一整天。当你知道心的方式时，就会了解这过程如何运作，以及它如何被心的杂染给洗脑。我将心看成一个点，心所是来拜访这个点的客人，有时这人来叫门，有时那人来访问，他们都来到访客中心。

训练心提高警觉，注意觉知他们。你应该如此照顾心，每次有访客接近时，就赶走他们。若你禁止他们进入，他们还会有地方坐吗？那里只有一个座位，而你就坐在那里，整天都耗在那个点上。

这是佛陀坚定不移的觉知，它照顾与保护心。你就坐在这里，从你出娘胎以来，每个来访的访客都会到这里。无论他们来访的频率有多高，总是会来到这地点，就在这里。完全觉知他们，佛陀的觉性坚定不移地在此坐镇。

那些来此旅行的访客试图发挥影响力，以各种方式动摇你的心，当他们成功地让心卷入其议题时，心所就会生起。无论什么议题，不论其目标为何，都只要忘了它——它无关紧要。只要在他们抵达时，知道来访的人是谁即可。一旦他们来访，将发现只有一张椅子，只要你占住它，他们就找不到可坐的地方。他们原本想在你的耳边窃窃私语，但这次没有座位，下次再来，仍然没有座位。

无论这些喋喋不休的访客来几次，他们总是遇到同一个家伙坐在同一个地点。对于那张椅子你毫不让步，你认为他们还能继续忍受这情况多久？只是和他们说话，你就完全认识他们。从你开始涉世以来，每个曾遭遇过的人、事、物，都会前来造访。只要观察，并于当下保持觉知，就足以完全见法。无论讨论、观察或思维，你都是亲自去做。

这就是讨论法的方式，我不知还能如何说。我可以继续以这方式说下去，但到头来，除了说与听之外，什么都没有。我建议你实地去修行，若亲自去看，就会遇到某些经验，会有一条道路能引导你并提供方向。

当你继续时，情况会改变，必须调整方式以对治新出现的问题。在看见清楚的路标之前，可能要花上一段很长的时间。若你打算走我曾走过的路，这段旅程一定得在你自己的心里进行，否则将会遭遇许多障碍。

听是一回事，声音是另一回事

就如听一种声音，听是一回事，声音是另一回事，我们清楚地觉知这两者，不会混淆。在寻找实相的过程中，我们依赖自然提供观察的素材，最后心自己会切开与分解现象。只要放着，心不会被卷进去。

当耳朵接触声音时，观察心里发生什么事，它们有被它绑住、缠住或带走吗？它们有受到刺激吗？至少要知道这么多。之后，当声音登录时，它不会扰乱心。

在此我们采用身边的而非遥远的事物，即使想要逃离声音也无从逃避，唯一可能逃离的方法，是训练心在面对声音时不动摇。放下声音，声音虽被放下，我们仍听得见。我们听见，但让声音走，因为我们已放下它。

我们无须迫使听与声音分开，它会因舍与放下而自动分开，即使想执著声音，心也不会执著。因为一旦了解色、声、香、味、触、法的真实本质，心以清晰的智慧看见，则所有感受，都将掉入无常、苦与无我的范畴里，无一例外。

任何时刻听到声音，都要从这三个普遍特征去了解。每次耳朵有感官接触时，我们就听到，但它就像没听到。这并不表示心不再运作，正念与心随时都缠绕在一起，且不断相互监视。当心被训练到这程度时，无论接着选择走哪一条路，我们都是在作研究。我们将建立择法觉支，这择法的动作将根据它自己的动力持续运转下去。

和你自己讨论法，解开并释放感受、记忆、认知、思想、动机与意识。当它们持续自行运作时，没有东西能接触它们。对于那些精通他们内心者，这个省察与研究的过程会自动进行，无须再刻意引导它。无论心倾向何方，思维都会立即做出适当的反应。

别太担心身体的状况，随顺自然的法则

若修行达到这层次，有另一个有趣的边际效益。睡觉时，打鼾、说梦话、磨牙与翻来覆去等现象全都会停止。即使在熟睡中醒来时，也不会昏昏沉沉，将感到精力充沛与清醒，就仿佛整段时间我们都是醒着一般。我过去会打鼾，但在心随时保持清醒后，打鼾就停止了。当你清醒时，怎么可能打鼾？它只有在身体不动与睡着时才出现。

心日以继夜都很清醒，这是佛陀清净而高超的觉性——觉知者、清醒者、喜悦者与光明者。这清楚的觉性永远不会睡着，它的能量是自给自足的，且永远不会变迟钝或昏睡。在这个层次，可以两三天不休息。

当身体开始显露疲态时，我们就坐下来禅修，很快地进入深定五或十分钟，当出定时又是精力充沛，就如已睡了一整晚。若不考虑身体，睡眠是不太重要的，只要适度照顾身体即可，别太过担忧身体的状况，让它随顺自然的法则。我们无须告诉身体怎么做，它会告诉它自己。

就如有人敦促我们要努力一样，即使想偷懒，内在有个声音会经常激励我们。要停留在这点是不可能的，因为努力与进步已累积出一股无法阻挡的能量。请自己去验证这点，你们已研究与学习了一段很长的时间，现在该是研究与学习你们自己的时候了。

身体的出离是生起心出离的因缘

在开始修行的阶段，身体的出离是很重要的。当你与世隔绝而独居时，会想起舍利弗尊者的话："身体的出离，是生起心灵出离的因缘；深刻的禅定，是没有外在感官接触的。接着，心灵的出离，则是从烦恼中出离与觉悟的因缘。"不过，还是有些人会说出离并不重要："若你的心是平静的，无论在哪里都没关系。"

这是真的，不过我们应谨记，在开始的阶段，身体在适合的环境中出离是最优先的。

今天或不久之后，在森林深处寻找一个无人居住的僻静坟地，试试自己一个人住。或找一个令人望而生畏的山顶，去那里独居，好吗？一整晚下来，将会有许多趣事，到那时你才会知道。

即使是我，也曾认为出离不重要，但当我实地去那里做它时，才忆起佛陀的教导。世尊鼓励弟子们，远离人群去修行。开始时，这将为心的内在出离建立基础，心的出离接着将成为从烦恼中坚定出离的支持力量。

假设你是个在家人，有房子与家庭，你得到什么出离？当回到家，才刚踏进门，就被混乱与复杂的事务给击倒，身体根本无法出离。因此，你会溜到遥远的地方隐居，那里的气氛完全不同。

在开始修行的阶段，需要了解身体出离与独居的重要性，接着需要找个禅师来指导。他或她能给予你守护与建议，并指出你理解错误之处，因为误解正是来自于你自认为是对的地方。就在你错的地方，你却认定自己是对的。通过老师的解释，才了解错在哪里，老师指出你的错误，正是你以为对的地方。

无论修行多困难，都不应舍弃森林禅师的教导

我曾听说，有许多佛教学者比丘反复地研究经典的说法。我们没有理由不去实验。当是打开书本研究时，我们就以此方式学习；但当是卷起袖子战斗时，

就必须采用可能不符合理论的方式战斗。

若战士根据书本到战场打仗，一定会很惨，他将完全跟不上对手的脚步。当战士很认真地作战，并且战况激烈时，就必须以超越理论的方式战斗，情况就是如此。佛经里的话只是提供遵循的指导方针与范例，且研究有时也可能导致轻忽。

森林禅师的方式是出家人的方式，在这条道路上只有"舍"。我们根除我见，根除自我意识的本质。我向你保证，这种修行将彻底挑战你，但无论它有多么困难，也不应舍弃森林禅师与他们的教导。若无正确的指导，心与定都可能让人非常迷惑，不可能的事都会开始发生，我过去一直很小心地处理这些现象。

当我是个年轻比丘时，在刚开始修行的前几年里，还不能相信自己的心。不过，在累积了可观的经验并能完全相信自己心的运作之后，就没有任何事能造成问题了。即使出现不寻常的现象，我也只是暂时搁置它。若我们知道这些事物运作的方式，它们自己就会停止，这一切都是智慧生起的因素。随着时间流逝，我们将发现自己变得完全自在。

禅修有自己发展的步调

在禅修中，通常并非错的事也可能出错。例如盘腿打坐，下定决心："好吧！这次我再也不瞻前顾后，集中心只注意自己！"这样是不会成功的！每次我尝试如此禅修都行不通，但我们就是喜欢蛮干。

根据我的观察，禅修有它自己发展的步调。许多个晚上，当坐下禅修时，我对自己说："好！今晚除非到凌晨一点，否则我绝不起身。"即使是这种念头，我就已造下一些恶业，因为不久之后，全身就感到疼痛不堪，好像快死了一样。

反之，禅修进行得很好时，我都并未预设立场。我并未订下七点、八点、九点或其他任何目标，只是单纯地坐着，稳定地往前推进，以平等心放下。别勉强禅修，别试图解释正在发生的事，别以不实际的要求强迫心入定——你可能会发现，它变得比平常更激动与不可预料。只要让心放松，舒适自在即可。

当你允许心轻松自在时,它就会静下来

让呼吸在正确的步调下轻松地流动,不太短也不太长,别想让它变成什么特别的东西。让身体放松、舒适与自在,然后持续地做它。

你的心会问你:"我们今晚将禅修到多晚?什么时候才打算退出?"它一直喋喋不休,因此你必须喝止它:"听着,老兄!别管我。"

这个爱管闲事的家伙需要经常被教训,它和骚扰你的烦恼没有两样,不要太在意它,你必须对它强硬一点。"无论我早一点退出或熬夜,都完全不干你的事!若我想彻夜打坐,也不会影响到任何人,因此你为何要干涉我的禅修呢?"你必须如此断然地处置那个好管闲事者。接着就能随意地坐,多久都可以,视当时的情况而定。

当你允许心轻松自在时,它就会静下来。体验这点,你将认出并领会执著的力量。当能持续打坐很久,舒适与轻松地越过午夜时,你就会知道自己已掌握了禅修的窍门,会了解贪爱与执著是如何在污染心。

逐步修行即可,无须立下戏剧性的誓言

有些人坐下禅修时,会在面前点一炷香,并发誓:"除非这炷香烧完,否则我绝不起座。"然后便坐下来。在似乎过了一个小时后,睁开眼睛知道才过五分钟而已。他们盯着香,对于香为何还这么长感到失望。

他们再次闭上眼睛继续修行,很快地又睁眼检查那炷香。这些人在禅修中将一事无成,不要如此做,光坐在那里幻想那炷香:"我很好奇,它是不是快烧完了?"这样的禅修是成不了事的。不要太在意这些事,心无须做什么特别的壮举。

若想在禅修中开发心,就别让渴爱的烦恼知道基本原则或目标。"你将如何修禅,法师?"它问,"你会做多少?你想进行到多晚?"渴爱持续纠缠,直到我们妥协为止。一旦我们宣布将坐到午夜,它立即展开骚扰,不到一小时,

我们就感到不安与不耐烦，无法再继续下去。

接着，当我们斥责自己时，更多障碍会攻击过来："无望了！什么？坐禅会杀了你吗？你说你将让心在定中不动，但它仍不可靠，且到处乱跑，你发了誓却做不到。"自贬与灰心的想法将攻击心，我们陷入自我仇视之中。没人能让你责怪或生气，那只会让它变得更糟，一旦发了誓，就必须遵守它，我们要不就满足它，不然就得死在过程中。

别追逐禅修中的现象，回头检视当下心所

若我们真的发誓坐一段时间，就不应违背誓言与停止，但此时其实只要逐步修行与发展即可，无须立下戏剧性的誓言。尝试稳定与持续地修心，偶尔禅修会很平静，身体所有的疼痛与不适都会消失，膝盖与脚踝的疼痛会自动停止。

我们尝试禅修时，若开始出现奇怪的影像、画面或感觉，首先要做的事，就是检查心的状态。别舍弃这基本原则，因为生起这些影像的心，必须是相对平静。别渴望它们出现或不出现，若真的生起，就检视它们，但别让它们欺骗你。

只要记得它们不属于我们，是无常、苦与无我的，就如其他所有东西一样。即使它们是真的，也别停留或太注意它们。若它们顽固地拒绝消失，你就更卖力地提起正念，重新专注于呼吸。至少先做三次又长又深的呼吸，每次都慢慢将气吐尽，这可能有效，然后再重新集中注意力。

别对这些现象太着迷，它们不过就是如此，且可能是骗人的。无论我们是喜欢并爱上它们，或心被恐惧所染污，它们都是不可信赖的，可能是假的，或看来像是真的。

若你经历它们，别试图诠释它们的意义，或投射意义到它们身上。切记它们不是我们的，因此别追逐这些影像或感觉，而是应立即回头检视当下心所。这是我们的行事法则，若放弃这基本原则，并误信所见到的，就可能会忘记自己并开始胡说，或甚至发疯，可能丧失理智到无法和人正常沟通的程度。

> 对于有智慧的人而言，奇怪的禅修经验可能是有益的，但对没有智慧的人则是危险的。无论发生什么事，不要得意或惊恐，若经验到什么，就让它们发生。

相信自己的心，无论发生什么事，只要持续观察心。对于有智慧的人而言，奇怪的禅修经验可能是有益的，但对没有智慧的人则是危险的。无论发生什么事，不要得意或惊恐，若经验到什么，就让它们发生。

思维与检视所经历的每件事

另一个趋入修行的方式，是思维与检视我们所见、所做与经历的每件事，不放弃禅修。有些人一旦完成坐禅或行禅，便认为该是停止与休息的时候，而停止将心集中在禅修所缘或思维的主题上，他们完全抛开它，不再如此修行。

无论看见什么，都要探究它的实相。除了思维世上的好人，也要思维坏人；深入观察富人与权贵，以及困苦与贫穷的人；当你看见小孩、长者或年轻男女时，去探究年龄的意义。每件事都是可供探讨的素材，这便是你开发心的方式。

导致法的思维是缘起的思维，因与果的过程有各种不同的表现方式：包括大与小、黑与白、好与坏等一切事物。当思考时，认出它是个思想，并思维它就只是那样，都终归于无常、苦与无我的坟场，因此别执著它们。这是一切现象的火葬场，为了体会实相，埋葬并火化它们！

每件事都是无常善变的

洞见无常意指不让自己痛苦，它是以智慧加以探究。例如，我们获得某些自认为好或令人愉快的东西，因此感到快乐。进一步仔细看看这个好与愉快，有时在持有一段时间后，便会开始感到厌烦，而想将它送人或卖掉，若没人想买，就准备丢弃。为什么？这个变动背后的原因是什么？原因就是每件事都是无常与善变的。若无法卖掉或丢掉它，我们就开始苦恼。

这整件事就只是如此，一旦充分了解后，无论再生起多少类似的情况，都能同样地被了解。事情就是如此简单，诚如古谚所说："一叶知秋。"

偶尔我们看见讨厌的东西，或听到烦人刺耳的噪音，便会恼怒。检视它并记住它，因为在未来的某个时间可能会喜欢上它。我们可能会对过去讨厌的事物有一百八十度的大转变，那是可能的！

然后，洞见与智慧就会浮现，"啊！所有东西都是无常、苦与无我的"。将它们都丢入这三个具有普遍特征的大坟场，对于自认得到、拥有并存有的喜欢事物的执著，都会消失。我们将了解，每件事基本上都相同，然后所经验的每件事都会生起与"法"相应的洞见。

到目前为止，我所说的每件事，都只是供你们听与想的，它仅仅是谈话而已，人们来看我，我便说话。这些主题不是我们应闲聊瞎扯几个小时的事，重点是去做它，起身去做它！

这情况就如我们约朋友去某地，我们邀请他们，并得到回答，然后便起身离开，无须啰里啰唆，只要说适量的话即可。我可以告诉你们一两件关于禅修的事，因为我是过来人，但也许我是错的。你们的职责是，亲自去观察并发现我所说的到底是不是真的。

【注释】

[1] 心所（cetasikas）：与心同时生起的名法，通过执行个别专有的作用来协助心识知所缘。一个心与许多心所同时生灭，缘取同一个所缘，而构成感觉或知觉的心理活动。心所共有五十二个（行蕴中的五十个心所，再加上受、想二蕴）。

[2] 行（saṅkhāra）：泛指一切有为法。一切生灭变异之法，皆称为行。五蕴中的行蕴，则是指色、受、想与识之外的一切有为法。在泰语中写做 sungkahn，通常是指身体。

[3] 刹那（khaṇa）：一个心的寿命称为一个心识刹那。这时间单位非常短暂，诸论师说在闪电或眨眼间，就有数十亿个心识刹那生灭，每个心识刹那还可分为生、住、灭三个小刹那。

[4] 烦恼（Kilesa）：即染污心的心理特质，包括贪、嗔、痴与其他建立在它们之上的不善心所。

第 7 章　修定

你们为何修定？因为你们的心对于应了解的并不了解。换句话说，你们并不知道事物的实相，或什么是什么。你们不知什么是错或对，是什么带来痛苦并让你们疑惑。你们来此修习定与戒，是因为心不自在，它们受到怀疑与不安的影响。

虽然表面上看来，好像有许多修行的方式，但其实只有一种。例如树可能借由嫁接方式快速收成果实，但这样的果树较不强韧与耐寒。另一个种树的方式，则是直接从种子种起，如此会种出比较强壮与耐寒的果树。修行也是如此。

修心的时刻，其他的事一律不管

当我刚开始修行时，对这点的了解有问题。在还不知道什么是什么时，坐禅真是件苦差事，甚至偶尔还会掉泪。有时我将目标定得太高，有时则又太低，永远找不到平衡点。要以平静的方式修行，意指将心放在高低适度的平衡点上。

和不同的老师以不同的方式修习可能会很困扰，一位老师说你必须这么修，另一位则说必须那样修，结果就是困惑、怀疑与不安。没人知道应如何调和自己的修行。

因此你应试着别想太多，若真的要想，就一定要有觉知。首先，你必须让心平静，有觉知的地方就无须思考，觉知会代之生起，而转变成智慧。一般的思考不是智慧，它只是心漫无目标与无觉知地游荡，那无可避免地会造成不安。

因此，在此阶段你无须思考，那只会搅乱心，过度的妄想甚至会导致你哭

> 你必须让心平静，有觉知的地方就无须思考，觉知会代之生起，而转变成智慧。一般的思考不是智慧，它只是心漫无目标与无觉知地游荡，那无可避免地会造成不安。

泣。佛陀是个非常有智慧的人，他知道如何停止思考。禅修时你必须下定决心，现在是修心的时刻，其他的事一律不管，不要让心偏向左或右、前或后、上或下，此时唯一的任务就是修习入出息念。

首先，将你的注意力从头顶经过身体，移到脚趾，然后再回到头顶。从头到脚觉知你的身体，并以智慧来观察，如此做，是为得到一种对身体存在方式的初步了解。接着开始禅修，记得你唯一的任务就是观察入息与出息。不要强迫呼吸比平常长或短，只要让它保持轻松，均匀地流动，让每个入息与出息都自然地进出。

虽然你随它们自然进出，但仍应保持觉知，让呼吸舒适地进出。保持坚定的决心，在这段时间，你没有其他的工作或任务要做。关于会发生什么，以及会看到什么的想法，也将不时地在禅修中生起，不过一旦它们出现，就让其自行消失，不要过度地关心它们。

不要对感受作出反应

禅修期间无须注意法尘，每次心受到感官接触影响时，只要心中有感觉或感受，就放下它。无论那些感受是好或坏都不重要，不要对感受作出反应，只要让它们消逝，然后再将注意力拉回呼吸上。对入息与出息保持觉知，不要为呼吸的长短感到苦恼，也别试图以任何方式控制或压抑它，只是观察它。

换句话说，不要执著。当你继续进行时，心会逐渐放下事情且开始歇息，呼吸会变得愈来愈细微，几乎如完全消失一样。身与心都会感觉轻安与充满活力，持续的只是一境性的觉知，心已达到平静的状态。

若心惶惶不安，提起正念深深吸进一口气，吸到满时再将它完全吐尽。接着再做另一次深呼吸，如此做个两三次，然后再重新专注于禅修上。心应该愈来愈平静，每次法尘扰乱心时，就重复这过程。

同样的情况也适用于行禅上，若行禅时心变得不安，就先停下来安抚心，重新建立对禅修所缘的觉知，接着再继续行禅。行禅与坐禅基本上是相同的，在定境中也会有感觉，心同时经历感觉与平静，没有阻碍。有这种平静时，有害的结果就不会产生。

只是使用的身体姿势不同而已。

有时可能会有疑惑，因此你必须有正念。觉知者会持续追踪与检视骚动的心，无论它采取什么形式，这就是有正念。正念会看管与照顾心，无论心的情况如何，你都必须保持觉知，不要粗心大意或心不在焉。

诀窍是让正念控管与监督心，一旦心与正念合一，一种新的觉知就会浮现。入定的心受到定的管制，就如同关在鸡舍里的鸡无法在外面走动，但仍可以在鸡舍里活动。它来回走动，不会陷入麻烦，因为它受到鸡舍的限制。

同样地，具有正念与定的心产生觉知时，也不会引生麻烦。在定的心里产生的任何念头或感受，都不会造成伤害或混乱。

以正念维持觉知，把心拉回来

有些人丝毫不想经历任何念头或感觉，但这也太离谱了。在定境中也会有感觉，心同时经历感觉与平静，没有阻碍。有这种平静时，有害的结果就不会产生，问题只有在鸡跑出鸡舍时才会发生。

例如，你可能在观察呼吸进出时忘了自己，让心从呼吸上跑开，可能是跑回家、去逛街，或跑去其他地方。也许甚至过了半小时，你才惊觉自己正在禅修，并责备自己缺乏正念。这里是你真正必须小心的地方，因为这就是鸡跑出鸡舍的地方——心已离开它平静的基地。

你必须注意以正念维持觉知，并试着把心拉回来。虽然我说把心拉回来，事实上心哪里也没去，只是觉知的对象改变了。你必须待在此时、此地，只要有正念，心就会在场。看起来好像是你把心拉回来，但其实它哪里也没去，它只是稍微改变了。当正念恢复时，瞬间你的心就回来了，无须去其他地方寻找。

若有完全的觉知——一种在每个时刻都持续无间断的觉知，就称为当下的心。若注意力从呼吸跑到其他地方去，觉知就会中断。只要觉知入出息，就会有心。

必须同时具备正念与正知，当下你清楚地觉知呼吸。这观看呼吸的动作，会帮助正念与正知一起增长，它们彼此分工合作。同时拥有正念与正知，就如由两个人共同抬起一块沉重的木板。假设他们想要抬起多块重木板，但因太重几乎无法抬起，这时某个善心人士见状，便会赶紧伸出援手。同样地，具备正念与正知时，智慧将会适时伸出援手，然后这三者就可以相互支援。

放弃一切内在对话与怀疑

智慧对于感官所缘会有个了解。例如，禅修时你可能开始想到一个朋友，但智慧应立即以"那无关紧要"、"停止"或"忘记它"而加以制止。或若有个"明天要去哪里"的想法，智慧的反应将会是"我没兴趣，也不想让这种事来烦我自己"。若你开始想到其他人，你应该想："不！我不希望涉入"、"放下吧"或"那都是不确定的"。这是你在禅修时对于感官所缘应有的处理方式，视它们为不确定，并保持这种觉知。

你们必须放弃一切的思虑、内在对话与怀疑，禅修期间不要陷在其中。最后，心里只会剩下正念、正知与智慧等最清净的状态。只要这些一减弱，疑惑就会生起，但试着立即放弃那些疑惑，只留下正念、正知与智慧。试着如此增长正念，直到它能随时保持为止。然后，你就会彻底了解正念、正知与智慧。

将注意力集中在这点，你就能了解正念、正知与智慧三者。无论你是讨厌外在的感官所缘或受它们吸引，你都能告诉自己："那是不确定的。"无论讨厌或喜欢，它们都是应扫除的障碍，直到心清净为止，剩下的应只有正念、正知、定与慧。

禅修的辅助——慈

现在谈谈禅修的工具或辅助——你心中应该有慈，换句话说，即慷慨、仁慈与助人的特质。这些都应保持以作为心清净的基础。例如，借由布施去除贪欲，当人们自私时并不觉得快乐。自私带来一种不满足感，不过人们仍非常自私，借由对抗习气训练心需要自制——必须知道如何给予、割舍，不允许自私出头。

丝毫不知它如何影响他们。

你们可以在任何时刻体会到这点，特别是在饥饿时。假设你有些苹果并有机会和一个朋友分享，你想了一会儿，当然，给予的想法还在，但你给小的，把大的给人就……唉，真丢脸。这真是难以定夺，你告诉他们自己去挑一个，但接着你说："拿这个"，并递一个小苹果给他们！这是种人们通常不会注意到的自私形式。

你们真的必须对抗吝啬的习气而行布施，即使可能真的只想给予小的苹果，也必须强迫自己给出较大的那颗。当然，一旦你将它给了朋友，内心就会觉得很舒服。借由对抗习气训练心需要自制——必须知道如何给予、割舍，不允许自私出头。

你一旦学会给别人，心就会充满喜悦，若给苹果时犹豫不决，那么你在考虑时就有麻烦了，即使给出大颗的，还是会有不情愿的感觉。但当坚决给予大颗的，事情就了结了。这就是以正确的方式对抗习气。

如此做，你就能成为自己的主宰，若无法这么做，就会成为自己的受害者，并继续自私下去。我们所有人一直以来都是自私的——那是必须斩断的烦恼。在巴利经典中，施予称为"布施"，意思是为众生带来快乐，并净化自己的内心。你们应反省这点，并在自己的修行中积极长养它。

烦恼如流浪猫，切莫满足它的需求

你们可能认为如此修行意味着逼迫自己，但其实不是，事实上，它是在逼迫渴爱与烦恼。若烦恼在心中生起，就必须采取行动对治它们。烦恼就如流浪猫，若满足它的需求，它就会时常来索取更多；若停止喂食，几天之后它就不会再来烦扰了。烦恼也是如此，若停止喂食，它们就不会再来打扰，而让心回归平静。因此，与其害怕烦恼，不如让烦恼害怕你们，那么你们就必须在心中见法。

法从何处生起呢？它随着我们如此觉知与理解而生起。每个人都能觉知与理解法，它无须通过钻研书本或博学多才，只要当下省察，你们就会了解我在说什么。每个人都有烦恼，不是吗？过去你们已纵容烦恼太久，现在必须知道它们的本质，不让它们再来骚扰你们。

修行佛法的原则——弃恶生善

修行的下一个要素是戒。它如父母照顾小孩一样照顾与滋养修行，持戒的意思并非只消极地避免伤害别人，同时还要积极地帮助与鼓励他们。至少应持守五戒：

一、除不应杀害或刻意伤害他人之外，同时还要对一切众生散发善意。

二、要诚实，不可侵犯他人的权益，换句话说，即是不偷盗。

三、性行为要适度，换句话说，即是不邪淫。

家庭的基础建立在夫妻关系上，夫妻应知道彼此的性情、需求与希望，遵守节制的原则，并知道正确性行为的界限。有些人不知道这限制，拥有一个丈夫或妻子还不够，必须有第二或第三个伴侣。我的看法是，即使一个伴侣也无法完全消受，因此拥有两或三个就是纵欲。

你们必须试着净化内心，训练它知道节制。知道节制是真正的清净，否则你们的行为将毫无节制。吃到美食时不要太耽溺于它的味道，想想你的胃，考虑多少的量才是它所需要的。若吃太多，就会有麻烦。节制是最好的方式，只要一个伴侣就够了，两或三个就是纵欲，那只会造成问题。

四、不妄语——这也是断除烦恼的工具。你们必须诚实、正直、坦率与公平。

五、戒绝使用麻醉品——你们必须知道自制，最好完全舍弃它。人们已被家庭、亲友、家产、财物与其他东西麻醉，那已够糟了，无须再使用麻醉品，它们只会在心中制造黑暗。那些大量使用的人应尝试逐渐减少用量，直到完全断除为止。你们必须知道什么是什么，是什么东西在日常生活中压迫你？哪些行为造成这种压迫？善行带来善果，恶行则带来恶果。这些都是因。

一旦戒行清净时，对别人就会有种诚实与亲切的感觉，这会从担心与悔恨中带来自在与满足。免于悔恨是一种快乐的形式，那很像是种天界的状态。你们在从戒生起的快乐中，舒适地吃饭与睡觉。

　　弃恶生善，这是个修行佛法的原则，若能如此持戒，恶就会消失，善将取而代之。

看见快乐的不确定性与局限性

　　但故事并非就此结束，一旦人们得到一些快乐，就很容易掉以轻心，在修行上不思进取。他们被快乐给绊住了，喜欢天堂的快乐，不想再往前进一步。那很舒服没错，但缺乏真实的了解，你们必须不断提醒自己不要受骗。

　　一再省察这快乐的弊病：它是短暂的，无法持久，你很快就会和它分开。它是不确定的，一旦快乐消失，痛苦就会取而代之，你会再陷入哭泣，即使是天界的众生，最后还是会哭泣与痛苦。

　　因此，世尊教导我们，快乐就紧临着不圆满的痛苦。通常当经验这种快乐时，我们对它并无真实的了解，其实真正确定与持久的平静，正受到虚假的快乐所遮蔽。这快乐是我们所贪著的细微烦恼，每个人都喜欢快乐，快乐是因喜好某件事物而生起，但当喜欢变成不喜欢时，痛苦便生起。

　　我们必须省察这快乐，以便看见它的不确定性与局限性。一旦事情改变，痛苦便生起，它也是不确定的，不要以为它是固定或绝对的。这种省察名为过患说（Adinavakathā）——省察因缘和合世间的不足与限制，意指省察快乐，而非接受它的表面价值。了解它是不确定的，就不应紧抓着它不放，应拿起它之后就放下它，同时看见快乐的利与弊。

　　当了解那些事是不圆满的，心就会了解出离说（nekkhammakathā）——省察出离，心将不再着迷，并寻找出路。不着迷是来自了解色、味、爱、憎的实相，意味着不再渴望贪取或执著事物，从贪取撤退到一个可安住的地方，以无贪的平等心来观察。这就是从修行当中生起的平静。

第 8 章 法的战争

以法为武器，和贪、嗔、痴战斗

和贪、嗔、痴战斗——它们都是敌人。在佛教或佛道的修行中，我们是以法与安忍为武器，借助它们来战斗，此作战是为了对抗我们无数的情绪。

法与世间相互关联，有法的地方就有世间，有世间的地方就有法。有烦恼的地方，就有战胜烦恼的人，以及和它们战斗的人，这称为内在的战争。

外在的战争，人们丢炸弹与开枪，他们征服别人或被别人征服。征服别人是世间的方式，修行佛法不是和别人作战，而是要战胜自己的心，耐心地忍受与对抗情绪。

修行佛法时，我们心中并无嗔恨或敌意，而是放下行为与思想中的各种嗔恚[1]，让自己没有嫉妒、嗔怒与怨恨。仇恨只能借由不记仇与不怀恨才能克服。

嗔恨与嫉妒只会带来怨恨。若我们能让造成伤害的行为终止与结束，就无须再报之以仇恨与敌意，而只会将那些行为视为业[2]。

怨恨是指心中持续对那行为衍生进一步的想法："你这样对我，我一定要以牙还牙！"这将会没完没了。它只会导致彼此持续找机会报复，仇恨永远无法停止。只要我们如此做，这个结就永远无法解开，世仇也将继续延伸下去。

佛陀就是如此教导世人，完全出于对一切众生的慈悲，但这世界仍是纷扰与战争不断。智者应深入观察这点，选择那些有真实价值的行为模式。身为王子，佛陀曾接受各种战斗技巧的训练，但他发现那些并非真的有用，它们只局限于战争与侵略的世界。

战胜自己而非别人

因此,在训练我们这些出离世间——出家的比丘时,我们必须学习舍弃一切不善法,放弃所有会造成敌意的事物。我们战胜自己,而非别人。我们只与烦恼战斗:若有贪,就和贪战斗;若有嗔,就和嗔战斗;若有痴,就努力打败它。

这就称为法的战争。这场心的战争真的很难,事实上,它是最困难的一件事。出家就是为了思维这点,学习战胜贪、嗔、痴的技巧,这是我们主要的任务。很少人如此战斗,大多数的人都是和别的事物战斗,很少和烦恼战斗,他们甚至很少看见它们。

佛陀教导我们断恶与养善,这才是正道。接触正道之后,我们必须学习,这意味着必须为一些困难预作准备,就如世间的学生一样。学生们会发现,要获得谋生的知识与学问颇为困难,一定要有耐心。当他们感到厌倦或疲惫时,必须强迫自己工作,唯有这样才能毕业与得到工作。

比丘的修行也是如此,若我们下定决心修行与思维,就一定能见道。

保持谦卑,放下自己的见解

见慢(diṭṭimāna)是个有害的东西。Ditti 意指见解或观念,各式各样的见解都称为diṭṭi,无论视善为恶,或视恶为善,这些都是见。有见解不是问题,问题在于执著那些见解,那就称为慢(māna)——抓住那些见解,认为它们就是真理。这种执著将导致生死轮回,永远无法抵达道的终点,因此佛陀要我们放下各种见解。

在许多人共住的地方,如比丘住在寺院里,若见解一致,他们便可能安心地修行;但见解若不一致,即使只有两三个比丘同住,也是会有困难。当我们保持谦卑,并放下自己的见解时,即使有许多人,我们还是能和合共住于佛、法、僧中。

我们许多人共住也可以是和谐的，只要看看马陆[3]吧！马陆有许多只脚，不是吗？你们认为它走路会有困难吗？一点也不，它有自己的秩序与节奏。修行也是如此，若我们能像佛陀时代的圣僧伽一样修行，事情就简单了。

换句话说，就是成为善行道者（supaṭipanna）——善于修行的人、正直行道者（ujupaṭipanna）——直接而正确地修行的人、真理行道者（ñayapaṭipanna）——为超越苦而修行的人，以及正当行道者（sāmīcipaṭipanna）——适当地修行的人。[4]这四种建立在心中的特质，将让我们成为僧伽的真实成员。

即使有成千上万个人，我们都走在同一条道路上，虽然来自不同的背景，但都是相同的。我们的见解可能有差别，但若正确地修行，就不会有摩擦。就如同所有河川都流向大海，一旦进入大海，都是同一色、味。当我们进入佛法之流时，就是一法，虽然来处不同，但都能和乐融融。

但若有见慢，就会引生争吵与冲突。因此，佛陀教导我们要放下己见，别让"慢"执著不相干的见解。

若有正念，就能觉知自己生命的情况

佛陀教导正念的价值，无论行、住、坐、卧或身在何处，我们都应保持正念的力量。当保持正念时，我们就会看见自己，看见自己的心，会看见身体里的身体与心里面的心。若失去正念，便会毫无所知，无法觉知正在发生的事。

因此，正念非常重要。有了持续不断的正念，我们随时都能听到佛陀的法。这是因为眼见色、耳闻声、鼻嗅香、舌尝味与身觉触都是法，当意念在心中生起时，那也是法。

因此，不断地保持正念的人，随时都能听到佛陀的教导，法一直都在那里。正念是忆持力，正知是自我觉醒，这觉醒是真正的觉知者——佛陀。

当有正念、正知时，理解会随之而来，我们会觉知正在发生的事：当眼见色时，觉知它是否恰当？当耳闻声时，觉知它是否适当？觉知它是有害的吗？

> 无论是感到懒散或勤奋，只管修行。不要只在心情好时修行。若你是跟着心情修行，那就不是法。不论昼夜，或心是否平静，都没关系，只管修行。

它是错的吗？它是对的吗？如此类推其他的感官。若我们能真正地了解，便随时都能听到法。

因此，让我们都了解到，此刻正在法中学习！无论向前或后退，都会遇见法——若我们拥有正念，一切都是法。甚至看动物在森林里游荡，我们也会了解自己就和动物一样，它们也和人一样，希望能离苦得乐。它们避开不喜欢的，且和人一样怕死。

若省思到这点，我们就会了解，世上的一切众生在各种本能上都是相同的。如此的思维就称为修习（bhāvanā）——如实地了解，了解一切众生在生、老、病、死上都是同伴。

因此，我们必须拥有正念。若拥有正念，就会了解内心的状态，无论思考或感受到什么，都必须觉知它，这种觉醒即称为 Buddho、佛、觉知者——彻底、清楚与完全觉知的人。

当心完全觉知时，我们就找到了正确的修行。若你五分钟失去正念，你就是疯狂了五分钟，茫茫然地过了五分钟。拥有正念就是觉知自己，觉知心与生命的情况，拥有了解与洞察力，时时刻刻都在聆听法音。

每天都一定要修行

因此，每天都一定要修行。无论是感到懒散或勤奋，只管修行。不要只在心情好时修行。若你是跟着心情修行，那就不是法。不论昼夜，或心是否平静，都没关系，只管修行。

这就犹如小孩子学写字，起初写得不好——又大、又歪七扭八，过一阵子后，书写就进步了。修行佛法就像这样，起初很笨拙，有时平静，有时不平静——你并不真的知道什么是什么。有些人会感到很灰心，此时，千万别松懈！你必须坚持修下去，持续不断地精进，就如小学生一样，随着逐渐成长，字也会写得愈来愈好。他们开始时写得很差，但是不久后就愈写愈漂亮了，那都是因为童年时练习的结果。

我们的修行也是如此。尝试于行、住、坐、卧等一切活动时始终保持正念，当顺利执行各项工作时，就会拥有心灵的平静。工作时若有心灵的平静，就比较容易拥有平静的禅修，它们是同时发生的。因此，请精进修行，这就是训练。

【注释】

[1] 嗔恚：包括各种程度的反感、恶念、生气、烦躁、恼怒、怨恨，其特相是凶恶残暴，现起的状态是毁坏身心或自己与他人的福祉。

[2] 业（kamma）：意造作。是由身、语、意所造作的行为、所作、行动、作用、意志等身心活动。若与因果关系结合，则指由过去行为延续下来所形成的力量。

[3] 马陆：俗称千足虫，属于多足类动物，是一种类似软体虫的小动物，身体多节，每节有两对足。

[4] 《增支部》说：若欲修习僧随念的人，当独居静处，随念如是圣僧伽的功德：世尊的声闻众是善行道的，世尊的声闻众是正直行道的，世尊的声闻众是真理行道的，世尊的声闻众是正当行道的。即四双八辈的世尊的声闻众，是可供养者、可供奉者、可施者、可合掌者，为世间无上的福田。

第 9 章　只管做它

吸进、呼出，就像这样持续下去！即使有人头上脚下倒立，也别在意。只要持续将注意力放在入息与出息上。专注觉知呼吸，只管持续做它。

别管其他事，别想得到什么东西，什么都不要管，只要觉知入息与出息。入息与出息，入息时 Bud-，出息时 -dho。如此专注于呼吸，直到你觉知入息与出息……觉知入息……觉知出息。如此保持觉知，直到心平静下来，没有扰动与不安，只有呼吸的出与进。让心维持在这样的状态，你还不需要一个目标。这是修行的第一个阶段。

行、住、坐、卧都要保持觉知

若心是自在与平静的，它会自然地觉知。当你持续这个状态时，呼吸会变得愈来愈微细，不只身体变柔软，心也变柔软了，那是种自然的过程。你既不觉得单调，也不会昏沉、打瞌睡，只是舒适地坐着，心无论做什么都很自在，平静不动。然后当出定时，你对自己说："哇，那是什么？"你回想刚才所经历的平静，且永远不会忘记。

跟随我们的是正念与正知的力量，无论说或做什么，或去哪里，托钵、吃饭或洗钵，都要清楚地觉知这一切。持续保持正念，跟着心走。

当你修习行禅[1]时，选择一条步道，例如从一棵树到另一棵，大约五十尺长。行禅和坐禅一样，集中注意力："现在，我将专精于此，以强固的正念与正知，让心平静。"专注的所缘因人而异，找出最适合你的。

有些人练习对众生散播慈心，从右脚开始，以正常的步伐行走，走路时配合念 Bud-dho，持续对那所缘保持觉知。若心变得不安，就停下脚步，让心安定后再继续走路。持续自我觉知，觉知道的开始和每个阶段，包括它的初、中、后段，让这个觉知持续不断。

行禅的意思即来回走动。这并不容易，有些人看见我们这样走，以为我们疯了，他们不了解行禅能产生大智慧。来回地走，若累了就站住，保持心不动。专注于让呼吸顺畅，当它相当顺畅时，再次将注意力放在走路上。

姿势自己会变，它们在行、住、坐、卧之间变换，不可能永远都只是坐着、站着或躺着。我们必须将时间花在不同的姿势上，让四种姿势都变成有益的，只管持续地做它，不过这并不容易。

专心看呼吸，不要让心溜走

这里有个想象它的好方法。拿个玻璃杯，将它放在桌上两分钟。当时间到了，就把玻璃杯移到桌子另一处，放两分钟。然后再把它放回原来的地方，也是两分钟。

持续如此反复地做，直到你开始痛苦，直到你怀疑，直到智慧生起："我到底在做什么，像个疯子一样来回移动杯子？"心会用它习惯的方式思考。不要管别人如何说，只要持续移动杯子，每两分钟，好吗？——不要做白日梦，两分钟而非五分钟。两分钟一到，就把它移回来。专注于此，这是行动的问题。

观察入息与出息也是如此。将你的右腿放在左腿上而端坐，吸满空气直到不能再吸为止，当入息完成时，接着就吐气，直到肺部净空为止。

不要强迫它，无论呼吸是长或短或柔软都无妨，只要适合你就好。坐着看入息与出息，让自己保持舒适。不要让心溜走，若它溜走就停止，看它究竟跑去哪里，为何未跟着呼吸，找到它后将它带回，让它和呼吸待在一起。毫无疑问地，有天你一定会看到结果。

只管持续地做它，就如你毫无所获，或如不曾发生任何事，或如不知是谁

无论发生什么事,都顺其自然,不管所生起的是何种感觉,觉知它,
看着它,但不要受到迷惑。

在做,无论如何持续地做就对了。就像你拿出谷仓里的稻子撒到田里,犹如丢掉它一般,将种子撒满整片田地,你对它毫不在意,然而,当时间一到,它就会发芽成长,你再移植它,最后终于获得香甜的青糯米饭。它就是这么一回事。

禅修也是如此,只要坐在那里。有时你可能会想:"我为何要如此专心地看呼吸?即使我不注意它,它还是会持续地进与出啊!"

嗯,你总是会找到一些事来想,那是种固执己见的心。忘了它!继续努力让心平静下来。

不管生起什么感觉,只要看着它

一旦心平静,呼吸就会慢下来,身体会放松,心也会变得愈来愈微细。它们会处于一种平衡的状态,直到似乎没有了呼吸,然而你完全没事,还是活得好好的。当达到这点时,不要惊慌,不要以为已停止呼吸而起身离开。那表示你的心是平静的,无须做任何事,只要坐着专注于当下就好。

有时你可能会质疑:"咦?我在呼吸吗?"这也是犯了同样的错误。那是思考的心。无论发生什么事,都顺其自然,不管所生起的是何种感觉,觉知它,看着它,但不要受到迷惑。持续做它,持续地做,经常做它。

进食之后,挂好袈裟便开始行禅,持续念 Bud-dho……Bud-dho……行禅时持续地专注于 Buddho,直到所行的路径都陷下去,无论是深及小腿或膝盖,只管持续地走。

那不是得过且过地蹓跶,一路上胡思乱想,然后回到茅棚,看着睡觉的草席好像在向你招手!然后像头猪一样倒头呼呼大睡。若你那么做,那就丝毫也得不到修行的好处。

若是放弃,永远也达不到平静

持续地做它,直到不耐烦,然后就看那厌烦能持续多久,持续地看,直到

厌烦结束。无论经验到什么，在解决它之前，都必须亲自经历过一遍。不是重复对自己念诵"平静、平静、平静"，然后当坐下来时，平静就会像打开开关一样出现，否则你就放弃。若是如此，你永远也达不到平静。

知易行难，就如想还俗的比丘说："种田对我来说，并不那么困难，我还是回去当农夫好了！"他们对于乳牛与水牛、耙与犁等事完全一无所知，就开始种田。他们将发现谈到种田，听起来好像很容易，但当实际去尝试时，才知道有多么困难。

每个人都会想以那样的方式得到平静。事实上，平静确实已在那里，只是你还不认识它而已。你可以跟在它后面，尽情地谈论它，但并不知道它是什么。

因此，去做它，跟着它，直到你觉知，与呼吸一致，以念 Bud-dho 的方式专注于呼吸。这样就够了，不要让心游荡到其他地方，当下觉知，就这么做。只要学这个，以此方式持续地做。若你开始想什么也没发生，别理它，只管继续做。只要坚持做下去，最后你一定能觉知呼吸。

好了，试试看吧！若你这么打坐，心抓到窍门后，就会进入最佳状态，一种恰到好处的状态。当心静下来，正知自然会生起，然后就可以轻而易举地彻夜打坐，因为心正在享受它自己。当达到这种境界时，你可能会想为朋友们说法，让他们也能同沾法喜，有时确实会这样。

就拿老沙弥桑（Por Sang）为例，一天晚上他行禅过后，开始打坐，他的心变得光明与澄澈，他想说法，且无法停止。我听到有人在竹林那里大声开示的声音，我心想："是有人在说法，或是有人在抱怨什么事？"它并未停止。因此我拿起手电筒，走到那里瞧瞧。没错，在竹林里，在灯笼的照射下盘腿打坐的正是桑，他说话的速度非常快，我完全跟不上。

因此我对他喊道："桑，你疯了吗？"

他说："不知道怎么一回事，我就是想说法。禅坐时，我忍不住要说法，行禅时也一样，我时时刻刻都忍不住要说法，不知它何时才会停止！"

我心想，当人们在修行时，各种想象不到的事情都可能会发生。

不要放纵情绪，要对抗习气，无论你感到懒散或勤奋，不管坐着或走路，都要修行。

持续精进，不要放纵情绪

因此持续做它，不要停止。不要放纵情绪，要对抗习气，无论你感到懒散或勤奋，不管坐着或走路，都要修行。当躺下来，专注于呼吸并告诉自己："我不会耽溺在躺着的舒适中。"如此教导你的心。只要一清醒，立即起来，继续精进。

吃饭时，告诉自己："我不因渴爱而食，只是当成医药，以便有足够的精力能继续修行。"

入睡前、进食前，都要如此警惕自己，经常保持这样的态度。当准备站起来时，清楚地觉知它；准备躺下来时，也要清楚地觉知它。无论做什么，都要保持觉醒。当躺下来时，右胁卧并注意呼吸，念 Bud-dho 直到睡着。然后，醒来时，佛号就像一直都在那里一样，并未间断。随时保持正念，平静才会生起。别看别人，别管别人的闲事，只要注意自己。

当坐禅时，要坐挺直，头不要前倾或后仰。就如佛像一样，要保持一种恰到好处的平衡姿势，然后心就会变得光明与清晰。

疼痛自行生起，也会自行消失

在改变姿势前，要尽可能地忍耐。若感到痛，就让它痛，不要急着改变姿势，不要对自己说："哦！我受不了了，我最好休息一下。"耐心地承受，直到疼痛无以复加，此时再多忍耐一会儿。

忍耐再忍耐，直到无法念佛，然后就以痛处作为所缘。"哦！痛、痛、真痛！"让疼痛取代佛号，成为禅修的所缘，并持续注意它，继续打坐。当疼痛达到极限时，看看会发生什么事。

佛陀说疼痛自行生起，也会自行消失。让它死去，别放弃！有时你可能会突然冒汗，大大的汗珠像玉米粒一般流到胸膛。但若撑过疼痛的感觉，你就会知道那是怎么一回事了。持续做它，但也别太逞强，只要持续稳定地修行即可。

吃饭、睡觉都要清清楚楚

当在吃饭时也要保持觉知,咀嚼、吞下,然后它跑到哪里去了?哪些食物适合或不适合你,你都要清清楚楚。饮食要知量,吃饭时持续观察,估计再吃五口就会饱时便停止,喝一些水,那食量就是最恰当的。而后无论坐禅或行禅,你都不会感到沉重,你的禅修将会进步。

试试看,看你能否办得到。不过通常我们不是如此做,当感到饱足时,会再多吃五口。这是我们无始的贪欲与执著,与佛陀的教法相违背,会让我们愈陷愈深。若非真心想修行,你就不可能办到。持续观察你的心。

睡觉时也要警惕,你必须有方法才能保持清明。你们睡眠的时间或许会有不同——有时早睡,有时晚睡。但试着如此练习:无论何时入睡,都只睡一回。只要一清醒,便立刻起身,不要再睡回笼觉。

无论睡多久,都只睡一回,一醒来就下定决心,即使还未睡饱,都得起身、洗脸,然后开始行禅或坐禅,我们应如此训练自己。你不可能只听别人说便知悉这一切,必须从实际的修行中去了解,因此我告诉你们要修行。

屏住呼吸,心会乖乖回来

修心是困难的。当坐禅时,让心只有一个所缘,让它停留在入息与出息上,如此心才会慢慢平静下来。若心是混乱的,它会有许多所缘。当坐禅时,会想家吗?有些人会想吃面,刚出家的人肚子经常会很饿。[2] 你想吃、想喝,想念各种食物,心都快疯了。若事情是如此,就随它去,当你克服它时,它就会消失。

只管做它!你曾练习过行禅吗,感觉如何?妄想纷飞吗?果真如此,立即停下脚步,直到心回来为止。若心经常出走,就停止呼吸,屏住呼吸,直到肺好像快爆炸为止,它自己就会回来。无论情况有多糟,若它四处乱跑,就屏气凝神,当肺快爆炸时,心就会回来。

你必须加强心力,训练心和训练动物不同,心真的很难训练,别轻易放弃。

若你屏住呼吸，就无法再想任何事，心自己会乖乖地回来。

均衡持续地练习，正念将不间断生起

那就如瓶中的水，当慢慢地倒出来时，水会滴出来——滴滴……答答……但当我们将瓶子更倾斜时，水则会持续倾泻而出。正念就像这样，若我们加速精进，以均衡而持续的方式练习，正念将像水流一样无间地流出。无论行、住、坐、卧，觉知都不会间断，像河水一样川流不息。

我们心的训练就像如此。在片刻的正念后，又会再度胡思乱想，它是不安的，而正念也无法持续。但无论它想些什么，都别在意，只管持续精进。它会像水滴一样，愈来愈频繁，终至汇聚成一条水流。届时觉知就会无所不在，无论行、住、坐、卧，不管你做什么，觉知都会照顾你。

就从现在开始，试试看，但不要急。若你只是坐在那里等着看好戏，那么你就是在浪费自己的时间。因此要小心。若太勉强，你不会成功；但你若完全不肯尝试，也同样不会成功。

【注释】

[1] 行禅（caṅkama）：即是在行走时修习禅定。禅修者选择一条步道，来回缓步慢行，这种修法能发展觉知的平衡性、准确性与专注的持久性。它是由注意走路的每个步骤所组成，通常分成六个步骤：一、举起脚，二、伸出脚，三、脚向前移，四、脚向下放，五、脚踏在地面，六、脚向地面压下，以便接着跨出第二步。

[2] 在阿姜查的传统里，比丘与八戒女一天只吃一餐，在早晨托钵回来之后。

第 10 章　正确的修行——稳定的修行

切记！这个修行是困难的。

心是重要的东西，但训练它很难。这身心系统里的每样事物都汇集到这颗心，眼、耳、鼻、舌、身都接收感觉，然后将它们传送到心，它是其他一切感官的监督者。若心受到好的训练，所有问题都将迎刃而解。若还有问题，那是因为心仍有疑惑，无法如实地觉知事物。

法圆满无缺，不圆满的是我们的修行

了解这点，你们就已完全做好修行佛法的准备。无论行、住、坐、卧，或身在何处，修行所需的工具都已备妥。像法一样，它们就在那里。法无所不在，就在这里、陆上或水中，无论何处，一直都存在。法圆满无缺，不圆满的是我们的修行。

圆满觉悟的世尊教导一个方法，所有的人都可借由它修行并了解法。它不是什么大不了的事，就只是那件事的实相。例如看看头发，只要知道其中一根，便会知道每一根，包括自己与别人的。我们知道头发就只是头发，借由了解一根头发，我们便能知道全部。

或者想想人，若我们了解自身因缘的真实本质，就知道世上其他所有人，因每个人都是相同的。法就是如此，它虽然是件小事，不过却很大。借由了解其中一个因缘的实相，我们便了解它们全体的实相。

心只是自然的因缘，就如森林里的一棵树

然而，训练是困难的，之所以困难是因为渴爱。若你不想要，就不会修行，若是出于渴爱而修行，便见不到法。仔细想想，若你不想修行，就无法修行。首先你必须想修行，如此才能真的去做它。无论前进或后退，都会碰到欲望，所以从前的禅修者会说修行是件非常困难的事。由于欲望，你见不到法，有时欲望很强，想立刻见法，但它却与你的心不相应——心还不是法。

缘于欲望，所以修行是困难与艰辛的。当我们坐禅时，想要获得平静，若不想就不会坐下来修行。当坐禅时，就想得到平静，但如此想时，却反而会造成困扰，让我们感到不安，事情就是如此。因此，佛陀说："别因欲望而说，别因欲望而坐，也别因欲望而行。无论做什么，都别带着欲望去做。"

欲望就是渴爱，若你不想做某件事，将不会去做它。若修行陷入这瓶颈，就会感到很沮丧，如何可能修行呢？我们一坐下来，心中便有欲望。

事实上，这颗心只是自然的一个因缘，就如森林里的一棵树。若你想要木板，它必得来自树，但树就是树，并非木板。在它真的能为人所用之前，必须先找到树，将它锯成木板。它原本只是一棵树，是自然的一个因缘，对需要木材的人而言，它的原始状态并没有用处。

心就像如此，它是自然的因缘，本身便具备认知思想与分别美丑等的潜力。

若不修行，就不会知道法

心必须接受进一步的训练，我们不能就让它如此。它是自然的因缘，但我们必须训练它，才会了解它是自然的一个因缘，必须改进自然，以使它适合我们的需要，那就是法。法是必须被修行，并带至内心的某样东西。

若不修行，就不会知道法。你无法借由读书或研究知道它，或即使你知道，这知识也是不完整的。例如这个痰盂，每个人都知道它是痰盂，但并未完全了知它。

> 我们带着欲望修行。若无欲望就不会修行，带着欲望修行是渴爱。如此思维将能带来智慧，你知道吗？例如椰子，你当然不打算吃壳，那么为何要带回它们？因为抛弃它们的时刻还未到呀！

为何并未完全了知？若我称痰盂为锅子，你会怎么说？假设每次我都说："请将那只锅子拿过来。"那会困扰你，为什么？因你并未完全了知它。若知道后就不会有问题，你只会拿起那个东西，然后将它递给我，因为事实上根本没有痰盂。

你了解吗？它之所以称为痰盂是由于世俗的惯例，它为世人所接受，因此它是个痰盂，但根本没有什么真实不变的痰盂。若有人想称它为锅子，它就是只锅子。

无论你想叫它什么都可以，这种世俗的惯例就称为概念。若我们完全觉知痰盂，即使有人称它为锅子也不会有问题。无论别人称它什么，我们都不会受到影响，因为了解它的真实本质。了解这点的人，就是了知法的人。

带着欲望修行便是渴爱

现在回到自己身上。假设有人对你说"你疯了"或"你很笨"，那可能是戏谑的话，但你仍会感到不舒服。事情会变麻烦，都是因为我们有野心，想拥有或达成某事。因为这些欲望，以及无法如实了知，我们才会不满足。若我们了知法，贪、嗔、痴便会消失。一旦了解事物的实相，我们就不会再恋栈它们。

若身与心都不是我，也不是我的，那么它们到底属于谁？要解决这些问题很难，我们必须依赖智慧。佛陀说必须练习放下。很难了解放下的练习，不是吗？若放下，就不必修行，对吗？因为已经放下了呀！

假设你去市场买椰子，当带着它们回来时，有人问你为何要买它们。

"我买来吃啊！"你说。

"难道你要连壳一起吃吗？不，我不相信！若你不打算吃壳，那么你为何连它们也一起买回来？"

你会如何回答？

我们带着欲望修行。若无欲望就不会修行，带着欲望修行是渴爱。如此思智慧必须靠每个人自己去寻找。要获得它，必须不疾不徐地前进。不过，我们往往都太急了，一开始就急着到达终点，不想落后，而想要成功。

维将能带来智慧，你知道吗？例如椰子，你当然不打算吃壳，那么为何要带回它们？因为抛弃它们的时刻还未到呀！它们具有包裹椰子的作用。若吃完椰子后再扔掉壳，就没有问题了。

专注并非把自己绑在结里

我们的修行就像如此。当佛陀教导不要依欲而做、依欲而说、依欲而食，以及依欲而行、住、坐、卧时，是指我们应以离染的态度做这些事。

就如从市场买回椰子，我们并不打算吃它的壳，但也还未到抛弃它们的时候。椰子的汁、皮与壳是一体的，买时是整个一起买。若有人想指责我们吃椰子壳，那是他们的事，我们知道自己在做什么。修行就是如此，如椰子般，概念与解脱[1]共同存在。

智慧必须靠每个人自己去寻找。要获得它，必须不疾不徐地前进。不过，我们往往都太急了，一开始就急着到达终点，不想落后，而想要成功。

有些人在准备禅修时太过激进，他们点燃一支香，顶礼并发誓："纵使我倒下或死掉，无论如何，只要这支香未烧完，就绝不起座。我誓死坐到底！"然后开始坐禅，但很快魔罗便从四面八方来袭。他们才坐一会儿，便觉得香应该已烧完了，于是睁眼偷瞄，"哇，还早得很呢！"

他们咬紧牙根，又多坐了一会儿，感到燥热、紧张、不安与困惑。到了最后关头，他们心想："现在应该差不多快结束了。"于是又偷看了一眼，"天啊，还不到一半呢！"

三番两次地偷看，香仍未烧完。于是干脆放弃，停下来坐在那里自怨自艾："我真笨，简直毫无希望！"这就称为嗔恚盖。他们不能怪别人，因此便责怪自己。为何会这样？都因为渴爱的缘故。

事实上，无须经历这一切。专注的意思是指以不执著之心专注，而非把自己绑在结里。

稳定修行才是重点

但我们可能读过经典，看到佛陀如何在菩提树下发愿："若未达正等正觉，即使血肉枯竭，我也誓不起座。"在书本上读到这一段，你可能会想自己试一试，效法佛陀的做法。但你并未想到自己的车只是台小车，而佛陀的则是大车，因此可以一路走到底。凭着你那台小车，如何可能一次就到达目标？那根本无法相提并论。

我们为何会那样想？因我们太极端了。有时走得太慢，有时又走得太快，平衡点是如此的难以掌握。

我完全是根据自身的经验来谈，过去我的修行就是如此。为了超越渴爱而修行……若我们不渴望，会修行吗？但以渴爱修行却是痛苦的，我被困住了，进退两难。然后了解到稳定的修行才是重点，修行必须连贯，他们称这种修行为"在一切姿势中保持一致"。

持续锻炼修行，别让它成为灾难，修行是一回事，灾难则是另一回事。多数人通常都是在制造灾难，当懒散时，就不愿费心去修行，只有在感到充满活力时，才会修行。我过去就是如此。

只有当你觉得喜欢它时才修行，这样对吗？那与法相应吗？它符合佛陀的教导吗？无论你是否喜欢，都应该修行，这才是佛陀的教导。多数人都只等心情好时才修行，当感觉不喜欢时，就意兴阑珊，这叫灾难，而非修行。

在真正的修行中，不管快乐或沮丧、容易或困难、炎热或寒冷，你都得去做。在行、住、坐、卧中稳定地修行，让正念在一切姿势中保持一贯。

行、住、坐、卧，持续保持正念

起初我囿于一致的字面意义，认为站着应和走路的时间一样长，走路应和坐着的时间一样长，坐着又应和躺着的时间一样长。我尝试这么做，但办不到。

若禅修者要让行、住、坐、卧的时间都一致，能维持多久呢？站五分钟，快乐是松弛之道——耽著欲乐；不快乐则是紧绷之道——耽著苦行。若知道这两种极端，则心即使偏向任何一端，都能再将它拉回来。

坐五分钟，躺五分钟……我无法一直如此做，因此坐下来进一步想："那到底是什么意思？这世上根本没有人能那样修行！"

然后我领悟到："哦，那是不对的！它不对，因为那是不可能的。书中对于让各种姿势一致的解释，是不可能的。"

但只要考虑心，便可能做到这样。持有正念、正知与智慧——这是你能做到的，这是真正值得练习的事。无论行、住、坐、卧，我们都一贯地保持正念，这是可能的。我们要对行、住、坐、卧等一切姿势，持续地保持觉知。

心受到如此训练时，就能持续地忆念佛：Buddho、Buddho……那就是觉知。觉知什么？随时觉知什么是对或错。是的，这是可能的，这是真正修行的开始：无论行、住、坐、卧，都持续保持正念。

只要还无法放下，就必须不断努力

其次，你应了解那些应该舍弃或培养的情况。你觉知快乐，也觉知不快乐。当觉知快乐与不快乐时，心就能在远离两端之间安住。快乐是松弛之道——耽著欲乐；不快乐则是紧绷之道——耽著苦行。[2]

若知道这两种极端，则心即使偏向任何一端，都能再将它拉回来。当心偏向快乐或不快乐时，立即觉知，并将它拉回来，不让它倾向于任何一边。我们谨守着觉知，不让心跟随着习气走。

跟着习气走很简单，不是吗？但正是由于这简单，而带来痛苦，就如不肯费心种植与照顾作物的农夫。他喜欢轻松，等到要吃饭时，却什么也没得吃，事情就是如此。过去我曾质疑许多佛陀的教导，但都无法撼动它们。因此我便接受那些教导，并以之训练自己与别人。

修行的重点是行道[3]。什么是行道呢？它只是我们行、住、坐、卧等各种活动，这是身体的行道。

至于心的行道是：在今天的行程中，你感受到情绪几次低潮？几次高昂？有任何值得注意的感觉吗？必须如此觉知自己。看见那些感觉后，能放下吗？

只要我们还无法放下，就必须不断努力。当了解到自己仍无法放下某些特定的感觉时，就必须以智慧检视。

当死亡靠近时都不修行，何时才会修行呢

不断地做，这就是修行。例如当充满热情时，修行；当倦怠时，试着继续修行。若无法以全速继续，至少也要以半速前进。不要浪费时间在懒惰上，不修行只会带来灾难，那不是修行者的方式。

现在我听过有人说："哦！今年我真是倒霉透了。我病了一整年，完全无法修行。"

咦？若当死亡靠近时都不修行，何时才会修行呢？若他们感觉很好，你认为他们会修行吗？不，他们会迷失在快乐中。若感到痛苦，他们也不会修行，一样会迷失于其中。

我不知道人们何时才会想要修行！他们只看得到自己病了在受苦，发烧到几乎快死了……没错，的确很沉重，但这也正是修行之所在。当感到快乐时，人们会乐不思蜀，而忘了自己的处境。

好坏、善恶只能往心里去看

我的训练生涯中有段时间，大约在我修行五年之后，那时觉得和别人共住是种妨碍。我坐在茅棚中想要禅修，人们时常会来聊天并干扰我。我受够了，因此前往森林中一座荒废的小寺院居住，邻近一个小村庄。我独自待在那里，整日禁语，因为根本没有说话的对象。

大约待了十五天后，我生起一个想法："嗯！若有个沙弥或白衣[4]和我在一起就好了，他能帮我处理一些杂务。"我早就知道会出现这种想法，果不其然！

"嘿！你真奇怪！"我对自己说，"你说受够了朋友，受够了同住的比丘与沙弥，现在又想要个沙弥，这算什么？"

"不，"有个声音回答，"我想要一个好沙弥。"

"那些好人都在哪里呢？你能找到任何一个吗？你打算去哪里找呢？整个寺院里只有不好的人。你一定是其中唯一的好人，才会想逃离那里！"

你必须持续追踪思绪，直到你了解为止。

"嗯！那是个好问题。要去哪里找个好人呢？若外面没有好人，你就必须往自己心里去找好人。"

除了自己心里，其他地方你都找不到好人。若你是好的，则无论到哪里都是好的。无论别人批评或称赞你，你都是好的。若你不好，则当别人批评时就会生气，称赞时就会高兴。

我反省到这一点，并始终认为它是对的。好一定只能往心里找。当了解这点时，那个想逃的感觉就消失了。之后，每次那个感觉生起，我就觉知它，并放下它。无论住在哪里，每次人们责骂或称赞我，我都会反省，关键不在他们说的是好或坏，善或恶一定只能往心里去看。其他人觉得如何，那是他们的事。

好与坏都会咬人

不要想"今天太热"，"它太冷"，"它……"无论天气如何，它就是那样，埋怨天气只是懒惰的投射。我们必须了解内在的法，那才会有种比较确定的平静。

当你在禅修中感到平静时，不要急着为自己庆祝。同样地，若有疑惑，也别责怪自己。若事情看起来不错，别沾沾自喜；若情况不好，也别闷闷不乐。只要看着它就好，看看有些什么，不要妄加评断。若是好的，别执著它；若它不好，也不要排斥它。好与坏都会咬人，因此别抓着它们不放。

修行就只是坐下来仔细看。好心情与坏心情都依着它们的本质来了又去，不要一味地称赞心或责怪它。该庆祝时就庆祝，但只要一点点，不要过度。就像教小孩，有时可能必须稍微管教他，有时也许必须惩罚一下自己，但也不要经常惩罚自己。若你那么做，最后只会放弃修行。

不要以为修行就是闭眼打坐

不要以为修行就是闭眼打坐。若你是那么想,改变它!稳定地修行是在行、住、坐、卧时,都保持修行的态度。当结束坐禅时,不要以为禅修就此结束,应思维这只是改变姿势而已。若如此思维,就会有平静。无论你身在何处,内心都会有稳定的觉知。

若你放纵情绪,一整天都让心恣意游荡,下次坐禅时,得到的将是一天下来,漫无目标思考的残留印象。平静根本无从生起,因为你已让它冷却了一整天。若如此修行,心会离修行愈来愈远。

有时我问弟子们禅修进展如何,他们说:"哦,现在都没了!"你了解吗?他们也许可以保持一个月左右,但是一两年之后,一切就都烟消云散了。

为何会这样?因为在修行中未掌握到这个要点。他们一结束坐禅,就放弃定,坐禅的时间开始变得愈来愈短,直到只要一坐下来就想结束,最后甚至不想坐禅。

拜佛的情况也是如此,起初他们每晚临睡前都会虔诚地礼拜,但过了一阵子后,开始分心,很快就完全不想礼拜了,只是匆匆点个头,最后连点头都免了。他们将修行完全抛到九霄云外去了。

正确的修行就是稳定的修行

因此,你应该了解正念——不断地修行。正确的修行就是稳定的修行,无论行、住、坐、卧,修行都必须持续。这意味着修行或禅修,是在心中而非身体进行。若心充满热忱,那么就会有觉知。

正确地了解后,就能正确地修行。当正确地修行时,就不会误入歧途,即使只做一点点,那都很好。例如当结束坐禅时,提醒自己禅修并未结束,只是改变姿势而已,心还是镇定的。无论行、住、坐、卧,都保持正念,若有这种觉知,就能维持内在的修行。到了晚上再次坐禅时,修行仍然持续无间。你的

> 最好的修行无须读很多书，将所有的书都拿开，并锁起来，只要读自己的心。

精进毫不间断，让心能安然入定。

有些人禅修时，由于未得到预期的东西而放弃，推说福报不够无法修禅。世人就是如此，他们都站在烦恼那一边。

任何感觉都是不确定的

无论发生什么事，都别让心偏离正道，向内看，就会看清楚。依我看，最好的修行无须读很多书，将所有的书都拿开，并锁起来，只要读自己的心。

打从进学校开始，你们就埋首于书本中，我认为现在你们有这机会与时间是很难得的，将书本收到橱柜里，并把门锁上，只要读你的心。每次内心生起什么事，无论喜欢与否，无论看起来是对或错，都只要以这是不确定的事斩断它。无论生起什么，都只要斩断它。

不确定真的是一种重要的修行，它能修慧。你愈深入观察，愈了解不确定性。在你根据不确定斩断它后，它可能会萦绕不去，并再度出现——但确实它真的是不确定。无论出现什么，都只要把这标签贴上去。

然后，你就会了解这相同的老面孔——渴爱的心，它打从你出生的那天起，就日复一日地愚弄你。你必须观察它，并如实地了解它。

不被感觉愚弄，就不会被世间愚弄

当修行达到这点时，你就不会执著任何感觉，因为它们都是不确定的。你们曾注意过吗？也许看见一个时钟，心想："好棒。"买了它后，过几天就感到厌烦。"这支笔真的好漂亮！"——好到让你买下它，几个月后又厌倦它了。事情就是如此。它有任何持续性或确定性吗？

若我们了解这些事都是不确定的，那么它们错误的价值就会消退。所有事情都变得无关紧要。我们为何要执著毫无价值的东西呢？保留它们，就只是像保留一块旧破布来擦脚一样。我们要了解，所有感觉在价值上都相等，因为它们全都拥有相同的本质。

当了解感觉时，就了解世间。若不被感觉愚弄，就不会被世间愚弄。若不被世间愚弄，就不会被感觉愚弄。了解这点的心，将会拥有坚固的智慧基础。这样的心不会有什么问题，若真的有问题，也都可以解决。

当问题不再时，疑惑也就不再，取而代之生起的是平静。若真的在修行，它就应该是如此。

【注释】

[1] 概念（sammuti）：世间共许的惯例或暂时的实相，而解脱（vimmuti）则是从贪著与烦恼中解脱，是究竟的实相。
[2] 佛陀初转法轮，即指出耽著欲乐与耽著苦行这两端是错误的道路。
[3] 行道（paṭipadā）：指修行之道。sammā paṭipadā 即是正道。
[4] 白衣（pah kow）：准备出家的持八戒者，通常和比丘们同住在一起，除了自己的禅修之外，也帮他们处理一些戒律禁止比丘做的事。例如清理毛刷或在人烟罕至的地区携带隔夜食物等。

第 11 章　正定——在活动中离染

智者持续修行，直到与法合一

想想佛陀，无论在他自己的修行或教学中，他都堪为楷范。佛陀教导我们将修行当做去除我慢的方法，他无法替我们修行。听取那个教导，我们必须教导自己，亲自去修行。结果会在这里出现，而不在教导里。

佛陀的教导让我们能初步了解法，但法还不在我们心里。为什么？因为我们尚未修行，还未教导自己。法在修行中生起，你们通过修行觉知它；若怀疑它，就应在修行中怀疑它。

来自大师们的教导可能是真实的，但他们只是指出道路而已，要了解法，必须将教导纳入心里。针对身体的部分，就运用在身体上；针对语言的部分，就运用在言语上；针对心的部分，则运用在心上。这是指在听完教导后，我们必须教导自己觉知法，并成为法。

佛陀曾说一味相信别人的人，并非真的智者。智者会持续修行，直到与法合一，直到对自己具有完全的信心，不依赖别人为止。信可以有各种形式，有随顺法的信，也有背离法的信。第二种信是粗率与鲁莽的了解，是邪见。

向内观不要向外看

以长爪（dīghanakha）婆罗门为例，他只相信自己。有次当佛陀在王舍城

(rājagaha）停留时,长爪前去闻法,或可说他是去教导佛陀,因为他只想解释自己的见解。

"我所持的见解是,没有任何东西适合我。"长爪说。

佛陀回答:"婆罗门!你的这个见解也不适合你吗?"

佛陀的回答令长爪为难,他不知该说什么才好。佛陀以许多方式解释,直到婆罗门了解为止:"嗯!我的这个见解是不正确的。"

听完佛陀的解释,婆罗门放弃慢见,并很快地见到实相。他当下立即改变,犹如翻掌。他如此称赞佛陀的教导:"聆听世尊的教导,我的心被点亮了,就如活在黑暗中的人见到光明,或如覆盆转正,或如迷途者找到道路一样。"

那时一种确切的了解在其内心生起,在已被转正的心中生起。邪见消失,正见取而代之,黑暗消失,而光明出现。

佛陀宣称,长爪婆罗门是已开法眼者。先前,长爪执著自己的见解,无意改变它们,但当他听到佛陀的教导时,心便见到实相,他了解自己对那些见解的执著是错误的。

我们必须以同样的方式改变,在舍弃烦恼之前,必须先改变观念。过去我们并未好好修行,虽然我们自认为是好的。现在,当真的深入观察这件事时,我们将自己转正,犹如翻掌。这意味着 Buddho——觉知者或智慧,在心中生起,并重新看事情。

原本觉知者并不存在,我们的认知是不清楚、不真实与不完整的,因为它太微弱而无法训练心,后来心由于这觉知——智慧或洞见——而改变或翻转,超越我们先前的觉知。

佛陀因此教导我们要向内观——"引导的"[1],不要向外看,接着就向内观,观看其中的因与果。寻找一切事物的实相,因为外在与内在所缘一直都是相互影响的。

修行的目的就是要使觉知增强,这能引发智慧与洞见的生起,使我们能觉知心的活动、心的语言,以及一切烦恼的伎俩和手段。

修行就是要像这样如实地觉知事物，我们不是它们的主人，无力控制它们，试图控制它们只会造成痛苦，因为它们并非真的属于我们所能控制的范畴。

舍弃造成痛苦的因

当佛陀最初离家追寻解脱时，可能像我们一样并不确定该如何做。他尝试许多方式以开发智慧，他去参访老师，例如阿罗逻迦兰[2]，并和他们一起禅修——右腿放在左腿上，右手放在左手上……身体挺直……闭上双眼……放下所有事情，直到他进入很深的禅定[3]为止。

但当出定时，旧想法又浮现，他依然执著它。看到这点，他知道智慧尚未生起，他的了解还无法通达实相，仍是不完全与有所欠缺的。他虽然已获得某些了解，但都不究竟，因此便离开去寻找新的老师。

佛陀接着向郁陀罗摩子[4]学习，并进入更高的禅定[5]，但当他出定后，对前妻频婆（Bimbā）[6]与儿子罗睺罗（Rāhula）的回忆攫住了他，他仍有贪欲。深切省察后，他了解到自己还未达到目标，因此又离开老师。他已聆听老师的教导，并全力以赴地遵从他们的教导，不过，他还是持续检视修行的成果。

在尝试过苦行后，他了解到将自己饿到骨瘦如柴只是身体的事，而身体什么也不知道。耽著苦行就如处决无辜的人，而忽略真正的犯人。他了解到修行并不在于身体，而是在于心——诸佛都是在心中觉悟。

身与心的状态都是无常、苦与无我的，它们都只是自然的因缘，依赖支持元素而生起，存在后就消失。一切生命，包括人在内，都习惯将生起当成自己，将存在当成自己，将消失当成自己，因而执著每样东西。感受到快乐后，便不想有痛苦，若痛苦真的生起，则希望它们尽快消失，但最好是完全不要生起。

那是因为他们将身心视为自己，或属于自己，因此要求那些东西要顺从自己的意愿。佛陀了解这种思考正是造成痛苦的因，了解它之后，佛陀便舍弃它。

苦、苦因、苦灭与灭苦之道——人们就是因不了解这四圣谛才会沉沦。人们要克服疑惑，也要从此处下手。了解它们都只是色法与名法[7]，将有助于我们看清楚它们并非独立不变的实体，并没有众生、人、我、他或她这些组成生命的因缘，只会顺从自然的法则。

修行就是要像这样如实地觉知事物，我们不是它们的主人，无力控制它们，试图控制它们只会造成痛苦，因为它们并非真的属于我们所能控制的范畴。若如实觉知这点，就会看得很清楚。我们看见实相，并和它合而为一。这就有如看见一块火红的铁在炉内加热，它通体都是热的，无论摸它的顶部、底部或侧边，它都是热的，无论摸哪里，它都是热的。你们应该如此看待事物。

以离染的心去做每件事

通常刚开始修行时，我们想要获得、达到、知道与看见，却不知到底要达到或知道什么。过去我有个弟子，深受怀疑与困惑所苦，但他仍持续修行，而我也持续指导他，直到他开始找到一些平静为止。

但当他终于稍微平静下来时，又再度陷入疑惑。"我接下来该怎么做？"他问我。你瞧！困惑再次生起。他说想要平静，但当得到之后，他却又不想要它。他询问接下来该怎么做！

因此在修行中，应以离染的心去做每件事。我们借由看清事物而离染，如实觉知身与心的特相。

修定时，我们将注意力固定在呼吸进出的鼻端或上唇。这固定注意力的动作称为"寻"，当将心"举"起来，并固定在一个所缘上时，就称为"伺"[8]，即对鼻端呼吸的思维。伺的特质会与其他心理感受自然地混合，此时我们可能会以为心是不平静的，它无法平静，但事实上这只是由于伺与那些感受混合的缘故。若它在错误的方向上走得太远，心就会失去安定，这时一定要重新整顿内心，以寻将心"举"到专注的所缘上。当如此建立注意力时，伺就会接手，与各种心理感受混合在一起。

我的心为何徘徊，它为何不静止

现在当我们看见它发生时，因为不了解而可能会质疑："我的心为何徘徊？我希望它静止，它为何不静止？"这就是以执著之心在修行。

事实上，心只是依循它的本质，但我们却没事找事，想要它静止，并质疑它为何静不下来。然后反感生起，于是又将它加在其他每件事物上，增加自己的怀疑、痛苦和困惑。因此若有伺，就如此省察心里发生的各种事，我们应明智地想："啊！心就是如此。"瞧！那是觉知者在说话，告诉你要如实地看事物。

心就是如此，我们随它那样，心就会静下来。当它不复集中时，就再拿出寻，它便很快地又安定下来。寻与伺就这样一起工作，我们以伺思维各种生起的感觉，当它逐渐变得散乱时，便再次以寻将注意力"举"起来。

这里的重点是，此时的修行一定要以离染的心去做。看见伺与心理感受交互作用，可能会以为心是迷妄的，并开始对它反感。就在这里，我们造成自己的痛苦，我们不快乐只因希望心静止。这是邪见，我们只要稍微改正见解，了解这活动只是心的本质，这样就足以对治迷妄，这就称为"放下"。

觉知心的本质就能放下

现在，若我们不执著，练习在活动中离染与于离染中活动，则伺与其他感受的互动便自然会减少。若心不受打扰，伺就会自然倾向于思维法，若我们不思维法，心就会恢复散乱的状态。

因此，有寻然后伺，寻然后伺，寻然后伺……直到伺变得愈来愈微细为止。起初伺会如流水一样到处跑，若被它迷惑而想要阻止它流动，自然会痛苦。若了解水的流动是它的本质，便不会有痛苦，伺就是如此。有寻，然后伺，与心理感受交互作用。我们可以将这些感受当做禅修的所缘，借由注意那些感受来安定心。

若能如此觉知心的本质，我们便能放下，就像让水流过一样。伺变得愈来愈微细。例如，心也许倾向于思维身体、死亡或其他法的主题。当思维主题正确时，愉悦的感觉就会生起。

那愉悦是什么？是喜，它可能会呈现出毫毛竖立、清凉或轻安的形式，心是狂喜的。喜常伴随着乐，各种感觉来来去去，以及一境性。

心变得愈来愈微细，较粗的特质会被舍离

初禅中，有寻、伺、喜、乐与一境性。那么第二禅如何呢？当心变得愈来愈微细时，寻与伺相对而言便显得粗糙，因此它们被舍离，只留下喜、乐与一境性。这是心自己会做的事，我们无须妄加揣测，只要如实觉知即可。

当心变得更微细时，喜也会被舍离，只留下乐与一境性，那是我们会注意到的。喜去哪里了呢？它哪儿也没去，只是因心变得愈来愈微细，因此，较粗的特质就会被舍离。只要是太粗的，就会被舍离，它持续舍离，直到达到微细的顶点，即经中所说的第四禅——最高阶段的禅定为止。在此，心逐步舍离粗的心所，直到只剩下一境性与舍为止，再没有别的东西了。

愈渴望安定，心所受的干扰就愈大

当心在修定的阶段时，一定是如此进行，不过这只是让我们了解修行的基本原则。我们想要让心静止，但它就是静不下来，这是渴望安定的修行，其出发点是欲望。

心原来早已受到干扰，接着我们又借由想要让它安定来干扰它，这渴望正是造成干扰的原因。我们不了解这安定内心的渴望就是渴爱，我们愈渴望安定，心所受到的干扰就愈大，除非不再渴望，才能结束和自己的斗争。

若我们了解，心只是根据它的本质在表现，它很自然地会如此来去，对它若不过分感兴趣，就能了解它的方式很像小孩子。小孩可能会乱说话，若我们了解，就会让他们说，小孩自然会像这样说话，因为他们不懂事。当我们放下时，就不会受他们打扰，而能在小孩喋喋不休与玩耍时，不受干扰地和客人说话。心就像这样，它并无害，除非我们执著它，并被它所迷惑。那才是麻烦真正的起因。

当喜生起时，人们会感到一种莫名的快乐，只有那些曾体验过它的人才可能领会，乐与一境性都会生起。寻、伺、喜、乐与一境性，这五种特质都会聚

于一处，虽然特质不同，但都集中在一处。我们能看见它们都在那里，就如看见各种不同的水果在一个碗里，可以在心中看见全部的寻、伺、喜、乐与一境性。

若有人问："怎么会有寻？怎么会有伺？怎么会有喜与乐？"那将会很难回答，但当它们在心里会聚时，就可以自己去看它怎么会那样。

无论发生什么事都随它去

在这一点上，修行变得有些特别。我们必须持有正念与正知，并且不迷失自己。如实觉知事物，这些是禅修的阶段，是心的潜能。无须怀疑任何有关修行的事，在坐禅中，即使你沉入大地，或飞到空中，甚至"死亡"，都别让疑惑生起。无论心的特质如何，只要保持觉知即可。

这是我们的基础：无论行、住、坐、卧，都要具备正念与正知。无论发生什么事，都随它去，不要执著它。喜欢或讨厌、快乐或痛苦、怀疑或确定——都以伺加以思维，并衡量那些心理特质的结果。

别想为每件事都贴上标签，只须觉知它，了解心里发生的一切事，都只是感觉而已。它们都是短暂的，它们生起、存在，然后消失，就是如此，并无固定不变的实体或自我。它们不值得我们执著，所有东西都一样。

当我们如此以智慧了解一切色法与名法时，就会了解心与身、苦与乐、爱与恨的短暂本质，它们都是无常的。了解这点，心就会厌离，对身与心与一切短暂的生灭现象感到厌倦。当心如此醒悟时，它会寻找出离那些事物的方式，它不会再想执著它们，它了解这世间的不圆满与生的不圆满。

没有什么可以执著

当心如此了解时，无论走到何处，我们都能看见无常、苦与无我，没有什么可以执著。无论去坐在树下或山顶上，我们都能听到佛陀的教导。所有的树都像是同一棵树，所有的人都像是同一个人——当中没有任何殊异之处，它们

> 我们需要长养的基础是：第一，要正直与诚实；第二，慎防作恶；第三，心中保持谦卑的态度。

都同样生起，暂时存在，衰老，然后死亡。

若我们了解身与心的实相，就不会生起痛苦，因为不再执著它们。无论身在何处，我们都会有智慧，即使只是看见一棵树，也会以智慧思考它，或瞧见青草与昆虫，也都能提供思维的资粮。

当归结到这一点时，它们都有相同的命运，它们都是法，是最究竟的。若我们能了解这点，就已完成了旅程，称为"世间解"——如实了解世间。心完全觉知它自己，并切断苦的因。当不再有任何的因时，果也就不可能生起。

修行必须诚实，不要三心二意

我们需要长养的基础是：第一，要正直与诚实；第二，慎防作恶；第三，心中保持谦卑的态度，少欲知足。若我们在言语与其他事情上能少欲知足，就会了解自己，而不会陷入混乱，心将具备戒、定、慧的基础。

因此，解脱道的行者一定不可大意，即使你是对的，不可大意；若是错的，那就更要小心。若事情进行得很顺利，你也感到很快乐，一样不可大意。为何我要说"不可大意"呢？因为所有事都是不确定的。应如此觉知它们，若得到平静，只要如实觉知即可。你可能会想沉溺其中，但你应觉知它的实相，就和你对待令人厌恶的性质一样。

这个修行完全取决于你，没有人能像你一样觉知你的心。修行需要诚实，如法而行，千万不可三心二意。这并非说应让自己筋疲力尽，你只要具有正念与正知，就能明辨是非，若了解这点，就知道如何修行。你无须具有太多东西，只要在这上面精进即可。

【注释】

[1] "引导的"（opanayiko）：法的特质之一。值得引入自心，值得了解，借修行尝试，引导向内。经上列举佛法的特质："法是世尊善说、自见，无时的、来见的、引导的、智者自知。"

[2] 阿罗逻迦兰（Aḷāra Kālāma）与郁陀罗摩子（Uddaka Rāmaputta）是当时著名的数论派先驱，教示以苦行或修定为主，以非想非非想处定为解脱境，最终以升天为目的。

[3] 世间的禅定分为色界定——初禅、第二禅、第三禅、第四禅，以及无色界定——空无边处、识无边处、无所有处、非想非非想处。佛陀依阿罗逻迦兰的指导，达到无所有处定。

[4] 参见注[2]。

[5] 佛陀依郁陀罗摩子的指导，达到非想非非想处定。

[6] 即耶输陀罗（Yasodharā）王妃。

[7] 色法（rūpa-dhamma）与名法（nāma-dhamma）：色法指物理现象，名法指心理现象，两者即指五蕴。五蕴中的色蕴属于色法，受、想、行、识四蕴则属于名法。名法又可称为心法。

[8] 英译本将寻（vitakka）译为 lifting up（举起），将伺（vicāra）译为 contemplation（思维）。

第 12 章　死寂之夜

夜幕低垂时，我没有其他的事了。若我试着跟自己讲道理，我知道自己一定不会去，因此抓了一位白衣就这么去了。

"该是瞧瞧你的恐惧的时候了，"我对自己说，"若我的死期已届，那就让我死吧！若我的心这么冥顽不灵，就让它死吧！"我如此暗想着。

事实上，我心里并非真的想去，但我强迫自己去。若要等到所有事情都搞定才去，你将永远也去不成。因此，我义无反顾地去了[1]。

谁敢在坟场过夜，几人胆敢如此修行

过去我从未在坟场待过，当到达那里时，那种感觉真的是笔墨难以形容。

那位白衣希望能紧临着我搭伞帐，但我拒绝了，让他与我保持一段距离。其实我心里是希望他能靠近一点，陪伴并支持我，但是我没有这么做。

"若它如此恐惧，那让它今晚就死了算了！"我挑战自己。虽然很害怕，但我也有勇气，反正人生难免一死。

天色逐渐变暗，我的机会来了。哈，我真幸运！村民正好带来一具尸体。我吓得连脚踩在地上都感觉不到，恨不得立刻离开。他们希望我做一些葬礼的诵念，但我无法参与，于是就走开了。

过了几分钟，等他们离开后，我再走回去，发现他们将尸体葬在我的伞帐旁，并将抬尸体用的竹子做成床好让我睡[2]。

现在我应该做什么呢？村子距离这里并不算近，至少有两三公里远。

"好吧！若我会死，我就会死。"

若你不敢去做，则永远不会知道它是怎么一回事，那真的是一种宝贵的经验。

随着天色愈来愈暗，我不知在坟场可以往哪里跑。

"哦，让它死吧！人生到这个世上来，总难免一死。"

太阳西沉，夜色告诉我应进入伞帐里，我完全不想行禅，只想待在伞帐里。每次我尝试走向坟场，似乎就有东西将我拉回，阻止我往前走，仿佛是我的恐惧正在与勇气拔河一样。但我还是得往前走，你必须这样训练自己。

随着暗夜来临，我钻进蚊帐里，它挂在伞架上。感觉上周围似乎有七重围墙，看见身旁忠实的钵，就如看见老朋友在做伴，它在身旁让我感到比较安心。有时即使一个钵也可能成为朋友！

我坐在伞帐里，彻夜观察身体。我没有躺下或打瞌睡，只是静静地坐着。我是如此恐惧，即使想睡也无法入睡。是的，我害怕，不过还是尽力做。我彻夜打坐。

现在，我们有几个人胆敢如此修行？谁敢在坟场过夜？若你未实地去做它，就得不到结果，那不是真正的修行。

整夜看着焚烧的尸体是什么感觉

破晓时，我对自己说："啊！我得救了！"我好高兴。我想挥去夜晚，只留下白昼。"啊！根本就没什么，"我心想，"那只不过是我自己的恐惧罢了！"

在托钵与用餐后，我觉得很舒服，阳光露脸了，让我感到温暖与舒适。稍事休息后，做了一下行禅。我心想："今晚我应该会有个不错与安静的禅修，因为我已通过昨夜的考验，它可能不过如此而已。"

然后，到了下午，你们知道吗？又来了一个，这次是个大个儿[3]。这次比昨晚更惨，他们就在我的伞帐前，在我所在的位置旁，搬来尸体并烧将起来。

我心想："太好了！带这具尸体来这里焚化，将有助于我的修行。"但是我依然没有为村民举行任何仪式。我等到他们离开后，才走过去看。

我很难告诉你们，整晚坐着看那具焚烧的尸体是什么感觉。我无法描述那种恐惧，在死寂的深夜——尸体绽放出红绿相间的火花，微微地噼里啪啦作响。我想在那具尸体前行禅，但却举步维艰。燃烧尸体的恶臭整夜弥漫在空气中，最后我钻进伞帐里。

火焰微微地闪烁，我转身背对它。我忘了睡觉这件事，连想都没想到它，我吓得两眼发直。没有人可以投靠，在那个漆黑的深夜里，也无处可逃。

"好吧！我将坐着死在这里，绝不离开！"

嘿！想想一颗平常的心，它会想如此做吗？它会让你陷入这种进退两难的处境吗？若你给自己找理由，你永远不会去。有谁会想做这种事？若你对佛陀的教导没有坚定的信心，你永远都不可能这么做。

烧焦的手在紧闭的眼前挥动

然后，大约晚上十点左右，我背对着火打坐。我不知那是什么，但从背后的火堆传来一阵拖着脚走路的声音。是棺材刚好垮下来吗？也许是野狗在咬尸体？但又不像，它听起来更像是一头水牛在缓慢地走动。

"啊！别管它……"

但它接着朝我走来，好像是一个人！它走近我的背后，步伐沉重，像头水牛，但又不是。在它向前移动时，树叶在它的脚下沙沙作响。好吧！我只能做最坏的打算，我还能去哪里呢？但它并未真的走近我，只是转了一圈就往白衣的方向走去，然后一切重归寂静。我不知那是什么，但恐惧让我做了许多可能的猜想。

我想大约过了一个半小时左右，那脚步声又开始从白衣的方向走回来。就像是人一样！这次它直冲向我，好像要将我碾碎一样！我闭上双眼，拒绝睁开。

"我要闭着眼睛死去。"

它愈来愈近，直到一动也不动地停在我的面前。我感觉它那烧焦的手似乎在我紧闭的双眼前来回挥动。啊！真的是它！所有的一切都被我抛到脑后，忘若逃走，你会死；若待在这里，也会死。无论到哪里，它都跟着你，因为死亡就在你里面，你根本无处可逃。

了持诵 Buddho、Dhammo、Saṅgho（佛、法、僧），脑袋里一片空白，内心中满是恐惧，除了恐惧，没有其他。

打从我出生以来，不曾经历过如此的恐惧。Buddho 与 Dhammo 消失得无影无踪，我不知道它们在哪里，只剩下恐惧充塞在胸膛，直到它仿佛像一张紧绷的鼓皮。

"算了，就随它去吧！我不知道还能怎么办。"

面对死亡，你无处可逃

我仿佛凌空而坐，只注意正在发生的事。恐惧大到淹没了我，犹如装满水的瓶子。若你将水装满瓶子，然后想再多倒一些，水就会溢出瓶子。同样，我的心已装满了恐惧，开始流溢出来。

"我究竟在害怕什么？"一个内在的声音问道。

"我怕死！"另一个声音回答。

"那么，死这个东西在哪里呢？为何要如此惊慌？看看死亡的所在，死亡在哪里？"

"哎呀！死亡就在我里面！"

"若死亡在你里面，那么你还能逃去哪里呢？若逃走，你会死；若待在这里，也会死。无论到哪里，它都跟着你，因为死亡就在你里面，你根本无处可逃。无论你是否害怕，你都一样会死。面对死亡，你无处可逃。"

当我想到这点，我的观念似乎整个翻转过来。一切恐惧完全消失，简直是易如反掌，真是不可思议！那么深的恐惧，竟然能如此轻易地消失！无畏取代了恐惧。当时我的心愈升愈高，仿佛置身云端。

谁会想到有个比丘彻夜坐在雨中的坟场

就在我战胜恐惧之际，天空开始下雨，我不知那是什么雨，还刮起强烈的风。但那时我已不怕死了,也不怕被掉下来的树枝砸到,我毫不在乎。暴雨倾盆而下,雨势实在很大,等到雨停时,所有东西都湿透了。

我一动也不动地坐着。

全身都湿透了,那么接下来做什么呢?我哭了!泪水从脸庞滑落。我边哭边想:"我为什么像个孤儿或弃儿似的坐在这里,全身湿淋淋地坐在雨中,如同一无所有的人或流亡者呢?"

接着,我进一步想:"所有舒服地坐在他们家中的那些人,可能做梦也没想到,有个比丘彻夜淋着雨坐在这里。这到底有什么意义呢?"想到这里,我开始为此感到委屈,泪水不禁夺眶而出。

"反正这些眼泪也不是什么好东西,干脆就让它们都流光算了。"

我就是如此修行的。

嗯,我不知道该如何描述接下来发生的事。我坐着,聆听。在战胜感觉后,我只是坐着,看所有内在生起的各种东西,许多东西可以知道却无法描述。我想到佛陀所说的话——"智者自知"。

我承受这种恐惧的痛苦,如此坐在雨中——有谁和我一同经历这一切?只有我才知道它的滋味。那么强烈的恐惧,竟然在一瞬间完全消失,有谁能见证这点?

那些安住在城里家中的人无法了解这种感受,唯有我能了解。那是种个人的体验,即使我告诉其他人,他们也不会真的知道,这是每个人必须亲自去体验的事,如人饮水,冷暖自知。我愈思维这点,它就变得愈清楚,我变得愈来愈坚强,信念也愈来愈坚定,直到天明。

就这样为修行而死吧

当我在黎明睁开双眼时,所有东西看起来都是黄色的。昨晚我本想解尿,但最后那个感觉还是止住了。当我从座位上起身时,触目所及皆是黄色的,就像某些日子里清晨的阳光。当我去解尿时,尿中竟有血!

训练自己，不要跟着情绪走，修行包括在紧要关头时献上生命。你们应至少失败与痛哭两三次才对，那才是修行。

"这是什么？是我的肠子破了，还是怎么一回事？"我有些害怕。"也许里面真的破了。"

"好吧！那又怎样？破了就破了，又能怪谁呢？"有个声音立刻对我说。"要破，就破吧！要死，就死吧！我只是坐在这里，并没有做什么坏事。若它要爆裂，就让它爆裂吧！"那个声音说。

我的心仿佛在和它自己争辩或吵架。一个声音会从一边冒出来，说："嘿，这很危险！"另一个声音便反驳、挑战与否决它。

"嗯！我应该去哪里找药呢？"我自问。但接着又生起另一个想法："我才不要为此而烦恼呢，比丘无论如何都不可以采集植物来做药的。若我死了就死了，那又怎样？还能怎么办？若是在修行中死去，那么我已准备好了。若我是在做坏事时死去，那就不好了。像这样修行而死，我已准备好了。"

人们不相信修行，不敢真的去做

训练自己，不要跟着情绪走，修行包括在紧要关头时献上生命。你们应至少失败与痛哭两三次才对，那才是修行。若你困了，想躺下来，就不可让自己睡着，在躺下来前，先驱走睡意。

有时当你托钵回来，在吃饭前思维食物[4]时，你静不下心来。心就如疯狗，口水直流，实在太饿了！有时你可能会不想思维，埋头就吃，那是个灾难，而非修行。若心无法安定与忍耐，那么就推开你的钵，宁可不要吃。

训练自己，淬炼它，这才是修行。不要只是一味顺从心，推开你的钵，起身离开，别让自己吃饭。若心真的那么贪吃与冥顽不灵，就不要让它吃，这样口水便会停止。若烦恼知道吃不到东西，它们就会害怕，隔天将不敢再来烦你，它们会害怕没东西可吃。若你们不相信我，不妨自己验证看看。

人们不相信修行，他们不敢真的去做，因为怕挨饿，怕死。若你不尝试，就永远不会知道它是怎么一回事。大多数的人都不敢去做，去验证，我们都太害怕了。

想一想，最重要的事到底是什么呢？莫过于死吧！死，是世上最重要的事，请慎思、修行与探究。若没有衣服，你不会死；若没有吃槟榔或抽烟，也不会死；但若没有饭与水，就一定会死。依我看，这世上就只有这两样东西是必要的，你需要饭与水来滋养身体。因此，对其他东西我并不感兴趣，不论是什么供养我都感到满足，只要有饭与水，就足以修行，我就很满足了。

对你而言，这样够吗？其他一切都是多余的，无论是否得到都无关紧要。唯一真正重要的东西就是饭与水。

"若我像这样生活，我能生存吗？"我问自己，"没问题！这样就能过得去了。无论在任何村庄托钵，至少能从一户得到一口米饭，水则可经常取得，只要有这两样东西就够了。"

修行的痛苦胜于一切，修行的快乐也胜于一切

这颗心不知已被迷惑多少世了。凡是不喜欢或讨厌的事，我们就想避开，我们沉浸在自己的恐惧中，却说是在修行。这不能称为修行，若是真正的修行，甚至必须赔上性命。

若你真的下定决心要修行，为何还要担心这么多的事，且乐此不疲呢？"我只得到一点点，你却有很多。""你和我吵，所以我才和你吵。"我没有这些想法，因为它们不是我追求的目标。

别人怎么做，那是他们的事，当去其他寺院时，我都不涉入这种事。其他人修行得多高或多低，我丝毫不感兴趣，我只管好自己的事。因此我勇于修行，而修行也带来智慧与洞见。

当你们的修行真正掌握要点时，就是真的在修行，无论昼夜，你都在修行。晚上夜阑人静时，我会先禅坐，然后下来行禅，一夜至少交替两三次，行禅然后坐禅，再行禅一会儿。我不只不厌烦，且乐在其中。

有时，飘起小雨，我会想到过去在田里工作的那段时光。我得在黎明前起床，穿上前一天还未晾干的裤子。接着必须走到房屋下方的牛栏去牵水牛。我只看

得到牛的脖子，那里一片泥泞。我抓起被牛粪盖住的绳子，然后牛的尾巴"嗖嗖"地来回拍打，把粪溅得我一身都是。我的脚因为感染而疼痛，我边走边想："生命为何如此痛苦？"而现在我在这里行禅……一点雨对我来说又算什么？我在修行中如此思维，自我激励。

若修行已达入流，那是无与伦比的。修行者的痛苦胜于一切，然而修行者的快乐也胜于一切；修行者的热忱无人可比，但他们的懈怠也是无人可及，修行佛法的人是最顶尖的。所以我会说，若你真心修行，前景是很可观的。

不管他人修行的好坏，只坚持自己的修行

但我们大都只是口头谈论修行而已，就如屋顶坍塌一半的人，只是睡到房子的另一边去。当太阳晒到那一边时，他就滚到另一边去，心想："我何时才会像其他人一样，有间像样的房子？"若整个屋顶都垮了，他就拍拍屁股离开。这不是做事的方式，但多数人就是如此做。

若我们跟着心、烦恼走，就会有麻烦。你愈是跟着它们，修行就愈退堕。在真正的修行中，你有时会惊讶自己的热忱，无论其他人修行得好或坏，你都没兴趣，只是坚持自己的修行。无论是谁来或去都无妨，你只管修行。

你必须在自己笨拙与不足之处下工夫，若还未找到答案，别放弃！结束一件事后，加紧进行另一件，坚持不懈直到完成为止，只有到那时你才可以放心。把所有的注意力都放在这点上，无论行、住、坐、卧，你都要念兹在兹。

你应该像个还未种完田的农夫，他每年都种稻，但今年还未将稻子种完，因此一直挂心，无法安心休息。即使和朋友在一起，他也无法放松，一直很担心未完成的农事。或像母亲将幼儿放在楼上，而下楼去喂牲口，她的心里不时惦记着小孩，担心他是否会摔下来，即使在做其他的事，心思一直都未离开孩子。

对于修行也应如此——永远不会忘记，即使在做其他事，我们的心思仍未离开过修行，它日以继夜与我们同在。若真的想进步，就必须如此。

若你拒绝经历苦，就见不到它；见不到苦，就无法了解它；若不了解苦，就无法解脱它。

拖着痛苦到处跑，我们还能逃到哪里

起初，你必须信赖老师的指导与建议，当老师指导你时，便依教奉行。若了解修行，就无须老师的指导，你可以自己来。每当放逸或不善的念头生起，你自己要觉知，并自我教育。心是觉知者，是证人，它知道你依然被严重蒙蔽，或只是被轻微蒙蔽而已。

修行就是如此，它几乎像发疯一样，甚至可说你是疯的。当你真正在修行时，必然是疯的，你发狂了。你过去的观念是扭曲的，现在只是将它再扭转回来而已，若不改变它，麻烦与烦恼还是和以前一样。

因此，在修行中有许多苦，但若无法觉知自身的苦，就无法了解苦谛。要想了解苦，断除苦，首先你得遇见它。若你想射一只鸟，却不出去找它，如何射得到它呢？

苦，是佛陀的教导：出生的苦与衰老的苦，等等。若你拒绝经历苦，就见不到它；见不到苦，就无法了解它；若不了解苦，就无法解脱它。

现在，人们不希望见到苦，不想经历苦。若他们在这里受苦，就跑到那边去，拖着痛苦到处跑，而不曾灭除它，也不思维或观察它。只要依然无知，无论身在何处，都会有苦。若坐飞机逃避它，它也会和你一起上飞机；假使潜入水底，它也会和你一起潜下去。苦就在我们里面，但我们却不了解，若苦就在我们里面，我们还能逃到哪里去呢？

你们必须深入探究这点，直到疑惑完全消失为止。你们应勇于修行，无论是在团体中或独自一人，都不要逃避它。若别人懈怠，那没有关系，只要有人勤于练习行禅，勤于修行……我保证一定会有结果。若你们真的坚持修行，无论别人来去或如何，一次雨安居就够了，照着我说的去做！

只取喜欢的而摒弃讨厌的，那不是修行

修行也称为"行道"，什么是行道？持续而均衡地修行，别像沛（Peh）长

老那样修行。有次雨安居他决定要禁语，他确实禁语了，不过却开始写纸条："明天请为我炒些饭。"他想吃炒饭！他虽然禁语，却写了许多纸条，结果反倒比以前更散乱。这一分钟他写一件事，下一分钟又写另一件，真可笑！

我不知道他为何决定不说话，他根本不知道修行是什么。

事实上，我们的修行就是少欲知足，保持自然。不要担心自己是懈怠或精进，甚至连"我很精进"或"我很懈怠"之类的话，都不要说。多数人只有在他们感到精进时才修行，若感到懈怠就会放弃了。

但出家人不该这么想，当你精进时，修行；当懈怠时，也是修行。别费心在其他的事情上，抛开它们，训练自己。日以继夜，年复一年，无论何时都持续地修行。别在意精进或懈怠的想法，不要担心是热或冷，只管做它，这就称为"正道"。

有些人真的努力地修行六七天后，当未获得预期的结果时，就放弃并反其道而行，沉溺于聊天、应酬与其他的事情。然后，他们记起修行，又去修个六七天，再次放弃。

有些农夫就是像这样工作，一开始他们积极地投入工作，当停工时，连工具都不收拾，将东西扔着，就一走了之。然后，当土壤全都结成硬块时，又记起自己的工作，便会再做一点，之后再掉头走开。像这样工作，永远不可能得到像样的花园或稻田。

我们的修行也是如此。若你们认为行道不重要，修行就不可能有任何成就。正行的重要性是不容置疑的，一定要持之以恒。不要随性而为，心情好坏并不重要，佛陀根本不在乎那些事，他已经历过一切好与坏、对与错等事，这是他的修行。若只取喜欢的而摒弃讨厌的，那不是修行，而是灾难。无论你去哪里，永远都无法满足；无论身在何处，都会痛苦。

修行是为了放下，而非得到某些东西

我们有些人是因想得到某些东西而修行，若未得到想要的东西，就不想修行。但佛陀教导我们，修行是为了舍与放下，是为了止息，为了息灭。

即使达到平静，也要抛开平静；若智慧生起，则抛开智慧。

曾有位长老，他最初加入大宗派，但他发现它不够严格，因此又求受法宗派[5]的戒，然后开始修行。有时会断食十五天，当再度进食时，只吃叶子和青草。他认为食肉是恶业，最好是吃叶子和青草。

过了一阵子，"嗯，当比丘真不方便，这身份很难维持素食的修行，也许我应该还俗，成为白衣就好。"因此他还俗成为白衣，这样就可以亲自采集树叶与青草，并挖掘树根与番薯，那是比丘禁止做的事。他持续做了一段时间，到了最后他不知应做什么，因而完全放弃。

他放弃成为比丘，放弃成为白衣，放弃一切。我不知道他现在在做什么，也许死了，我不知道。不过他是因找不到适合心意的东西，所以才放弃。他不了解自己只是追逐烦恼，烦恼一直牵引着他，而他却不知道。

"佛陀有还俗成为白衣吗？他是如何修行的？他做了什么？"他并未想到这些。佛陀有像牛一样去吃树叶与青草吗？当然，若你想这么吃，若这是你所能做的，那就请便吧！但别到处批评别人。照顾好你自己的修行标准就好了。"别切挖得太多，否则你将得不到一只好把手。"[6]

你将一无所有，最后只得放弃。想想你修行的目的，修行是教人舍与出离，这颗心想着要爱这个人或恨那个人，修行就是为了放下这些。

即使达到平静，也要抛开平静；若智慧生起，则抛开智慧。你若知道，那就知道；但若将这知道当做自己的，你就会自以为知道什么而觉得高人一等。过不了多久，便哪儿也住不下去，因为所到之处都会出现问题。若你错误地修行，那就与未修行没有两样。

修习头陀支是为了对治烦恼

修行要视个人情况而定。你贪睡吗？那就试着对抗习气。你贪吃吗？那就试着少吃一点。以戒、定、慧为基础，需要有多少，你就修多少。

同时，也要修持头陀支，修持头陀支是为了对治烦恼。你可能会发现基础修行还不足以根除烦恼，因此需要同时结合头陀支的修持，亲身去尝试住在树下或墓地。住在墓地是什么滋味？它和团体共住一样吗？

头陀支或译为苦行，这是圣者的修行，凡是想要成为圣者的人，都得以头陀支去除烦恼。要遵守它们很困难，很难找到真正有心修习它们的人，因那违背他们的习性。他们说应限制比丘只能持有基本的三衣[7]；只能吃托钵所得的食物，直接从钵里吃，拒绝任何食后供养的食物。

在泰国中部要持守最后一条很容易，因为食物很充足，他们会放很多不同的食物在你的钵里。但当你来到泰国东北，在此这条苦行会有微细的差别——在这里你只能得到白饭！

这一带传统上只放白饭在钵里，这条于是便成了真正的苦行。你只能吃白饭，其他之后的供养都不能接受。一天只能从钵里吃一餐，且坐下来进食就不能起座，起座后就不能再食。今天已很难找到真正有心如此修行的人，因为它的要求标准很高，但也正因为如此，它有如此大的利益。

真心的修行是以全部的生命修行

现在人们所说的修行，并非真正的修行。

真正的修行并不容易，多数人不敢真正地修行，或真的对抗习气，他们不想做任何与感觉相违的事。人们并不想对抗烦恼，不想顶撞或摆脱它们。

我们说在修行中不要追逐情绪，我们已被愚弄了无数世，深信这颗心属于自己所有，事实并非如此，它只是个骗子。它将我们引入贪、嗔、痴，引入窃盗、抢劫、贪欲与憎恨之中，这些都不是我们的。

现在，只须问问你自己："我想变好吗？"每个人都想变好。那么，做这些事是好的吗？人们做坏事，却想变好。因此我说这些东西都是骗子，它们就是这么一回事。

佛陀不希望我们追逐这颗心，他希望我们训练它。若它想往东走，你就向西寻求庇护；当它想去那里，你就回头落脚在这里。

简单地说，不论心想要什么，都别让它得逞，就如和多年的老友因理念不

> 不论心想要什么，都别让它得逞，就如和多年的老友因理念不同而分道扬镳一样。别追随自己的心。凡是追随自己心的人，都追随着喜好与欲望等事物，这种人毫无修行可言。

同而分道扬镳一样。我们彼此分开，各走各的路，不再相互了解，事实上，我们甚至吵了一架，因而决裂。没错！别追随自己的心。凡是追随自己心的人，都追随着喜好与欲望等事物，这种人毫无修行可言。

所以，我说："人们所说的修行并非真正的修行，而是灾难。"更具体地说，我们必须以全部的生命去修行。这样的修行当然会有痛苦，尤其是最初一两年，会很痛苦，对年轻的比丘与沙弥而言，实在是段艰苦的时光。

别怕困难，一定要训练自己

以前我曾遭遇过许多困难，尤其是在食物方面。你能期待什么？在二十岁时，我成为了比丘，那是最需要食物与睡眠的时候……有时我会独自坐在那里梦想食物，想吃糖浆香蕉或木瓜沙拉，边想边流口水。

这是训练的一部分，这些事说起来轻松，做起来可不那么容易，口腹之欲可能会令人犯下许多恶业。针对正值发育期的人而言，在最需要食物与睡眠的时候，却被限制在这些袈裟里——他的感觉会变得很狂乱，就如要拦住奔腾的洪流，有时可能会决堤。

我第一年的禅修，除了食物之外，什么也没有。有时我会坐在那里，那情况就好像自己真的已把香蕉塞进嘴里一样。我几乎可以感觉自己剥开香蕉，再塞进嘴里去。这些都是禅修的一部分。

因此别怕它，从无数世以来到现在，我们一直都被蒙蔽。所以要训练自己，纠正自己，这并不容易。但愈是困难，就愈值得去做。简单的事还需要我们去费心吗？我们应该训练自己去做困难的事。

佛陀的情况也是如此。若他只是关心家庭、眷属、财富，以及过去的欲乐，则永远都不可能成佛。这些都不是小事，它们是多数人所追求的，因此，若年轻时就放弃这些事，那无异于死亡。

然而，却有人跑来对我说："啊！隆波，这对你来说当然容易，你从来无须担心太太与小孩的问题！"我说："当你这么说时，别离我太近，否则我会一切安适都必须以痛苦为前导。

敲你的头。"这么说好像我没有心肝似的!

建立内心的平静,时间到了你自然会了解。修行、省察、思维,修行的果就在其中,因与果如影随形。不要放纵情绪,刚开始时,即使要找出适当的睡眠时数都很困难,你也许决定要睡一定的时数,但却办不到。

你一定要训练自己,无论决定何时起床,时间一到,应立即起身。有时你可以做到,但有时醒来时,对自己说"起床!"却毫无动静。你可能必须对自己说:"一……二……若数到三还不起来,我就会下地狱!"你必须如此教育自己。当数到三时,你一定会立刻起身,因为害怕自己会堕入地狱。有良好训练的心不会为自己惹麻烦,一切圣者都对自己的心有信心,我们也应该如此。

有些人出家只是为了过安适的生活,但安适来自何处呢?它的先决条件是什么?一切安适都必须以痛苦为前导。在得到钱之前必须先工作,在收割之前必须先耕田,不是吗?所有事情刚开始一定都是困难的,若不学习,你能期待自己会读书、写字吗?那是不可能的。

你愈害怕一个地方,就应愈往那里去

这正是为何许多读过很多书的人,出了家却无成就的原因。他们的知识是另外一种,属于另一条道路。他们并不自我训练,不观察心,只是以疑惑来扰乱心,他们追求的事物是偏离定与戒的。佛陀的知识不是世俗的,而是出世间的,是截然不同的了知。

因此,所有进入僧团的人,都必须放弃他们先前的身份与地位。即使是国王,当他出家时,也必须彻底放弃以前的身份。他不能将世间的权力带进出家生活,并耀武扬威。修行需要出离、放下、断除与止息,你们必须了解这点,如此才能有效地修行。

若你病了却不吃药,你认为病会自己痊愈吗?你愈害怕一个地方,就应愈往那里去。若你知道哪个墓地或坟场特别可怕,就去那里。穿上袈裟,去那里思维:"诸行无常[8]……"站着或行禅,向内观察,看看你的恐惧在哪里,一切都会再清楚不过。了解一切有为法的实相。待在那里观看，直到夜幕低垂，天色愈来愈暗，直到你甚至可以彻夜待在那里为止。

佛陀说："凡见法者即见如来，见如来者即见涅槃。"若我们不遵循他的典范，如何能见法呢？若不见法，又如何能认识佛呢？若我们未见到佛，如何知道佛的特质？只有在踩着佛陀的足迹前进时，我们才会知道佛陀的教导是完全可靠的，佛陀的教法是究竟的真理。

【注释】

[1] 1947年底，阿姜查二十九岁，他云游到那空拍侬省（Nakhon Phanom）那凯县（Na Kae）的克隆（Khrong）森林寺，发现那里的禅修老师依循头陀行的传统在坟场修行，若他想待在寺里，就必须照着做，于是从未在坟场过夜的他，强迫自己如此做。

[2] 大多数村民会拒绝睡在抬尸用的竹子上，因为他们害怕鬼会在半夜找上门来。但他们在用这些竹子做成比丘的睡床前，并未请示比丘，因为他们认为比丘并不怕鬼。

[3] 第一晚送来的尸体是个小孩，第二晚送来的则是个成人。

[4] 比丘在受用食物时，应思维："若用饮食，非为利故，非以贡高故，非为肥悦故；但为令身久住，除烦恼忧戚故，以行梵行故，欲令故病断，新病不生故，久住安稳无病故也。"（《中阿含·漏尽经》，《大正藏》卷一）

[5] 泰国两大教派为法宗派（Dhammayuttika）与大宗派（Mahānikai）。法宗派是由泰国国王孟库(Mongkut)于1830年创立的(蒙古出家二十七年，于1851年还俗出任国王)，意指奉行法的宗派，重视学识与戒律，教团以曼谷为中心。大宗派并非单一的教派，它是指非法宗派的比丘，他们较重视传统习俗与禅修，分布于泰国各地，包括阿姜查在内的大多数比丘皆属于此派。

[6] 这是泰国的俗谚，意思是适可而止。

[7] 三衣（tīṇicīvarāṇi）：指僧团所准许个人拥有的三种衣服，一、僧伽梨（saṃghāti），即大衣，托钵或上座说法时所穿之衣；二、郁多罗僧（uttarāsaṅga），即上衣，为礼拜、听讲、布萨时所穿；三、安陀会（antarvāsa），为日常工作时或就寝时所穿着的贴身衣。

[8] 诸行无常（aniccā vata saṅkhārā）：一切因缘聚合而成的法，都是短暂无常的。参见第三部第九章《我们真正的家》。

PART THREE

慧

第 1 章　什么是观

以下的教导，撷取自 1979 年阿姜查在果诺寺（Wat Gor Nork）雨安居期间，与西方弟子们的一次问答，为了便于了解，谈话的顺序作了一些调整。

以想作为工具，如实观察每件事物

问：当您教导观的价值时，您是指坐着想特殊的主题，例如身体的三十二个部位吗？

答：当心真的不动时，那并不需要。当定被正确地建立时，观察的所缘就变得很明显。当观是真实的时，就没有对与错、好与坏的分别，连类似的东西都没有。你不会坐在那里想："哦！这个像那个，那个像这个……"那是粗的观的形式。

禅定的观不只是想，而是我们所谓的"静观"（contemplation in silence）。在日常生活中，我们通过比较，小心地思考存在的真实本质，这虽然是种粗的观察，不过它能带来真实的事物。

问：然而当您说观身与心时，我们事实上是用想的吗？想能产生真实的智慧吗？这是观吗？

答：刚开始我们是需要用想的，之后就会超越它。虽然我们需要从二元的思考开始，但当真的开始观时，二元的思考就会停止。最后，一切的思虑都会停止。

我们以想作为工具，但使用它时生起的觉知，高于并超越想的过程。它能引导我们不再受到想的愚弄，你认出一切想都只是心的活动，而觉性则是不生与不灭的。

问：您说要有足够的定才能观。要到怎样的定才够呢？

答：到足以让心安住的程度即可。

问：您的意思是安住在当下，别想过去与未来吗？

答：若你能如实了解过去与未来，则想这些事也没错，但你不可执著它们。以平常心对待它们——不要执著。若你能了解想就是想，那就是智慧。不要信任它们！觉知一切生起的事物终将消灭。

只须如实地观察每件事——它就是它，心就是心，它本身不是任何东西或任何人。快乐就只是快乐，痛苦就只是痛苦——它就只是它。当你了解这一点时，就可以不再疑惑。

以觉知引导想并生起智慧

问：真正的观和想一样吗？

答：我们以想作为工具，但使用它时生起的觉知，高于并超越想的过程。它能引导我们不再受到想的愚弄，你认出一切想都只是心的活动，而觉性则是不生与不灭的。你认为这一切被称为心的活动是什么呢？我们所谈论的心——一切活动，只是世俗之心，它根本不是真实的心。真实即如是，它是不生不灭的。

不过，只是借由谈论这些事而想了解它们，是没有用的。我们需要真的深入思维无常、苦与无我，换句话说，要以想去观察世俗谛的本质，由此得到的结果就是智慧。若它是真实的智慧，则一切就都完成与结束了——见到空性。虽然也许还有想，但它是空的，你不会再受它影响。

解脱道的观不同于世俗的想

问：我们如何到达这个真心的阶段？

答：当然！你现在是和你既有的心在一起。了解一切生起的事物都是不确定的，没有任何事物是稳定或真实的。看清它，并了解一切都是空的，没有什么可以执著。

当你如实了解心中生起的事物时,就无须再使用想了,你对于这些事将不再有任何疑惑。

谈到真心,可以用另一个方法来帮助了解。我们为了学习而设立名言,但事实上,本质并未因而改变,它还是它。例如,坐在楼下这石头地板上,地板是基础——它并未移动或去任何地方。上面的楼房是在这基础之上生起的。楼房就如心中所见的一切事物——色、受、想、行,它们不像我们想象的那样存在,它们只是世俗的心。它们生起后就灭去,并无固定不变的实体。

经上有则关于舍利弗尊者在允许某位比丘修头陀行之前,考验那位比丘的故事。舍利弗问这位比丘,若他被问及:"佛陀死后会如何?"他会怎样回答。这名比丘答道:"色、受、想、行、识,有生就有灭。"于是舍利弗便让他通过。

不过,修行不只是谈论生与灭,你必须亲自看见它。当坐着时,只要如实观察正在发生的事即可,别追逐任何事。观并非意指陷入想中,解脱道的观不同于世俗的想。除非正确了解观的意义,否则想得愈多,只会愈困惑。

我们积极长养正念,就是因为要看清楚正在发生的事。我们必须了解内心的过程,只要保持正念与了解,则一切就都在我们的掌握之中。你们知道觉悟解脱道者,为何永远都不会表现愤怒或疑惑吗?因为造成这些生起的因已不存在,它们还能从哪里冒出来呢?正念已涵盖一切了。

五蕴之外没有任何东西

问:你所说的这颗心就是本心吗?

答:你是什么意思?

问:你似乎是说在世俗的身心(五蕴)之外还有个东西。有这样的东西吗?你怎么称呼它?

答:根本没有任何东西,我们不称它为"任何东西"——它就是那样存在着!一切都放下。甚至连觉性也不属于任何人所有,因此连它也要放下!意识意识不是独存的个体、众生、自我或他人，因此，放下它——放下一切！没有任何值得渴爱的事！一切都只是麻烦的包袱。当你如此清楚看见时，就能放下一切。

不是独存的个体、众生、自我或他人，因此，放下它——放下一切！没有任何值得渴爱的事！一切都只是麻烦的包袱。当你如此清楚看见时，就能放下一切。

问：我们不能称它为本心吗？

答：若你坚持的话，仍可以如此称呼它。你可以称呼它为任何你喜欢的名字，因为那只是世俗谛。但必须正确了解这点，这非常重要。若我们不利用世俗谛，就没有任何文字或概念可以来思考真谛——法。了解这点非常重要。

只要持续放下并觉知，就能到达本心

问：在您所说的这个阶段需要何种程度的定？它需要何种特质的正念？

答：你无须那样想，若未有足够的轻安，就完全无法处理这些问题。你需要足够的稳定与专注，去觉知正在发生的事——足以生起清明与了解的程度。

如此发问显示出你仍在疑惑中。你需要足够的定心，才能对正在做的事不再有疑惑，不会陷入其中。若你有修行，便能了解这些事。你愈是持续如此发问，就会愈感到困惑。若这谈话能帮助你思维（观），那就没有问题，但它无法为你显示事物的实相。你无法因为别人告诉你而了解这个法，你必须亲自体会——智者自知。

若你拥有我们所谈的这种了解的本质，那么你的责任就已完成——你无须再"做"任何事。若依然有事要做，你就去做，那是你的责任。

只要持续放下一切，并觉知你正在做什么即可，无须一直查核自己，担心"多少禅定"之类的事——它总是会恰如其分。在修行中无论生起什么，都随它去，觉知一切都是不确定的，是无常的。记住这点！一切都是不确定的，放下这一切。这条路会带你回到源头——到达你的本心。

第 2 章 法性

当心与法尘拉扯时,心便如风中果实般坠落

当一棵果树正开花时,偶尔一阵风刮过,吹落一些花朵。有些花蕾继续留在树上,并结成青色的小果实,一阵风吹来,其中有些掉在地上;其他果实继续成熟,然后它们也会掉下来。

人也是如此,像风中的花与果实,在不同的生命阶段中坠落。有些人在母腹中就夭折了,有些在出生后只活了几天,有些多活了几年,有些则在青少年或成年时去世,然而也有人是寿终正寝。

当在省察人时,应深思风中果实的本质——两者都是非常不确定的。这种不确定也可以在出家人的生活中看到,有些人想来寺里出家,中途却改变心意离开,有些甚至都已剃发;有些已成为沙弥,却又决定离开;有些只出家一个雨安居便还俗了。就如风中的果实——一切都非常不确定。

我们的心也类似于此。当某个法尘生起,并与心拉扯时,心便如果实般坠落。

佛陀了解这不确定的本质,他观察风中果实的现象,并以此省察比丘与沙弥弟子。他发现他们其实都具有相同的本质——不确定!有其他的例外吗?这就是事物的实相。

不涉入世间法,就能真正自在独立

因此,若你是以正念在修行,就无须别人一五一十地教导你看见与了解。

世上的每件事物都是老师，例如树与藤，都可能向我们揭露实相。我们从自然中就能学到足以觉悟的法，因为每件事都遵循真实之道，无法背离实相。

佛陀便是个典型的范例，他的前世是阇那迦·鸠摩罗（Janaka Kumāra）王，他无须学习很多，只需要观察一棵芒果树。

有天当他和随行大臣们参观一座公园时，坐在象背上的他瞥见一些结实累累的芒果树，由于当时无法停下，便决定稍后再回来摘取。不过，他并不知道随行大臣们会贪婪地将芒果采光，他们以竹竿敲下芒果，或折断树枝，将叶子扯破并散落满地。

在失望与沮丧之余，国王注意到邻近的一棵芒果树，它的枝叶还很完整。他立刻了解到，那是因为它没有果实，若树没有果实，就没人会去打扰它，所以枝叶不会遭到破坏。他在回宫的路上一直思维这件事："当个国王是多么不快乐、烦心与受困扰啊！他必须经常忧心国事，若有人企图攻击、抢夺或侵占国土时怎么办？"他的心情始终无法平静，甚至晚上睡觉时也会被噩梦惊扰。他在心里再次看见芒果树，没有果实但却有完整的枝叶。"若我们变得和那棵芒果树一样，"他心想，"我们的枝叶也不会遭到破坏。"

他坐在房间禅思，最后由于受到芒果树的启发而决定出家。他将自己比做那棵芒果树，结论是若他不涉入世间法，就能真正自在独立，从担心中解脱，心将不受困扰。如此省察后，他成为一位游行僧。

从此以后，无论走到哪里，当人问到他的老师是谁时，他都会回答："一棵芒果树。"他无须接受太多的教导，一棵芒果树是他觉悟"引导的法"的原因，这是种引领向内的教导。他基于此觉醒而出家，少事、少欲、知足，并乐于独处。他放弃国王的地位，终于获得内心的平静。

我们也应敏于观察四周，就如佛陀身为阇那迦·鸠摩罗王一样，因为世上的每件事随时都准备教导我们。即使只有少许直观的智慧，我们也可能看清世间法。我们将了解，世上的每件事物都是老师，例如树与藤，都可能向我们揭露实相。我们从自然中就能学到足以觉悟的法，因为每件事都遵循真实之道，无法背离实相。

从无常、苦、无我的角度看万物皆平等

伴随智慧而来的是安定与自制，它们接着会带来对实相的进一步洞见，我们将能了解每件事物无常、苦与无我的究竟实相。例如，所有大地上的树，若从无常、苦与无我的角度来看，都是平等与一体的。首先它们出生，然后长大与成熟，不断变化，直到死亡为止，这是每棵树必经的过程。

同样，人与动物的一生，也是从出生到成长与变化，到终归于死。这从生到死的诸多变化过程，呈现了佛法之道。换句话说，一切事物都是无常的，在自然情况下，终究都会坏灭。

若我们觉知与了解，以智慧与正念加以学习，就能如实地见法。我们将见到人们一直在出生、变化与死亡，每个人都在生死中轮回，这宇宙之内的所有人都是一体的。清楚明白地看见一个人，就等于看见世上所有的人。

同样，每件事都是法——不只是肉眼所见的事物，还包括内心所见的事物。一个想法生起，然后改变与消逝，那是名法（nāma-dhamma）——单纯一个法尘生灭，这是心的真实本质。总之，这是佛法的圣谛。若人不如此看见与观察，就无法真的看见！若确实看见，他就具有智慧，可去聆听佛陀宣说教法。

佛、法、僧都在我们的心里

> 佛在哪里？佛在法中。法在哪里？法在佛中，就在当下！僧在哪里？僧在法中。

佛、法、僧都在我们的心里，但必须自己去看清楚。有些人偶尔会说："哦！佛、法、僧都在我的心里。"然而，他们的修行却不如法，因此要想在心里找到佛、法、僧根本就不可能，因为心必先成为觉知法的心才可以。那时我们才会知道，实相确实存在世上，且可以让我们修行与了解。

例如，受、想、行等名法都是不确定的。愤怒生起时，它成长、转变，然

后消失，快乐也是如此，它们都是空的，不是真实的东西。内在有身与心，外在则有树、藤等各种事物，都在展现这不确定的普遍法则。

无论它是一棵树、一座山或一个动物，一切都是法，每件事物都是法。法在哪里？简单地说，不是法的东西并不存在。法是本质，这就称为真实法[1]。若人看见本质，他就看见法；若他看见法，他就看见本质。看见本质即见性，见性即觉悟法。

因此，每一刻，每个动作，生命的究竟实相都只是又一次无尽的生死循环，那么，学习如此多东西要做什么？若我们在所有姿势（行、住、坐、卧）下，都能保持正念与正知，则自觉——觉知当下的真实法——随时都可能发生。

见法者即能见佛

现在，佛陀——真实的佛陀——依然活着，因为他即是法本身，是真实法。而能让人成佛的真实法，依然存在，它并未逃到任何地方去！因此有两个佛：一个在身体，另一个在心。

"真正的法，"佛陀告诉阿难，"唯有通过修行，才能悟入。"凡是见法者即见佛，见佛者即见法。怎么说呢？从前佛并不存在，只有当悉达多·乔达摩觉悟法时，才成为佛陀。依此解释，则我们的情况就和他相同，若我们觉悟法，同样也会成佛，这就称为"心中之佛"或"名法"。

一定要对自己所做的每件事保持正念，因为我们会成为自己善行或恶行的继承者。善有善报，恶有恶报，你只需要在日常生活中觉知这样的情况即可。悉达多·乔达摩就是因为了解这实相而觉悟，世上也因此出现了一个佛陀。同样，若每个人都能达到这样的觉悟，也同样可以成佛。

所以，佛陀依然存在。听到这点，有些人因而变得很高兴，说："若佛陀还在，那么我就可以修行佛法了！"你们应如此了解它。

> 佛陀所觉悟的法，是恒存于这世上的法。它可以比喻为地下水，当有人想挖井时，一定要挖得够深才能找到地下水，水一直都在那里，他们并未创造它，只是发现它而已。

佛陀并未创造法，只是发现它

佛陀所觉悟的法，是恒存于这世上的法。它可以比喻为地下水，当有人想挖井时，一定要挖得够深才能找到地下水，水一直都在那里，他们并未创造它，只是发现它而已。

同样，佛陀并未发明或制定法，他只是将已存在的东西揭露出来而已。佛陀通过观而看见法，法是这世间的实相，因为看见这个，所以悉达多·乔达摩被称为佛。所以法能让人成佛，成为觉知者——觉知法的人。若人们具有善行，并专心致志于佛法，则那些人永远不乏戒与善。具备这样的认识，将了解我们其实离佛陀并不远，而是与他面对面。当了解法时，当下就见到了佛。

若人真的在修行，则无论他坐在树下，或躺着，或任何姿势，都能听到佛法。这不是要让你思考的事，它出自于清净心。只记住这些话还不够，因为这有赖于见到法本身，除此之外，别无他法。因此，应下定决心修行，以便能见到法，这样我们的修行才能真正完成，无论行、住、坐、卧，都能听见佛陀的法。

佛陀的教导完备且具足，只待你去修行

佛陀教导我们到安静的地方居住，才能学习收摄眼、耳、鼻、舌、身、意六根。这是修行的基础，因为六根是事物生起的地方，它们只在这些地方生起，因此，收摄六根就是为了觉知那里发生的情况。

一切的善与恶都是经由这六根生起，它们是主宰身体的感官。眼睛看色，耳朵听声，鼻子嗅香，舌头尝味，身体接触冷、热、软、硬等感受，意根则主法所缘的生起。我们所需要做的，只是将修行建立在这几个点上。

这个修行是很容易的，因佛陀已为我们设定好需要的项目。这就如佛陀已种植了一片果园，并邀请我们去采收果实，我们并无须种植任何树。我们所关心的事，无论是戒、定或慧，都无须去创造、制定或推测，我们要做的只是遵循已存在于佛陀教导中的内容。

珍惜能修行法的福报

因此,我们是具大功德与大福报的众生,能听到佛陀的教导。果园已存在,果实也已成熟,每件事都已完备且具足,所欠缺的只是有人去采摘果实与食用,是具有足够信心的人去加以修行!

我们应觉知自己的功德与福报是很珍贵的,只要环顾四周其他众生不幸的遭遇就能得知。以狗、猪、蛇与其他生物为例,它们并无机会学习、知道、修行法,是正在承受恶报的不幸众生。当一个生命无机会学习、知道与修行法时,就无机会解脱痛苦。

身为人类,我们不应让自己变成不幸的受难者,丧失端正的威仪和戒律。别变成不幸的受难者!别成为无望到达涅槃解脱道与增长德行的人,别认为我们已没有希望!若如此思维,我们就会如其他众生一样,变成不幸的一群。

我们都是生在有佛陀教化之处的众生,因此早已具备足够的福报与资源。若现在就改正与增长我们的了解、观念与知识,它就能带领我们如法地处事与修行,而在此世就能看见与觉悟法。

因此,我们和其他众生如此不同,我们是有能力与机会觉悟法的人。佛陀教导我们:此刻,法就在我们的面前;此时,佛就和我们对面而坐!你还想在何时、何地看到他呢?

若我们不正确地思维、修行,就会落入畜生、地狱、饿鬼或阿修罗道[2]。那是怎样的情形?只要看自己的心。当愤怒生起时,那是什么?那就是了,看清楚!当妄想生起时,那是什么?就是它,仔细地观察!当贪欲生起时,那是什么?就在那儿,把它看清楚!

当心无法辨识与清楚了解这些心境时,它就丧失为人的资格。所有情况都处于有的状态,有引发生,生再引发老、死。因此,我们是照着内心的情况而有或生。

【注释】

[1] 实相：即法的本质，或称为"真实法"（sacca-dhamma）。

[2] 根据佛教思想，众生依各自的业而在六道轮回，包括天道（乐多于苦）、人道（苦乐参半），以及畜生、地狱、饿鬼或阿修罗道（这些地方苦多于乐）。阿姜查一直强调，我们应当下在心里观察这六道。根据内心的状况，可以说我们一直都处于六道之中，例如当内心怒火中烧时，我们当下就从人道沉沦而转生于地狱道。

第3章　与眼镜蛇同住

我们在巴蓬寺学习与练习的教法，是解脱生死轮回苦的修行。为了做这个修行，你必须以对待眼镜蛇的方式，对待一切你喜欢与不喜欢的各种心的活动。

眼镜蛇是种很毒的蛇，若被咬一口就足以致命。对待我们的心情也是如此，喜欢的心情有毒，不喜欢的心情也有毒。两者都会阻碍我们解脱，并妨碍我们了解佛陀教导的实相。

没有东西可持续存在，只有生灭相续不已

因此，我们应尝试从早到晚随时保持正念。无论在做什么，站着、坐着、躺着、说话或做其他事，你都应以正念去做。当建立起正念时，你将发现正知也随之生起，这两者将能带来智慧。因此，正念、正知与智慧会一起运作，你将会像个日夜都清醒的人一样。

佛陀留下的这些教导，不只是让我们聆听，或以世智辩聪去吸收而已。它们是可以通过修行，在我们的心中生起，并被觉知的教法。无论我们去哪里或做什么，都应拥有这些教法。拥有这些教法或拥有实相的意思是，无论我们做什么或说什么，都应以智慧去做与说，当想与观时，也以智慧去做。我们说具有正念、正知与智慧者，就是趋近佛陀的人。

当你们离开这里时，应练习将每件事都拉回自己的心。以正念与正知去观察心，并增长这智慧。具备这三个条件之后，放下的态度会生起，你会觉知一切现象不断的生与灭。

> 觉知快乐的意思是，我们不会认为它是我们的，当不再认同与执著苦、乐时，留下的就只是事物的实相。

你们应知道，那生灭只是心的活动。某件事生起，接着灭去，紧跟着又是另一次生灭。以法的语言来说，这生灭就是生与死，每件事都是如此——法尔如是。

当痛苦生起时，接着会灭去；当它灭去之后，痛苦又会再次生起。只有痛苦在生灭，当你看到这点时，就会不断觉知生灭；当觉知持续不断时，你就会了解"法尔如是"的道理。每件事都只是生与灭，没有任何东西可持续存在，只有生灭相续不已——如此而已。

心理活动就像眼镜蛇，不招惹它就不会被咬

这种洞见能带来平静的出离心，当了解到没有任何东西值得渴爱时，这种感觉就会生起，只有生灭，有生就有死。此时，心就达到放下的境界——如实地放下一切。我们觉知事物在心中不断地生灭，当短暂的快乐生起时，觉知它；当不圆满的痛苦生起时，也觉知它。觉知快乐的意思是，我们不会认为它是我们的，当不再认同与执著苦、乐时，留下的就只是事物的实相。

所以说，心理活动就像致命的眼镜蛇，若我们不去招惹眼镜蛇，它只会走它自己的路，虽然它很毒，但不会影响我们，只要不靠近它或捉它，它就不会咬我们。眼镜蛇只是做一只眼镜蛇该做的事，它就是这样。若你聪明的话，就离它远一点。你不只放下好的，也放下不好的——如实地放下它。

无论喜欢或不喜欢，你都放下。你对待它们，就如对待眼镜蛇，别去招惹它们。我们既不思恶，也不思善；既不要重，也不要轻；既不要乐，也不要苦。如此一来，渴爱就会止息，平静会稳固地建立起来。

熄灭贪、嗔、痴之火，就能终止生死轮回

当建立起平静时，我们就可以信赖它。这种平静的生起是超越无明的，此时无明已消失。佛陀称这种究竟觉悟的成就为"涅槃"[1]，就如火被吹灭一样。

我们以快乐的语汇来谈论涅槃，是因为这是世人比较容易了解的概念，但其实它超越快乐与痛苦两者，它是究竟的平静。

我们在火出现的地方熄灭它，凡是热的地方，我们就在那里让它变冷。

觉悟也是如此，涅槃是在轮回中被发现。觉悟与烦恼存在于同一处，就如冷与热的情况，热的地方会变冷，冷的地方会变热。当热度升高时，冷就消失；当冷存在时，就不再有热。涅槃和轮回也是同样的道理。

我们被教导要终止轮回，意思是停止转动不已的无明之轮。终止无明，就是熄灭火焰。当外在的火焰被熄灭时，就会有清凉；当内在的贪、瞋、痴之火被熄灭时，也同样会有清凉。

这就是觉悟的本质，它是火的熄灭，是将热恼转化为清凉。这就是平静，是生死轮回的结束。当你达到觉悟时，就是这么一回事。它是不断轮转与不断变化的终点，是我们内心贪、瞋、痴的结束。我们以快乐的语汇来谈论涅槃，是因为这是世人比较容易了解的概念，但其实它超越快乐与痛苦两者，它是究竟的平静。

【注释】

[1] 涅槃（nibbāna）：原意为吹熄火焰或被吹熄的状态，意指解脱一切痛苦与烦恼的状态，是成佛之道的最终目标。

第 4 章　内心的中道

佛教的教导是关于弃恶修善的,然后当舍弃恶,建立起善时,我们便将两者都放下。中道就是超越两端之道。

佛陀所有的教导都只有一个目标——为未解脱者指出一条离苦之道。这教导给我们正见,若无法正确地了解,我们就无法达到平静。

当诸佛觉悟并初次说法时,他们都谈到两端——耽著欲乐与耽著苦行。这是两种沉迷的形态,人们就被困在感官世界的这两端摆荡,永远无法达到平静,不断地在生死轮回中流转。

觉者观察到我们都被困在这两端之间,永远见不到中道法。这是沉迷之道,而非禅修者之道,非平静之道。耽著欲乐与耽著苦行,简单地说,就是过松之道与过紧之道。

快乐只是痛苦的另一种微细形态

若观察内心,你们就会看见过紧之道是愤怒或悲伤之道,走上这条路,只会遇到困难与挫折。至于另一端——纵欲,若能超越它,你们就超越了欲乐。既不痛苦,也不快乐,是种平静的状态。佛陀教导我们要放下苦与乐两端,这是正确的修行,是中道。

中道所指的不是身体与语言,它是指心。当我们不喜欢的法尘生起时,它会让心产生迷妄。当心感到迷妄而晃动不止时,这不是正道。当喜欢的法尘生起时,心便沉溺于欲乐中,这也不是正道。

没有人想要痛苦，我们都想要快乐，但事实上，快乐只是痛苦的另一种微细形态。你们可以将快乐与不快乐比喻为一条蛇，不快乐是蛇的头，快乐则是尾巴。蛇头是真正危险的，它有毒牙，若你碰它，蛇会立刻咬下去。但别说是头，即使你抓住蛇尾巴，它也同样会转过身来咬你。因为不论是头或尾巴，都属于同一条蛇。

苦与乐都源自渴爱

同样，快乐与痛苦、欢乐与悲伤都出自相同的来源——渴爱。因此，当快乐时，你的心并不平静，它确实如此！例如，当得到喜欢的东西，如财富、名望、赞誉或快乐时，我们会很高兴，但内心仍隐藏着些许不安，因为害怕会失去它。那样的恐惧不是平静的状态，不久后我们可能真的失去它，然后真正感到痛苦。

因此，即使是在快乐时，痛苦也会随时在你不察觉的情况下发生。那就如抓蛇尾巴——若不放开它，你就会被咬。因此无论是蛇尾或蛇头，换句话说，好或不好的情况，一切都只是无尽变化或轮回的特征。

佛教的本质是平静，而平静则来自如实觉知一切事物的本质。若我们仔细观察，就可了解平静既非快乐，也非痛苦，这两者都不是实相。

人心——佛陀告诫我们去觉知与观察的这个心，只能借由它的活动加以觉知。而真实的本心，则无法借由任何东西来测度或认识，在它的自然状态下，它是如如不动的。当快乐生起时，这颗心也随之动摇，它迷失在法尘中。当心如此动摇时，贪爱与执著也随之而生。

若未见到实相，就一定会痛苦

佛陀已为我们指出完整的修行之道，但我们若不是还未修行，就是只在口头上修行，我们口是心非，只是落入空谈而已。但佛教的根本并非能被谈论或臆测，这根本是如实觉知事物的实相。若你已觉知这实相，那么就无须任何教导；

> 佛陀说："觉者只是指出道路。"他无法为你修行，因实相是无法言表或传递的。

若未觉知它，则即使在聆听教导，你也无法真的了解。所以佛陀说："觉者只是指出道路。"他无法为你修行，因实相是无法言表或传递的。

所有教导都只是譬喻或比喻，目的在帮助心见到实相。若未见到实相，就一定会痛苦。例如我们通常以"行"这个字来指称身体，任何人都可以谈论它，但事实上都有问题，由于不知道诸行的实相，因此会执著它们。因为不知道身体的实相，所以我们才会痛苦。

在此有个例子。假设一天早上你正要去工作，有人在对街咆哮并辱骂你。当听到这些辱骂时，你的心变得异于平常，觉得很不舒服，感到愤怒且受伤。那人整天四处辱骂你，每次你都很生气，甚至当回到家时，仍在生气，因为你怀恨在心，想要报复。

几天之后，另一个人来到你家对你说："嘿！那天骂你的那个人，是个疯子！他已发疯好几年了。他辱骂每个人，没人在意他到底说了些什么。"当听到这里时，你顿时松了一口气，在这些天里，一直压抑在内心的那些愤怒与伤害都完全化解了。为什么？因为现在你知道了事情的实相。先前你以为那个人是正常的，你才会对他生气，你的误解造成了痛苦。当发现实相时，每件事都改变了："哦，他疯了！那说明了一切！"

现在你已了解，所以能释怀，可以放下了；若不知道实相，你就会一直耿耿于怀。当认为侮辱你的那个人是正常人时，你想杀了他；但当发现实相时，你便觉得好多了。这就是实相的认知。

身体是性空的物体

有些见法者也有类似的经验。当贪、嗔、痴消失时，它们是以同样的方式消失的。过去我们不知道这些事时，心想："怎么办？我的贪与嗔如此深重。"这并非清楚的认知。就如我们一直都将疯子当成正常人，当最后了解他根本就疯了时，我们才放下心来。没有人能为你指出这点，只有心亲自看见时，它才能将贪欲连根拔除。

我们称为"行"的这身体也是如此，虽然佛陀已一再解释它并无固定不变的实体，我们还是不相信，紧抓着它不放。若身体会说话，它会整天对我们说："你知道吗？你不是我的主人。"事实上，它一直都在告诉我们，不过是以法的语言，因此我们无法了解它。

例如，眼、耳、鼻、舌、身等感官不断在变化，但从未见过它们曾征得我们的同意！当头痛或胃痛时，身体也不会先问问我们的意见，它随顺自然的因缘，径自发生。这显示出身体不允许任何人当它的主人，它并没有一个主人，佛陀描述它是个性空的物体。

我们不了解法，因此不了解诸行，而将它们当成我们的，是属于我们或他人的。由此开始产生贪取。当取生起时，有便生起。一旦有生起，接着便是生，之后便有老、病、死等种种痛苦。

痛苦的感觉是一连串缘起的结果

这是"缘起"[1]，"无明"缘"行"，"行"缘"识"等，这一切都只是心中的事件。当接触我们不喜欢的事物时，若失去正念，就会有无明，痛苦立刻生起，但心通过这些变化的速度如此之快，以致我们跟不上它们。这就有如你从树上掉下来，在搞清楚情况以前，砰的一声，你已摔在地上了。当掉落时，其实你穿过许多枝叶，但你完全无法顾及它们，只是往下掉，然后……砰！

缘起也是如此。经中如此拆解它们：无明缘行，行缘识，识缘名色，名色缘六处，六处缘触，触缘受，受缘爱，爱缘取，取缘有，有缘生，生缘老死。当你真的接触不喜欢的事物时，痛苦立即生起！痛苦的感觉其实是一连串缘起的结果。因此，佛陀告诫弟子们，要彻底观察与觉知自己的心。

一切事物只顺从自然法则，我们无法强迫它

当人降生到这世上时并无名字，出生之后，才为他们命名，这是种惯例，

为了称呼上的方便而为人命名。经典也是如此，将事情拆开并贴上标签，是为了方便学习实相。

同样，一切事物都只是行法，都是因缘和合而生，佛陀说它们是无常、苦与无我的，是不稳定的。我们对此的了解既不深刻，也不直接，因而持有邪见，认为诸行就是我们，我们就是诸行；或快乐与痛苦就是我们，我们就是快乐与痛苦。这种看法并非清楚的认知，它偏离实相。实相是——我们无法强迫一切事物顺从我们的意愿，它们只顺从自然的法则。

在此打个简单的比方。假设你坐在一条高速公路的中央，汽车与卡车从你身边呼啸而过。你无法对那些车子咆哮："别开到这里！别开到这里！"那是条高速公路，你不能对他们那么说。那么你能怎么做？你应离开那条公路！公路是车子走的地方。若你希望那里不要有车子，就会痛苦。

诸行也是如此。我们说它们打扰我们，例如坐禅时听到一个声音，心想："哎！那声音真吵。"若我们心想声音烦人，就会痛苦。若稍微深入观察就会了解，是我们前去打扰声音才对！声音就只是声音。若我们如此了解，就不会无端生事，而会让声音自然存在。

我们了解到，声音是一回事，我们是另一回事。那些相信是声音来打扰他们的人，并不了解自己。他们真的不了解！一旦你了解自己，就会很自在。声音就只是声音，你为何要去执取它呢？你知道，事实上是你前去打扰声音的。

这就是对实相真实的认知，你看见两端，因此拥有平静；若你只看到一端，就会痛苦。一旦看见两端，就会随顺中道而行。这是心正确的修行，就是所谓的"修正我们的知见"。

平静是从苦、乐两端解脱出来

同样，一切诸行的本质是无常与死亡，但我们却想抓住它们。我们带着它们，并掩饰它们，希望它们是真实的，希望能在不是真实的事物上找到真实。每当有人如此理解，并执取诸行就是他自己时，就会痛苦。

> 修行佛法不能依靠比丘、比丘尼、沙弥或在家的身份，它有赖于修正你的知见。若我们的了解正确，就会达到平静，无论是否出家都无所谓。

修行佛法不能依靠比丘、比丘尼、沙弥或在家的身份，它有赖于修正你的知见。若我们的了解正确，就会达到平静，无论是否出家都无所谓。每个人都有机会修学佛法，修观、所观的是相同的事，若我们达到平静，那平静对每个人而言都是相同的。那是相同的道路，使用的是相同的方法。

因此，佛陀并不区分在家人与出家人，他教导所有人修行，以发现诸行的实相。当觉知这实相时，就能放下诸行，若觉知实相，有与生就不复存在。生无从发生，因为我们完全觉知诸行的实相，若完全觉知实相，就会有平静。有或无、得或失，都是相同的，佛陀教导我们觉知这点，这就是平静——从苦乐或悲喜两端中解脱出来。

我们必须了解，我们毫无理由要生，例如毫无理由要生在高兴中。当得到某些喜欢的东西时，我们很高兴，若不执取高兴就没有生，若执取就是生。因此，若得到某些东西，我们不生在高兴中；若我们失去，也不生在悲伤中，这就是无生与无死。生与死，是建立在对诸行的执取与贪爱上。

因此，佛陀说："我生已尽，梵行已立，所作已办，不受后有。"瞧！他已觉悟无生与无死，这是佛陀经常告诫弟子们要去知道的，这是正确的修行。若你未达到它，未达到中道，就无法超越痛苦。

【注释】

[1] 缘起（paṭicca-samuppāda）：佛教的中心思想之一。是佛陀说明众生为何会产生忧悲苦恼，如何才能脱离苦恼，到达无苦安稳的理想的教说。十二支缘起的顺序，依次为无明、行、识、名色、六处、触、受、爱、取、有、生、老死。

第5章　超越的平静

若不修行，所有知识都是肤浅的

修习法是很重要的。若不修行，则我们所有的知识都是肤浅的，只是个空壳子而已，就如我们有某种水果，但还未吃它。虽然我们手上有那水果，却无法从中得到任何利益，只有实际去吃它，才会真正知道它的味道。

佛陀并不赞叹那些一味相信他人的人，他赞叹那些觉知自心的人。就如水果，一旦尝过它，就无须问人它的味道是酸或甜，我们不再疑惑，因为已如实觉知。了解法的人，就如了解水果滋味的人，一切疑惑都在这里冰释。

当谈论法时，我们可将之归纳为四件事：知苦、知苦因、知苦灭、知灭苦之道，如此而已。至今我们所经历的一切修行都不外乎这四件事，当知道这四件事时，我们的问题就解决了。

这四件事生在何处？它们就生在身与心之内，而非别处。那么，佛陀的教导为何如此微妙广大呢？那是为了更精确地解释，以便帮助我们了解它们。

当悉达多·乔达摩诞生在这世上，在见法之前，他和我们一样都是凡夫。当他了知应知道的事——苦、集、灭、道四谛时，他了解了法，而成为正等正觉的佛陀。

无论我们坐在哪里，当了解法时，就知道法，无论在哪里，都可听到佛陀的教导。当了解法时，佛陀就在我们的心里，法就在我们的心里，带来智慧的修行也在我们的心里。心里有佛、法、僧，意味着无论行为的好坏，都能清楚觉知它们的真实本质。

这解释了佛陀为何能舍弃世俗的看法、赞叹与批评，不论人们赞叹或批评他时，他都能坦然接受。赞叹与责备都只是世间法，因此他不受影响。为什么？因为他知道苦，知道若对那些赞叹与批评信以为真，便会造成痛苦。

让法在心中如实生起

当苦生起时，会令我们焦虑与不安。苦的因是什么？是因为我们不知道实相。当因存在时，苦就会生起，它一旦生起，我们便不知如何制止它，愈尝试制止它，它就愈增长。我们说"别批评我"或"别责备我"，但愈如此尝试制止它，苦就愈明显，无法停止。

因此，佛陀教导灭苦之道，是要让法在自己心中如实地生起——成为亲自见证法的人。若有人说我们好，我们不会迷失于其中；若有人说不好，也不会忘了自己。如此一来，我们就可以很自在。善与恶都是世间法，都只是心的状态，若跟着它们，心就会成为世间。我们只是在黑暗中摸索，找不到出路。

若是如此，就是还不了解自己。我们想要打败别人，但是这么做，打败的反而是自己。不过，若洞悉了自己，我们就洞悉了一切——色、声、香、味、触等法。

观察身体里的身体

现在我谈的是外在，但外在也反映内在。有些人只知道外在。例如，我们尝试"安住于身，循身观察"，见到外面的身体还不够，必须知道身体里的身体；在观察心时，应知道心里面的心。

我们为何应观察身体？这身体里的身体是什么？当说觉知心时，这心是什么？若无法觉知心，就无法觉知心里的事，我们是不知苦，不知苦因，不知苦灭，以及不知灭苦之道的人。那些应有助于灭苦的事没有发挥作用，因为我们受到会加重苦的事吸引，那就犹如头痒，却去搔脚一样！若是头痒，那么搔脚显然无法得到纾解。同样，当痛苦生起时，我们不知如何处理它，不知趋向苦灭的修行。

举大家都有的身体为例。若只看身体的色法，就无法解脱痛苦。为什么？因为我们还未看见身体里面，只看见外面，视它为美好与真实的事物。佛陀说只靠这个是不够的，我们以眼睛看外面，小孩看得到它，动物也看得到它，这并不难。但一看到它，我们就执著它，不了解它的实相。我们执取它，它则反咬我们一口！

因此，我们应观察身体里的身体。无论身体里有什么，都去检视它，若只看外表，那并不清楚。我们看头发、指甲等，它们只是会引诱我们的美丽事物，因此，佛陀教导我们要看身体内部，看身体里的身体。

身体里有什么？仔细看清楚！我们将发现许多令人惊奇的东西，因为虽然它们在我们身体里面，我们却从未曾看过。每次走路，我们都带着它们，坐在车里，也带着它们，但我们对它们却一无所知！

就如去拜访某个亲戚的家，他们送我们一份礼物。我们拿起它，装进袋子里，然后离开，从未打开看过里面是什么，最后打开它——里面装满了毒蛇！身体就像这样，若只看外表，会说它很美好。我们忘了自己，忘了无常、苦与无我。若我们看这身体的里面，它真的很恶心！

快乐或痛苦是一种受，要将心与受分开

当如实地观察，不试图粉饰事物时，我们将了解身体是可鄙与令人厌恶的，就会生起厌离。不感兴趣并不表示我们感到嗔恚，而是说我们的心是清明与放下的。我们了解所有事情都是不实在、不可靠的，它们本来就是如此。不论我们希望它们如何，它们仍依然故我。不稳定的事就是不稳定，不美丽的事就是不美丽。

因此佛陀说，当经历色、声、香、味、触、法时，应放开它们。当耳朵听

当入定时，平静充满内心，乐受生起，但它无法进入心；苦受生起，也无法进入心，这就是将心与受分开的意思。

到声音时，随它们去；鼻子嗅到香味时，由它去，将它留给鼻子就好；当触生起时，放下随之而来的好恶，让它回到它的生处；法尘也是如此。这一切都只要随它去，这就是觉知，无论它是快乐或痛苦都一样，这就是禅修。

我们禅修让心平静，智慧才有可能生起。这需要我们以身心去修行，以便能看见与觉知色、声、香、味、触、法等所缘。简单地说，那不外乎是苦与乐的事，快乐是种心中愉悦的感受，痛苦则只是种不愉悦的感受。心是觉知者，受[1]是苦乐与好恶的表征，当心沉溺于这些事物时，就是执取它们，或认为快乐与痛苦是值得执著的事。执取是种心的活动，快乐或痛苦则是一种受。

当佛陀告诉我们将心与受分开时，他并不是说将它们丢到不同地方去，而是指心必须觉知乐与觉知苦。例如当入定时，平静充满内心，乐受生起，但它无法进入心；苦受生起，也无法进入心，这就是将心与受分开的意思。这可用瓶子里的水与油作比喻，它们并不相融，即使你试图混合它们，油是油，水也还是水，因为它们的密度不同。

心的自然状态既非乐，也非苦。当受进入心里时，乐或苦就会产生。若具有正念，我们就会觉知乐受就是乐受，觉知的心不会执取它。乐存在，但它在心外面，而非藏匿在心里，心只是清楚地觉知受。

杀死烦恼是如实觉知并放下烦恼

若将心与苦分开，是否意味着没有痛苦，从此感受不到它？不！仍能感受到它，但我们觉知心就是心，受就是受，而不执取或执著那感受。

佛陀通过智慧将这些分开，他感受到痛苦吗？是的，他觉知痛苦的状态，但不执著它，因此我们说他断除了苦。快乐也一样存在，但他觉知快乐，若不觉知它，它便如毒药。佛陀不执著快乐为他自己，通过智慧，快乐仍在那里，但他的内心不执取或执著它。因此，我们说他将心与苦、乐分开。

当我们说佛陀与觉者们杀死烦恼时，那并不是指他们真的将它们都杀光。

若已杀光所有烦恼,我们大概就不会再有任何烦恼了!

他们并非真的杀死烦恼,而是他们如实觉知烦恼,放下了它们。愚痴的人会执著它们,但觉者了解心中的烦恼是毒,因此全部清除,他们清除会造成痛苦的事物。不知道这点的人,看到一些如快乐或美好的事,就会执著它们,但佛陀只是如实地看见它们,然后扫除它们。

欲乐或苦行皆非禅者之道

佛陀知道,因为乐与苦两者都是苦的,具有相同的价值。当快乐生起时,就放下它。他具有正确的修行,因为他看见这两者具有同等的价值与缺陷。它们受制于法的法则,换句话说,都是不稳定与不圆满的,有生就有灭。当他看见这点时,正见便生起,正确的修行之道也变得更加清晰。无论何种感觉或想法在他的心中生起,他知道那只是持续的乐与苦的活动,他不执著它们。

当佛陀刚觉悟时,便作了关于耽著欲乐与耽著苦行的开示。"比丘们!耽著欲乐是过松之道,耽著苦行则是过紧之道。"这两件事在他觉悟之前,都一直困扰着他,因为起初他并未放下它们,当觉知它们时,他才放下,因此才有初转法轮。

所以,禅修者不应步上快乐或痛苦之道,反之,他应觉知它们。觉知苦的实相,觉知苦因、苦灭与灭苦之道,而离苦之道就是禅修。简单地说,应保持正念。

正念是觉知,也是当下的心。我现在正在想什么?在做什么?心中萦绕着什么事物?如此观察,清楚地觉知自己究竟是如何生活。如此修行,智慧便能生起。

我们在任何姿势下,随时保持思维与观察。当一个喜欢的法尘生起时,如实觉知它,不执著它为任何固定不变的实体,它就只是快乐。当痛苦生起时,也觉知它,并觉知苦行绝非禅者之道。

我们觉知痛苦或舒适的状态，但并不认同它们，只和平静同在——超越苦与乐的平静。

心与受就如油与水

这就是我们所谓的将心与受分开。若够聪明，就不会执取而随它去，我们便成为觉知者。心与受就如油与水，它们在同一个瓶子里，却不会相混。即使生病或在受苦，我们仍觉知受就是受，心就是心。我们觉知痛苦或舒适的状态，但并不认同它们，只和平静同在——超越苦与乐的平静。

你们应如此生活，换句话说，没有快乐与痛苦，只有觉知，心中无任何牵挂。

当我们尚未觉悟时，这一切听起来可能会很奇怪，但那无妨，只要朝这方向设定目标即可。心就是心，它遭遇快乐与痛苦，我们只是如实地看它们，再无其他。它们是分开的，并不相混，若都混在一起，我们就无法觉知它们。

就如住在一间房子里，房子和住户虽然有关，不过却是分开的。若房子有任何危险，我们会难过，并觉得必须保护它；但若房子着火，我们得跑出来。因此，若苦受生起，我们就得离开它，当知道它已完全着火时，就得赶快跑。房子是一回事，住户是另一回事，它们是分开的两件事。

我们说要如此分开心与受，但事实上，它们本来就是分开的。我们的了解，只是如实觉知这自然的分离。若我们认为它们是分不开的，那是因为对实相无知，而执取它们的缘故。

修定所得的智慧与研究书本所得的知识不同

因此佛陀告诉我们要禅修，这禅修非常重要，光靠世智辩聪是不够的。从修行的定心中产生的智慧，和从研究书本中得到的知识相差甚远，研究所得关于心的知识，不是真实的知识。我们为何要执著如此的知识呢？我们终究会失去它啊！一旦失去它，我们便哭泣。

若我们真的了解，便会放下，让它顺其自然。我们知道事物是怎么一回事，且不会忘失自己。若生病，也别迷失于其中。有些人说："这一整年我都在生病，因此完全无法禅修。"这些是真正愚痴者讲的话，其实生病或濒临死亡的人，更应该精进修行。

你们可能会说没有时间修行，生病很痛苦，你们不信赖身体，因此觉得自己无法禅修。若你们这样想，那事情就会变得很困难。佛陀并非如此教导我们，他说这里就是修行的地方，当生病或濒临死亡时，那正是我们可能真正觉悟与看见实相的时候。

其他人说他们太忙了，没机会禅修。有时学校的老师们来看我，抱怨事情太多，没时间禅修。我问他们："当你们教书时，有时间呼吸吗？"他们回答当然有。"那么若工作真的如此繁重，你们怎么会有时间呼吸？你们就在这里远离了法。"

修行只在于观察心与受，无须四处追逐

事实上，这修行只在于心与受，你无须四处去追逐或争取，工作时，呼吸依然持续进行。自然的过程会有自然去照料——我们需要做的只是保持觉醒，只要持续努力，向内看清楚。禅修就是如此而已。

若有正念，无论做什么工作，它都将成为让我们持续觉知对错的工具。有很多时间可以禅修，只是我们未能全面地了解修行而已。我们睡觉时呼吸，吃饭时也呼吸，不是吗？为何无时间禅修？无论在哪里，我们都会呼吸。若如此思维，生活就会和呼吸同样有价值，无论在哪里，我们都有时间禅修。

各式各样的想法都是心法，而非色法，因此只需要保持正念。如此一来，随时都能觉知对与错。无论是行、住、坐、卧，我们有的是时间，只是不知如何正确利用它而已。好好地思维这点。

当我们觉知时，就是精通心与法尘。当精通法尘时，就精通这世间，我们成为世间解，那是佛陀的九种德行之一[2]。佛陀是清楚觉知世间与一切苦难的人，他知道苦恼与不苦恼同在那里。

这世间如此令人困惑——佛陀是如何觉悟的呢？在此我们应了解，佛陀教导的法并未超出我们的能力之外。无论行、住、坐、卧，我们都应保持正念与

正知——坐禅时间到了，就去坐禅。

坐禅是为了增长心的力量

我们坐禅是为了让心安定与增长心的力量，而非好玩，观禅本身就是住于定中。有些人说："现在我们将先入定，之后才进行观禅。"别如此分开它们！定是产生慧的基础，慧则是定的果实。

你不能说现在我先修定，之后才来修观，那是办不到的！你只能在言语上区分它们，就如一把刀子有刀刃与刀背，无法将两者分开。若你拿起一个，同时也会拿起另一个，定就如此生出慧。

戒是法的父母，最初必须先有戒。戒是平静，意指没有身与口的恶行。当我们不犯错时，就不会感到不安；当不会不安时，平静与镇定就会生起。

戒、定、慧三者是一体的

因此，戒、定、慧是圣者迈向觉悟的道路。这三者其实是一体的：戒即定，定即戒；定即慧，慧即定。就如一颗芒果，当它是花时，我们称它为花；当结果时，就称它为芒果；当它成熟时，则称它为成熟的芒果。

同是一颗芒果，却不停地变化。大芒果从小芒果而来，小芒果会长成大芒果，你可说它们是不同的水果，也可说是同一个。芒果从最初的花开始，它还是它，只是逐渐长大与成熟，这就够了，无论别人如何称呼它都无妨。一旦出生，它就会长大与变老，接下来呢？我们应好好思维这点。

有些人不想变老，到了老年就变得很沮丧。这些人不应吃成熟的芒果！我们为何想要芒果成熟呢？若它们无法及时成熟，我们就会加以催熟，不是吗？然而，当年老时，我们却充满悔恨。有些人会哭泣，害怕变老或死亡。若他们如此感觉，就不该吃成熟的芒果，最好只吃花！若能看见这点，我们就能见到法，一切都清楚明了，便能获得平静，只要下定决心如此修行就对了！

法是空无一物之处——什么也没有。

修行是为了放下对与错

你们应好好思维我所说的话。若有任何错误，请原谅我。只有当你们亲自去修行与观看时，才会知道它是对或错。错的，就抛开它；对的，则善加利用。

但事实上，修行是为了放下对与错，若是对的，抛开；若是错的，也抛开！最后抛开一切！通常，若是对的，我们就执著为对；若是错的，就认定是错，接着产生争执。但是，法是空无一物之处——什么也没有。

【注释】

[1] 受（vedanā）指苦受、乐受、不苦不乐受。又可分为身的受与心的受，身的苦受称为"苦"（dukkha），乐受称为"乐"（sukha）；心的苦受称为"忧"（domanassa），乐受称为"喜"（somanassa）。在此，阿姜查描述它的意思，应理解为心的苦受与乐受。

[2] 长部列举佛陀的功德："彼世尊亦即是阿罗汉、等正觉者、明行具足者、善逝、世间解、无上士、调御丈夫、天人师、佛、世尊。"此外，诸经论中亦有将世间解、无上士合为一号，或将佛、世尊合为一号，或将无上士、调御丈夫合为一号等诸说，而成为九种功德。

第 6 章　世俗与解脱

超越世俗便超越痛苦

　　这世上的事情，都只不过是我们自己制造出来的世俗法。建立起它们之后，我们却迷失在其中，并拒绝放下，执著个人的看法与观点。这执著永远不会结束，它不停地轮回[1]，永无止境。现在，若我们知道世俗谛[2]，就会知道解脱，若清楚地知道解脱，就会知道世俗谛。这就是觉知法，如此，才会结束轮回。

　　我曾观察过西方人一起坐禅的情景，当他们结束起身时，男女混杂在一起，有时会相互摸头[3]！当看见这情景时，我心想："啊！若我们执著世俗法，当下就会生起烦恼。"若能放下世俗法，放弃看法，我们就能得到平静。

　　有时，当将军与上校等位高权重的人来看我时，他们说："哦！请摸我的头。"[4] 若他们如此请求，并没有任何问题，他们乐于被摸头。但若你在路上碰触他们的头，那就是另一回事了！这是因为执著的缘故。因此，我觉得放下真的是平静之道，摸头违反我们的习俗，但其实它并没什么。只要人们同意，便不会有问题，就如摸甘蓝菜或马铃薯一样罢了！

　　接受、舍弃、放下——这是放松之道，只要执著，当下就会有有与生，并会有危险。佛陀教导世俗法，以及如何以正确方式化解它们，由此而达到解脱。

　　这是解脱，不执著世俗法。这世上的一切事物都有个世俗谛，建立起它们之后，我们不该反被它们愚弄，因为迷失于其中确实会导致痛苦。关于规则与世俗法，这点最重要，能超越它们，就能超越痛苦。

你们应保持灵活,同时觉知世俗与解脱两者。觉知每个适当的时机,若知道如何轻松地使用规则与惯例,我们就掌握了技巧。若想在不适当的时机,根据较高层次的实相行动,那就是错的。

世俗法并非真实存在

无论如何,它们是我们这世间的特色。举布恩马(Boonmah)先生为例,他从前只是个平民,现在被任命为地方官,那只是种世俗法,但我们应予以尊重。那是人世间的一部分。若你想:"啊!从前我们是朋友,曾在裁缝店一起工作。"于是你在公开场合拍他的头,他将会生气,那是不对的,他会憎恨。

因此,我们应遵循世俗法,以避免引生怨恨。了解世俗法是有用的,活在这世上就是这么一回事,知道正确的时间、地点与人。

违反世俗法有什么错?有错是因为人的缘故!你们应保持灵活,同时觉知世俗与解脱两者。觉知每个适当的时机,若知道如何轻松地使用规则与惯例,我们就掌握了技巧。若想在不适当的时机,根据较高层次的实相行动,那就是错的。它错在哪里?错在人的烦恼,就是那里!每个人都有烦恼。

在某种情况下,我们表现出某种方式,在另一种情况下,则表现出另一种方式,应知如何进退,因为我们生活在世俗法中。问题会发生,是因人们执著它们的缘故。若假设某物存在,它就存在,它因我们假设它存在而存在,但你若仔细地从究竟的角度来看,这些事物并非真实存在。

比丘过去也曾是在家人,曾在在家人的世俗法下生活,现在则在比丘的世俗法下生活。我们是在世俗中成为比丘,而非通过解脱成为比丘。起初,我们如此建立世俗法的标准,但出家并不表示已断除烦恼。

若我们抓起一把沙,并一致称它为盐,这样做会让它变成盐吗?它只是有盐的名称而已,并非具有盐的实质,你无法用它来烹调,它只能在共许的前提下被使用,因为根本没有盐,只有沙。

世俗法是依缘而有,暂时存在

"解脱"一词本身也只是个世俗法,但它指向超越世俗的范围。在达到自在与解脱之后,我们仍会依世俗的"解脱"这个用语来指称它。若无世俗法,我们就无法沟通，因此它确实有它的作用。

例如，每个人的名字都不同，但他们都一样是人。若没有名字，当我们想呼唤站在群众中的某个人，只能喊："喂，人啊！人啊！"那将会徒劳无功。你无法指定想呼唤的那个人，因为他们都是人。但若你呼唤："嘿，约翰！"约翰就会前来。名称就是为了满足这需求，通过它们，我们才能沟通，它们为社会行为提供了基础。

因此，你们应同时知道世俗与解脱两者。世俗法有它的用途，但它并无固定不变的实体，甚至连人都不存在，它们只是四界的组合，是因缘法所生，依缘而有，暂时存在，然后就会自然地消失，无人能反抗或控制这一切。但若是无世俗法，我们将无话可说；我们会没有名字，没有修行，没有工作。规则与世俗法的建立，都是为了给我们语言，让处理事情更为方便，如此而已。

以钱为例。古代没有任何硬币或纸钞，人们通常是以物易物，但这些货物难以保存，所以发明了钱。也许未来有个国王会规定，无须使用纸钞，以蜡代替，将蜡融化后压制成形，称它为"钱"，然后通行全国。除了蜡之外，甚至可决定以鸡屎作为地方流通的货币——除了鸡屎之外，不准使用其他的钱。那么一来，人们可能会为了鸡屎而互相残杀！

了解世俗法，但不执著

这就是世俗谛，但要让普通人了解解脱真的很困难。我们的钱财、房子、家庭、子女与亲属，都只是我们创设的世俗法，事实上，从法的眼光来看，它们并不属于我们。我们也许听了会觉得不舒服，但事实就是如此。这些事物只有通过设立的世俗法才有价值，若设立它毫无价值，它就毫无价值；若设立它有价值，它就有价值。它就是如此，我们将世俗法带到这世上来，是为了满足需求。

甚至这身体也并非真是我们的，我们只是假设它是如此。它真的只是个我们片面的假设而已，若你想在它里面找到真实的自我，你找不到。那里只有出生、

> 其实世俗与解脱都单纯地只是法，虽然后者超越前者，但它们是不可分割的。我们无法保证有什么事绝对是这样或那样，因此，佛陀说，就让它去吧！让它回到本来的不确定性。

短暂存在然后便死亡的元素而已，它并无固定不变的实体，但使用起来却颇为合适。好比杯子，它早晚会破，但当它还存在时，你就应好好地使用它、照料它。它是供你使用的工具，若它破了会有麻烦，因此即使它必定会破，你仍应尽一切努力去保存它。

因此，我们有四种资具[5]，佛陀教导我们要对此反复思维。它们是比丘赖以维系修行的东西，只要活着，就必须依赖它们，但你应了解它们，别执著它们，否则便会产生渴爱。

我们使用世俗谛，但别以为它是究竟实相

世俗与解脱，就是如此不断地相互关联。虽然我们使用世俗谛，但别误以为它就是究竟实相，若你执著它，痛苦就会生起。是与非就是个很好的例子。

有些人以非为是，以是为非，但最后谁真的知道什么是是，什么是非？我们不知道。不同的人建立起各别相异的世俗的是与非，而佛陀是以苦为他的准绳的。事实上，我们并不知道。但就实用与实际的观点而言，是即是不伤害自己与他人，这方式对我们来说，比较有建设性。

其实世俗与解脱都单纯地只是法，虽然后者超越前者，但它们是不可分割的。我们无法保证有什么事绝对是这样或那样，因此，佛陀说，就让它去吧！让它回到本来的不确定性。无论你多么喜欢它或讨厌它，你都应了解它是不确定的。

问题永远无解，放不下就会痛苦

抛开时间与地点，整个法的修行是在什么也没有当中完成，那是舍、空、放下包袱的地方。这是结束，不像有些人说幡动是因为风的缘故，另外一些人则说是幡的缘故，那将没完没了！就如古老的谜题："先有鸡还是先有蛋？"这问题永远无解，法尔如是。

这一切都只是世俗法，是我们自己设立的。若你以智慧觉知这些事情，就会觉知无常、苦与无我。这是导致觉悟的观点。

训练与教导那些理解层次不同的人，是非常困难的。有些人已有成见，你告诉他们某些事，他们不相信你；你告诉他们实相，他们却说那不是真的。"我是对的，你是错的……"这将会没完没了。

若你放不下，就会痛苦。例如，有四个人走进森林里，他们听到鸡叫："咕、咕、咕！"其中一人质疑："这是只公鸡还是母鸡呢？"三个人说是母鸡，但第四个人不同意。"母鸡怎么可能那样叫？"他问道。他们反驳他："它有张嘴，不是吗？"

他们争吵不休，为此而心烦意乱，但最后他们都错了。无论母鸡或公鸡，那都只是名称而已。我们建立这些世俗法，说公鸡像这样，母鸡像那样；公鸡这样叫，母鸡那样叫……我们就是如此受缚于世间！记住这点！若你知道其实没有公鸡，也没有母鸡，那么事情就结束了。

看见事物的实相便能超越快乐与悲伤

佛陀教导不要执著，我们该如何修习不执著呢？我们只要放弃执著即可，但这不执著却难以了解。它需要有敏锐的智慧去观察与透视，去真正达到不执著。

当你思考人们是快乐或悲伤、满意或失意时，它并不依赖他们拥有的多或少——它依赖智慧。一切挫折，只要通过智慧，通过看见事物的实相，都可以超越。

因此，佛陀告诫我们要观察与思维，思维是指只是尝试去正确地了解问题，这便是我们的修行。生、老、病、死是最自然平常的事，佛陀教导我们思维这些事实，但有些人因不了解而说："那有什么好思维的？"他们出生，却不知生；他们会死，却不知死。

反复观察这些事情的人，终将了解它们的本质。了解之后，就能逐渐解决自己的问题。即使还有执著，若有智慧了解老、病、死是自然之道，他就能解脱痛苦。我们研究法就只为了这个——治愈痛苦。

佛教的基础并不复杂，只有生与死的苦，佛陀称此为实相，生是苦，老是苦，病是苦，死是苦。人们不了解苦就是实相，若了解实相，就了解苦。

这种主观的傲慢，这些争论，都无止境。为了让心安定与平静，我们应思维自己的过去、现在，以及为我们准备好的事——如生、老、病、死等，如何避免被它们折磨？我们或许可以不用太担心，但应保持观察，直到觉知它们的实相为止。那时，一切痛苦都会消除，因为我们将不再执著。

【注释】

[1] 轮回（saṃsāra）：众生因其未尽之业，所以在六道中受无穷流转之苦。泛指由一切有为法或心理与物质构成的世间。

[2] 世俗谛（sammuti sacca）：即世间共许的实相，唯有假名。例如杯子并非本来就是杯子，而是约定俗成的惯例。

[3] 在泰国，头部被看做神圣的，碰触他人的头，通常被认为是侮辱的行为。又依据传统，男女不可在公共场合彼此触摸。

[4] 在泰国，一般人普遍认为被高僧摸头是件吉祥的事。

[5] 四种资具：维持比丘修行生活的四种物质条件，即衣服、饮食、卧具、医药。

第 7 章 无住

无论喜欢或讨厌,都不可忘记修行

我们听了某些教法,因无法理解便认为它们应该说些别的,所以我们不遵循它们。但事实上,一切教法都有它的道理,或许经典里所说似乎不该如此,但它们就是如此。

起初,我甚至不相信坐禅,不了解只是闭眼坐着有何用处,还有行禅……从这棵树走到那棵树,转个身再走回来?"为什么要这么麻烦?这么走到底有什么用?"我这么想。但事实上,行禅与坐禅都是很有用的。

有些人的性向偏好行禅,有些人则偏好坐禅,但两者缺一不可。经中提到四种姿势——行、住、坐、卧,生活中充满了这四种姿势,我们可能喜欢其中一两个,但这四个一定都用得到。

他们说,要让这四种姿势均衡,让修行平均分配于一切姿势中。起初我想不出"让它们均衡"是什么意思,它是指睡两个小时,然后站两个小时,然后走两个小时……是这样吗?我试过了——却办不到,根本不可能!"让姿势均衡"并非那个意思,它指的是心,是我们的觉知,它必须要能在心中生起智慧,照亮内心!

智慧出现在一切姿势中,我们必须经常觉知或了解,在行、住、坐、卧中,觉知一切心境都是无常、苦与无我的。让姿势如此均衡是可以办得到的,并非不可能。无论喜欢或讨厌的感觉在心中浮现,都不可忘记修行,我们是醒觉的。

若能持续不断地专注于内心,就掌握了修行的要点。无论我们经历世人所

> 若能经常觉知心情，并觉知自己正在执著它们，那就不错了，虽然我们还是无法放下。那表示我们有觉醒，知道正在发生什么事。

认为好或坏的心境时，都不会忘记自己，也不会迷失在好或坏之中。我们只要向前迈进，让姿势持续如此是可能的。

执著正是苦的因

若持续修行，当我们受到赞叹时，它就只是赞叹；若受到责备，它就只是责备。我们的心不会为此而起伏，就待在这里。为什么？因为我们了解隐藏在这些事情背后的危险，能看见它们的结果。

我们应该经常觉知隐藏在赞叹与责备背后的危险。通常若我们心情好，心也就跟着好，我们认为它们是相同的；若心情不好，心就同样跟着不好，就讨厌它。我们通常就是如此，这就是不均衡的修行。

若能经常觉知心情，并觉知自己正在执著它们，那就不错了，虽然我们还是无法放下。那表示我们有觉醒，知道正在发生什么事。我们看见自己执著好与坏，就觉知它。我们执著善，虽然知道这不是正确的修行，不过仍无法放下。这样的修行已有六七成了，那还不是解脱，但我们知道只要放下，就能达到平静。我们持续看见一切喜欢与不喜欢，以及赞叹与责备的有害后果。无论情况如何，心一直保持这样的状态。

但对世俗人而言，若受到责备或批评，就会很沮丧；若受到赞叹，便会很高兴。若知道各种心情的实相，知道执著赞叹与责骂的后果，那些执著任何一件事的危险，我们对自己的心情就会更加敏锐。

我们会知道，执著它们确实会造成痛苦。我们看到苦，并看见执著正是苦的因，我们开始了解执著好与坏的后果。我们执著过它们，看过其后果——没有真实的快乐，因此，现在寻找放下的方法。

放下的方法即不执著任何事物

放下的方法在哪里？在佛教里，我们说："不执著任何事物。"我们经常听佛陀教导我们，工作就只是为了工作；除此之外，我们一无所求。

到"不执著任何事物"，这并不表示说不能持有事物，而是我们不执著。例如这支手电筒，"这是什么？"我们质疑，所以拿起它。"哦！它是一支手电筒。"然后将它放下。我们就是这样持有事物。

若完全不持有任何东西，我们能做什么？我们无法行禅或做任何事，因此必须持有事物。确实，这是种渴爱，但它能带领我们走向波罗蜜（德行或圆满），例如渴望来这里。札格罗（Jagara）[1]法师来到巴蓬寺，首先他必须想来，若他不想来，就不会来到这里。

每个人都一样，来这里是因为渴望，但当渴望生起时，不要执著它！因此你来，然后你回去……"这是什么？"我们将它捡起来看，并了解："哦，它是一支手电筒。"然后放下它，这就称为"持有而不执著"，我们能放下。我们觉知，然后放下，这可将之简化为："觉知，然后放下。"持续观察与放下。"这个，他们说好；这个，他们说不好。"

觉知，然后放下。好与坏，我们一清二楚，但放下它。我们不会愚蠢地执著事物，只以智慧持有它们。在这样的"姿势"下修行，是可以持续的，你们必须经常如此。让心如此觉知，让智慧生起，一旦心拥有智慧时，还需要再寻找什么呢？

我们必须完全无所求而修行

我们应反思到底在这里做什么，为何住在这里，在找什么。世人为了各种报酬而工作，但比丘们教导一些比那个更深入的东西。无论做什么，我们都不求回报，不为报酬而工作。世人因想要各种东西而工作，他们希望有所得。但佛陀教导我们，工作就只是为了工作；除此之外，我们一无所求。

若你是为了获得回报而做事，那会引起痛苦。你自己试试看！你想让心平静，所以坐下来，试着让它平静——你将会痛苦！试试看。我们的方式巧妙多了！我们去做某件事，然后便放下它。做，然后放下。

看看献祭的婆罗门，他心中有些欲望，因此才会献祭。那些行为并不会帮

> 世间必须借由前因与后果来了解事物，但佛陀教导我们要凌驾与超越因果。他的智慧不着两边：凌驾因，超越果；凌驾生，超越死；凌驾乐，超越苦。

助他超越痛苦，因为他是在欲望上行动。起初，我们心中带着一些欲望修行，持续修行但并未达成愿望，因此继续不断地修行，直到达到无所求而修行为止，我们是为了放下而修行。这点必须自己去了解，它很深奥。

也许我们修行是因为想达到涅槃——就凭这点，你根本到不了！想要平静是自然的，但却未必正确，我们必须完全无所求而修行。若完全无所求，那能得到什么？什么也得不到！凡有所得，皆是苦因，因此我们应无所求而修行。

心存利益而修行永远无法超越痛苦

这就称为"让心空寂"，它虽然空寂，但还是有作用。人们通常无法了解空，除非你接触过它，并看见它的真实价值。它并非什么都没有的空无，而是它的自性是空的。例如这支手电筒，我们应了解它是空的，因为它的自性是空的。那不是无法看见任何东西的空无，并非这样，这样了解的人完全搞错了。你们必须了解空，它是自性的空。

那些心存利益而修行者，就如献祭的婆罗门，只是为了满足欲望而已。他们就如那些前来看我，并祈求圣水加持的人，当我问他们："你们为什么想要圣水？"他们说："我们想快乐与舒适地生活，且不要生病。"哈！那将永远无法超越痛苦。

世俗方式做什么都是有所求的，都要有原因，要有回报，但在佛教中，我们做事并无所求。世间必须借由前因与后果来了解事物，但佛陀教导我们要凌驾与超越因果。他的智慧不着两边：凌驾因，超越果；凌驾生，超越死；凌驾乐，超越苦。

我们一直活在有与取中，若不执取就手足无措

想想这点：无一处可以停留。我们每个人都住在一个家里，离开家去别处，就没有家了——我们不知该怎么办，因为我们一直都活在有与取中，若不执取，

哪里有无住，哪里就有空，涅槃就是这个空。

我们就手足无措。

因此，大部分的人都不愿趋向涅槃，因为那里什么也没有，完全没有任何东西。看看这里的天花板与地板，上方是天花板，那是个"住处"；下方是地板，那是另一个"住处"。但在天花板与地板之间的空间，却没有可以立足之处，人们可以站在天花板或地板上，却无法站在那个空间之上。哪里有无住，哪里就有空，涅槃就是这个空。

人们听到这个就会有点退缩，他们并不想去，因害怕看不到子女或亲属。所以当我们祝福在家人时，会说："祝你们长寿、美丽、健康、快乐。"这让他们真的很高兴。他们都说："太好了！"他们就爱听这套。但若你开始谈空，他们就不想听了，他们贪著于住。

你们是否见过任何一个老人，拥有美貌与充沛的精力，且非常快乐的吗？不。但我们却说："长寿、美丽、健康、快乐。"且他们都乐此不疲。每个人都说："太好了！"这就如为了满足欲望而献祭的婆罗门。

在修行中我们并不献祭，不会为了得到回报而修行，我们一无所求。若还有所求，就是还有东西存在那里，只要让心平静，并了结它。但我若如此说，可能会让你们感到不太舒服，因为你们想要再次"出生"。

任何人只要修行，就能见到佛陀

你们所有在家修行者，应多亲近比丘，并观察他们的修行。亲近比丘的意思就是亲近佛陀，亲近他的法。佛陀说：

> 阿难！多一点修行，长养你的修行！凡是见法者，就见到我；凡是见到我者，就见到法。

佛在哪里？我们可能认为佛陀已活过且去世，但佛就是法——实相。有些人喜欢说："哦！若我生在佛陀时代，早就达到涅槃了！"只有愚蠢的人才会如此说。其实佛陀还在这里，佛是实相，无论谁生或死，实相仍在这里。实相从未曾与这世间分离，它一直都在这里。无论佛陀是否出世，或是否有人知道它，实相依然存在。

因此，我们应亲近佛陀，向内寻找法。当达到法时，就达到佛；看见法，就看见佛，此时一切疑惑都会断除。

举曲（Choo）先生为例。起初他并非老师，只是曲先生，当他读书并通过必要的等级考试后，便成为老师，大家都称他"曲老师"。他如何成为老师？通过研读必修的科目。他去世后，师资测验仍然存在，任何人只要通过考试就能成为老师。

成为老师的科目并未消失，就如实相一样，觉悟实相让佛陀成为佛陀，因此佛陀还在这里。任何人只要修行与见法，就能见到佛陀。因此，别放逸！即使对小事也是如此。努力尝试，尝试亲近僧众；修观，你就会觉悟。好了，这样就够了。哦！现在一定很晚了，有些人开始打瞌睡了，佛陀说过，不要对想睡觉的人说法。

【注释】

[1] 札格罗法师当时是国际丛林寺的住持，他带领一群比丘与在家人去见阿姜查。国际丛林寺院是阿姜查于1975年，为教导对修行佛法有兴趣的西方人所创建的道场，位于巴蓬寺附近。

第 8 章　正见——清凉地

修行之所以困难，在于执持邪见

法的修行违反我们的习气，实相违背我们的欲望，因此修行起来才会有困难。有些我们认为错的事可能是对的，而以为对的则可能是错的。

为何会这样？因为我们的心在黑暗中，看不清楚实相，什么都不知道，才会受到人们谎言的愚弄。他们将对的说成错，我们相信；而将错的说成对，我们也相信。这是因为我们还不是自己的主人，经常受到心情的欺骗。我们不应以这颗心和它的想法作为向导，因为它并不知道实相。

有些人完全不想听别人的，这并非智者之道，智者聆听一切。闻法者无论喜欢与否，都必须同样地倾听，而非盲目地相信或不相信，必须保持客观与中立，不能心不在焉。他们只是聆听，然后思维，最后才能得到正确的结果。

智者在相信所听到的事情之前，应亲自去思维与了解其间的因果关系。即使老师说的是实相，也不要一味地相信，因为你尚未亲自觉知它的实相。

这对所有的人都是如此，我开始修行比你们要早，听过许多谎言。例如，"这个修行真的很困难！"修行为什么会困难？它之所以困难是因为我们的想法错误，我们持有邪见。

我们始终不平静，问题出在哪里？

从前我和其他比丘同住，但感觉不太对劲。于是我逃离群众，远离比丘与沙弥们，跑到森林与山上去。我认为他们不像我一样用功，他们太懒散了，某些人像这样，某些人像那样。这些事真的让我困惑不已，遂成为我持续逃避的理由。

不过，无论是独居或与人同住，我都静不下来。我对自己不满，也不满意大团体，我认为这不满是由于同伴、心情、住处、食物和天气的关系——由于这个或那个，我一直在寻找适合内心的东西。

身为头陀比丘，我四处行脚，但事情还是不对劲。"我该怎么做才对？"我质疑，"我能做什么？"和很多人共住，我不满意；和少数人同住，我也不满意。到底是为什么？我就是不了解。

我为何会感到不满？因为我有邪见，如此而已，因为我还执著错误的法。无论去到哪里，我都不满，心想："这个不好，那个不好。"有诸如此类的想法。我责怪别人，责怪天气太热、太冷，责怪一切！就如疯狗遇到什么都咬，因为它疯了。若心像这样，我们的修行就永远无法安定下来。今天觉得好，明天又不好，我们一直都如此反反复复，达不到满足或平静。

佛陀有次看见一只豺狼或野犬跑出森林。它先是站着不动，不久之后，跑进矮树丛中，躺下片刻，再跑出来。接着跑进树洞中，再出来，然后跑进岩穴中，又再跑出来。它静立了不过一分钟，下一分钟便跑起来，然后躺下来，接着又跳起来……原来那只豺狼患有疥癣！

当它站着不动时，感到很痒，因此便奔跑；奔跑时，它还是不舒服，因此又停下来，由于站着不舒服，所以它又躺下来，然后再跳起来，跑进矮树丛与树洞中，永远都无法安定下来。佛陀说：

> 比丘们！你们今天下午见过那只豺狼吗？无论站着、奔跑、坐着或躺下，不管在矮树丛、树洞或岩穴中，它都感到痛苦，它责怪站着让它不舒服，又责怪坐着，责怪奔跑与躺下；它责怪矮树丛、树洞与岩穴。其实问题和这些事都无关，那只豺狼病了，患有疥癣，问题是出在疥癣上。

比丘们正确的住处——清凉地，就是正见本身。除此之外，不应寻找其他的东西。

心中有邪见，无论到哪里都不满

我们就如那只豺狼，由于邪见而感到不满，我们不练习根律仪，遂将痛苦归咎于外在环境。无论住在巴蓬寺、美国或伦敦，我们都不满意。不管是住在国际丛林寺，或任何其他分支寺院，我们也都不满足。为什么不满？因为我们的心中还存有邪见，无论去到哪里，我们都不会满意。

但就如那只豺狼，一旦它的疥癣痊愈，无论去到哪里，它都会很满意。我经常反省这点，并经常教导这点，因为它非常重要。若我们知道各种心情的实相，就会比较容易满足。无论是热或冷，不管是和很多或很少的人在一起，我们都能知足。知足的关键不在于和多少人同住，而是完全在于正见。

但我们多数人都持有邪见，就如一只蛆，蛆的住处很脏，它的食物也很脏，但却是最适合它的，若你拿根棍子将它从粪堆中拨开，它会奋力挣扎爬回里面。

同样，当阿姜教导要有正见时，我们会抗拒，它让我们觉得不舒服。我们溜回自己的"粪堆"，因为在那里才有家的感觉，我们都是如此！若不了解一切邪见的弊害，就无法舍弃它们，修行也会变得很困难。

若有正见，则无论身在何处都会很满足。我已如此修行，并看清这些事。如今许多比丘、沙弥与在家众来看我，若我还不了解，若还有邪见，我早就被烦死了！比丘们正确的住处——清凉地，就是正见本身。除此之外，不应寻找其他的东西。

心不执取苦与乐，就能抵达涅槃的大海

因此，即使你们不快乐，没关系，这不快乐也是无常的。难道那不快乐是你的自性吗？它有任何固定不变的实体吗？是真实的吗？我一点也不认为它是真实的。不快乐只是瞬间即逝的感觉。瞧！它出生，然后死亡。喜爱也只出现片刻，然后就消失。爱、恨或愤慨可能一直持续吗？

事实上，根本没有任何不变的实体，它们只是心中一闪即逝的法尘。它们

一直都在欺骗我们,没有任何东西是确定不变的。就如佛陀所说,当痛苦生起时,它短暂停留,然后就消失;当痛苦消失时,快乐生起,短暂停留,然后又消失;当快乐消失时,痛苦再次生起……如此辗转不已。

我们最后只能这样说:除了痛苦的生、住与灭的过程之外,什么也没有,如此而已。但愚昧无知的我们,却经常追逐与执著它,永远看不到无常的实相。若了解这点,无须想太多,我们就可以很有智慧。但若不了解,我们的妄想就会多于智慧——甚至可能完全没有智慧!除非我们真的看到错误行为的弊害,并放弃它们,否则情况不会改善。同样,除非我们看到修行的真实利益,并遵循它,积极投入修行,使心变好,否则也不会有智慧。

若砍下一段木头抛入河里,若它不沉下去,或卡在河岸,它终究会抵达大海。修行也是如此,若你们依照佛陀指示的道路修行,亦步亦趋,就能超越两件事——耽著欲乐与耽著苦行。它们是河的两岸,这边是爱,那边是恨,或这边是快乐,那边是痛苦。

木头就是这颗心,当它在河里漂流时,会经历快乐与痛苦,若心不执取乐与苦,就能抵达涅槃的大海。你们应了解,除了苦与乐的生灭之外,什么也没有。若没有卡在两端,你们就是走在真实禅修者的中道上。

这是佛陀的教导。乐与苦、爱与恨,都只是我们所设立的假象。智者不遵循或鼓励它们,他们不执著它们。这是放下耽著欲乐与耽著苦行之心,是正确的修行,就如那段木头最后会流入大海,不执著两端的心也必然能获得平静。

第 9 章　我们真正的家

针对一位临终的老人、她的家人与看护者们的一段开示

现在请下定决心，恭敬地闻法。当我在说话时，注意我的话，就如佛陀本人正坐在你面前一样。闭上眼睛，让自己保持舒适，安定你的心，让它专注于一点。谦虚地允许智慧、实相与清净的三宝安住在你的心中，以此向圆满的觉者致敬。

即使佛陀也无法避免死亡

今天我没有带任何物品来送你，只有法——世尊的教导。你应该了解，即使拥有广大福德的佛陀，也无法避免身体的死亡。当他年老时，他交出身体，放下沉重的包袱。现在，你也必须学习对依赖多年的身体感到满足，你应该觉得它已经够了。

想想你已使用很久的器皿——杯子、碟子与盘子等，当你初次得到它们时，它们是如此光亮洁净，如今在长期使用之后，已开始陈旧。有些破了，有些不见了，剩下的也都磨损了，它们已不复昔日的光彩，而这正是它们的本质。

你的身体也是如此，从出生那天起就一直在变化，经过童年、青少年，现在到了老年，你必须接受这事实。佛陀说一切诸行，无论是内在的或外在的，都是无自性的，它们的本质就是变化。请清楚地思维这实相。

躺在这里逐步毁坏的臭皮囊，是真实法。这身体的事实是真实法，是佛陀

无尽的教导,他教导我们思维这点,并了解它的本质,无论在任何情况下,都应保持身体平静。佛陀教导我们,应确保只有身体被囚禁,别让心也和它一起被禁锢。

现在你的身体开始走下坡路,并随着年龄逐步恶化,别抗拒,但也别让心跟着沉沦。让心超然独立,借由了解事物实相,给心能量。佛陀教导我们,这是身体的本质,法尔如是。一旦有生,就会有老、病与死,你正在见证这伟大的实相。以智慧观察身体,并了解这点。

若你的房子淹水或焚毁,让那威胁只及于房子。若有水灾,别让它淹到心;若有火灾,也别让它烧到心。就只让外在的房子被淹没或焚毁。现在,该是让心放下贪着的时候了。

你已活得颇久了,眼睛看过形形色色,耳朵听过许多声音,你经历过各种经验,而这一切都只是经验而已。你曾吃过许多食物,而美食就只是美食,坏味道就只是坏味道,如此而已。若眼睛看见美丽的外貌,它就只是美丽的外貌,丑陋只是丑陋;耳朵听到悦耳动听的声音,它就只是如此而已,刺耳的噪音也是如此。

一切随因缘在变化,你还想怎么样

佛陀说无论贫或富、老或少、人或动物,在这世上没有任何生命能永远维持在一种状态上。一切事物都得经历变化与耗损,这是个无可奈何的生命实相。

不过,佛陀说我们能做的就是观察身与心,以便了解它们的无自性,了解它们既非我,也非我的。它们只是暂时存在而已。就如你的房子,只是在名义上属于你,你无法带着它到任何地方去。你的财富、资产与家庭也是如此——它们只是在名义上属于你而已,并非真是你的;它们属于自然。

这实相不只适用于你而已,每个人的情况都一样——甚至包括佛陀与圣弟子们。他们只有一点和我们不同,他们接受事物的实相,了解"法尔如是"的道理。

因此,佛陀要求我们彻底观察这身体,从脚底到头顶,再从头顶到脚底,反复观察。看看这身体，你看到什么？有任何东西是原本清净的吗？你能找到任何不变的实体吗？整个身体都在稳定地衰退。

佛陀教导我们，要了解它并不属于我们所有。身体变得如此是很自然的，因为一切都随因缘在变化，你还想要它怎样呢？事实上身体老化并没有错，不是身体造成痛苦，而是你错误的想法。当以错误的方式看事情时，你就会有困惑。

就如河水自然往低处流，那是它的本质。若人站在河岸，希望河水能往高处流，那是痴心妄想。无论到哪里，愚蠢的想法都会让他们的心得不到平静，他们会痛苦，是因为邪见，那些想法违背自然。若他们持有正见就会了解，水一定是往低处流，除非了解并接受这事实，否则他们就会感到困惑与沮丧。

让呼吸成为唯一的所缘

河水一定是往低处流，就如你的身体。你的身体曾经年轻，现在衰老，并缓步迈向死亡，别想会有任何奇迹，那是你无力改变的事。佛陀告诉我们，看清事物的实相，然后放下你对它们的执著，将放下的感觉当做你的避难所。持续禅修，即使感到疲倦或筋疲力尽也要持续，让心和呼吸在一起。先深呼吸几次，然后将注意力放在呼吸上，并念Bud-dho，让这修行持续。你愈感到筋疲力尽，禅定就愈微细与集中，如此你才能对付任何生起的疼痛感。当开始感到疲倦时，暂时中止一切念头，让心自行重整，然后再回来注意呼吸，只要持续在心里默念Bud-dho、Bud-dho……

放下外在的一切，别挂念子女与亲属；别执著任何东西，只是放下。让心集中于一点，安住在呼吸上，让呼吸成为你唯一认知的所缘，持续专注，直到心变得愈来愈微细，直到感觉已无关紧要，且内心变得非常清楚与觉醒为止。然后，所有的疼痛感都会逐渐自然消失。

观察入息与出息，就如它们是来拜访你的亲戚。当亲戚离开时，你跟着他们出去，并看着他们离开，你一直目送他们离开视线，才回到屋里。我们观察呼吸的方式也是如此，若呼吸很粗重，知道它很粗重；若它很微细，知道它很

> 无论心转向什么，都以智慧去想它，清楚觉知它的本质。若以智慧去觉知事情，就会放下它，而不会有痛苦。这时，心是光明、喜悦与平静的，是专注与统一的。

微细。当它变得愈来愈细时，持续跟着它，与此同时要使内心觉醒。

最后，呼吸会完全消失，只剩下清醒的感觉，这就称为"见佛"。我们所具有的清晰与警醒的觉性，就称为"佛"（Buddha）——觉知者，或觉醒者、光明者，这就是以智慧与洞见，和佛陀相遇与共住。去世的只是历史上的佛陀，真实的佛陀——清晰而光明的觉知者，今日仍可以被体验与达到。若确实达到它，心就和佛合而为一。

除了觉知之外，放下一切

因此，放下吧！除了觉知之外，放下一切，别被禅修期间心里的影像或声音愚弄。放下它们，别执著任何东西，只要在"一境性"中保持觉知。无须担心过去或未来，只要静止，就会达到不进、不退与不住的境界，那里没有任何贪爱或执著。为什么？因为没有自我，没有我和我的，一切都没有。佛陀教导要如此空掉一切，别执著任何东西。觉知，觉知之后，放下。

觉悟法，就是解脱生死轮回之道，是我们必须独自完成的工作。因此，你要尝试放下与了解教法，专精于思维，别担心家庭，此刻他们就是他们，未来他们也会和你一样，这世上没人能逃避这命运。佛陀教导我们放下虚妄的事物，若放下一切，你就会看见实相；若放不下，你就看不见。事实就是如此，对世上的每个人来说都一样。因此，别执著任何东西。

若你发现自己在想，那也无所谓，只是要明智地想，别愚昧地想。若想的是子女，要以智慧而非无明去想。无论心转向什么，都以智慧去想它，清楚觉知它的本质。若以智慧去觉知事情，就会放下它，而不会有痛苦。这时，心是光明、喜悦与平静的，是专注与统一的。现在可以帮助与支持你的，就是你的呼吸。

这是你自己的工作，没有任何人可以代劳。让别人去做他们的事，你有自己的责任与义务，无须背负家庭。无牵无挂地放下一切，这会让心安定，你现在唯一的任务就是集中心，让它平静下来。将其他的事都留给别人，色、声、香、味——全都留给别人去关心。

抛开一切，专心做好自己的工作，完成你的职责。无论心中出现什么，不管是怕痛、怕死、挂念别人或任何其他事，对它说："别来烦我！你不再是我所关心的事。"当你看见那些法生起时，只须持续地如此告诉自己。

真正的家是内在的平静

"法"[1]这个字是指什么呢？所有的东西都是法，没有任何东西不是法。那么"世间"呢？世间是此刻正在烦扰你的心境。"这些人会怎么做？我走了之后谁来照顾他们？他们会怎么处理？"这些就是世间，甚至只是生起怕死或怕痛的念头也是世间。

抛开世间！世间就是如此。若你让它主宰意识，心就会变得模糊不清，看不清楚自己。因此，无论心中出现什么，都只需说："这不关我的事。它是无常、苦与无我的。"

想象活很久，将会让你很痛苦；但想象很快或立即就会死，也不对，那也是苦，不是吗？诸行并不属于我们，它们遵循自己的自然法则。对于身体会变成怎样，你是莫可奈何的，只能稍微美化它，让它暂时看起来漂亮一点，就如少女们涂口红与留指甲，但人一衰老，大家的处境都相同。身体就是如此，无法让人称心如意。然而，你可以改进与美化的是这颗心。

任何人都可以盖木头或砖头房子，但佛陀说，那种家并非我们真正的家，它只是在名义上归属我们，它是世间的家，得遵循世间的方式。

我们真正的家，是内在的平静。外在与物质的家可能很漂亮，但它并不平静，充满种种忧虑，因此并非真正的家。它对我们而言是外在的，迟早必须放弃它，它不是能永久居住的地方，因为它并非真正属于我们，它属于世间。

身体也是如此，我们将它当做自己，当成我或我的，但事实上，它完全不是如此，它只是另一个世间的家。身体从出生开始，就一直在遵循它的自然轨迹，现在它衰老、生病，你无法禁止它，它就是如此。希望它有所不同，就如希望鸭子会变成鸡。

> 我认为若你真的想哭，最好是在有人出生时哭。生即死，死即生；枝即根，根即枝。若你一定要哭，就对着根哭，对着生哭。仔细看：若没有生，就不会有死。你能了解这点吗？

当了解那是不可能时——鸭就是鸭，鸡就是鸡，身体一定会衰老与死，你就会得到勇气与活力。无论你多么希望青春永驻，它就是办不到。

一出生就注定死亡

佛陀说：

> 诸行无常，是生灭法。生灭灭已，寂灭为乐。[2]

诸行指的是身与心，它们是无常与不稳定的，存在之后就会消失，有生就有灭，不过每个人却都希望它们是永恒的，这是很愚蠢的。看看呼吸，有进就有出，那是它的本质，它必须如此。入息与出息必须轮替，一定要有变化。

诸行通过变化而存在，你无法阻止它。试想，你能吐气而不吸气吗？这样的感觉会好吗？或你能只吸气而不吐气吗？我们希望事物永恒，但办不到，那是不可能的。一旦吸进来，就一定得呼出去，当它出去后，又会再回来，那很自然，不是吗？

出生之后，我们就会变老，然后死亡，这是再自然与正常不过的。那是因为诸行已完成它们的工作，入息与出息如此轮替，所以人类今日才能依然存在这里。

我们一出生，就注定要死亡，生和死是同一件事。就如一棵树，有根就有枝，有枝就一定有根，你无法只有其中一个而无另一个。看到人们对死亡如此哀伤与惶恐，对于出生则兴高采烈，会觉得有点好笑，没人能看清楚这点。

我认为若你真的想哭，最好是在有人出生时哭。生即死，死即生；枝即根，根即枝。若你一定要哭，就对着根哭，对着生哭。仔细看：若没有生，就不会有死。你能了解这点吗？

不要太担心，只要想："法尔如是。"这是你的工作，你的职责。现在没人能帮你，你的家庭与财产也帮不上忙，唯一能帮你的就是正知。

因此，别再犹豫了。放下，抛开一切！

世上找不到平静之处，除非回到真正的家

即使你放不下，每件事仍会渐渐离你而去。你能看见全身各部位都在悄悄地衰退吗？看看头发，当你年轻时，是多么乌黑亮丽，现在已脱落，它正在消逝。过去你有明亮的双眸，而今逐渐衰弱，你的视线变得模糊不清。当时间一到，你的器官就开始离开，因为这不是它们的家。

当你幼年时，牙齿健康而坚固，现在它们摇摇欲坠，可能你早已装上假牙。你的眼、耳、鼻与舌等都在试图离开，因为这不是它们的家。你无法打造一个永远健康的家，你只能短暂停留，然后就必须离开。好比房客，以衰弱的眼睛，注视他那间简陋的小房子，他的牙齿不再坚固，眼睛不再明亮，身体已不再健康，所有东西都在离开。

因此，你无须担心任何事，因为这并非你真正的家，它只是个暂时的避难所。既然来到这世上，就应思维它的本质，每件事都正在准备离开。看看你的身体，有什么还保持着它的原样吗？皮肤仍如过去吗？头发呢？它们都不同了，不是吗？

所有东西都到哪里去了呢？这是事物的本质，它就是如此。当时间一到，诸行就会各行其道。在这世界上，没有任何东西值得信赖——它只是混乱、麻烦、欢乐与痛苦无尽的循环，永无平静。

当没有真正的家时，我们就如漫无目标的旅人四处漂泊，在一处短暂停留后，就再度起程。除非回到我们真正的家，否则不会感到自在，就如离乡的旅人，只有回到家时，他才能真正感到放松与平静。

在这世上，无法找到真正平静的地方。无论贫穷或富有、成人或小孩，都得不到平静；不只教育程度低的人没有平静，受过高等教育的人也是如此。任何地方都没有平静，那是世间的本质。不只财产很少的人痛苦，财产很多的人也同样痛苦，无论男女老少，每个人都痛苦。年老苦，年轻苦，富有苦，贫穷

也苦——一切皆苦。

只要还未见到实相，我们就仍未回家

当你如此思维时，就会看见无常与苦。事物为何会无常与苦呢？因为它们都是无我的。

包括你这生病的身体与觉知病痛的心，都称为"法"。凡是无形的思想、感受与认识，都称为"名法"；受病痛所苦的身体则称为"色法"，物质与非物质都是法。

因此，我们与法同在，我们活在法中，我们就是法。其实，根本找不到一个自我，只有法持续生灭。每个刹那我们都在出生与死亡，法尔如是。

关于世尊，我们应如此想，只要他的说法有多真实，他就有多值得尊敬。即使从未修行，只要我们看见事物的实相，就看见他教导的法。反之，虽然我们知道教法，并加以研究与修行，但只要还未见到实相，我们就仍未回家。

持续放下，直到心抵达平静

因此，请了解这点。一切人或生物都在准备离开，大限一到，都必须各奔前程，无论是富人、穷人、年轻人或老人，都一定得经历这变迁。

当你了解这世间的实相时，就会觉得它是个无聊的地方。当你明白没有真实与固定不变的事物可供倚赖时，就会对这世间感到厌倦而不抱幻想。不抱幻想并非指嫌恶，心是清楚的，它了解这事实是无可挽回的，是世间的实相。如此觉知后，你就能放下贪著，以不卑不亢的心放下，通过智慧，看见诸行变化的本质，而得到平静——诸行无常。

无常即是佛，若我们真的能看见无常法，就会看见无常的常性——变迁的现象是不变的。这是众生所拥有的常性：从童年到老年持续的转变，这无常性与变易性是恒常不变的。若如此观察，心就会很自在，当你如此思维时，就会

> 照顾病患者应让自己的内心充满温暖与和善，别陷入嗔恚中，这是你们回报他们的机会。从出生、童年到长大成人，你们一直都依赖父母，今天能在这里，都是因为父母无微不至的照顾，你们亏欠他们的实在太多了。

认为它们很无聊，而不会对它们抱有任何幻想，对世间欲乐的喜好就会消失。你将会了解，若拥有的多，则必须抛开的就多；若拥有的少，则必须抛开的就少。财富就只是财富，长寿就只是长寿，它们并没有任何特别。

重点在于，我们应照着佛陀教导的方式去做，建立自己的家，使用我向你解释的方法去建设它，建立你自己的家。放下，持续放下，直到心抵达不进、不退与不住的平静为止。欢乐与痛苦都不是你的家，两者都会衰退与消逝。

佛陀了解，一切诸行都是无常的，因此，他教导我们放下对它们的贪著。当走到生命的尽头时，我们别无选择，都得撒手。所以在此之前，先把事情放下不是比较好吗？它们只是我们所背负的重担，为何不现在就将负担放下？放下，放轻松！让你的家人来照顾你。

法的价值是永恒的，让你永远受用不尽

照顾病患者会增长善与福德，给人机会的病患，不应增添他们的麻烦。若有疼痛或其他问题要让他们知道，并保持心理健康。照顾病患者应让自己的内心充满温暖与和善，别陷入嗔恚中，这是你们回报他们的机会。从出生、童年到长大成人，你们一直都依赖父母，今天能在这里，都是因为父母无微不至的照顾，你们亏欠他们的实在太多了。

今天所有子女与亲属都聚集在此，看到母亲如何变成你们的小孩，从前你们是她的小孩，现在她变成你们的小孩，她愈来愈老，直到她再度成为小孩为止。她的记忆力衰退，视力模糊，且耳朵也失灵。有时她的话颠三倒四，别让它搅乱你们。

照顾病患的你们一定也要知道如何放下，别坚持己见，要尊重她的意思。当小孩不听话时，有时父母亲会睁一只眼、闭一只眼，以维持和乐的气氛。现在母亲就如那个小孩，她的记忆与知觉都混淆了，有时会叫错你们的名字，或想要盘子却请你们拿杯子，这很正常，别因它而心烦意乱。

病人应记住照顾者的仁慈，他们耐心地承担苦受。在你自己的心地上用功，

别让心散乱，且别增加照顾者的负担，让善德与仁慈充满那些照顾者的心。别憎恶那些令人厌恶的工作，如清理痰液、尿液与排泄物等。尽你们所能，家中的每个人都应尽自己的一份力量。

你们只有一个母亲。她给你们生命，她曾是你们的导师、良医与护士——她曾是你们的一切。她善尽职责，将你们抚养长大，与你们分享她的财富，并让你们成为她的继承人。所以，佛陀教导要知恩与报恩，这两者是互补的。若父母困乏、生病或有难，我们都应该尽全力帮助他们，这就是知恩与报恩，是维系世间的美德。它能使家庭免于破碎，而获得稳定与和谐。

今天，在你生病的时刻，我带来一份法的礼物。我没有任何物质上的东西可以献给你，在这间屋子里，似乎已有许多那样的东西。因此，我给你法，它的价值是永恒的，让你永远受用不尽。收到它之后，你可以随意将它转赠给其他更多的人，它永远不会减少，那是实相的本质。

我很高兴能带给你这份法的礼物，并希望它能给你对抗痛苦的力量。

【注释】

[1] 法（dhamma）：现象或心境。请参考名法（nāma-dhamma）、真实法（sacca dhamma）、有为法（saṅkhata dhamma）、戒法（sīla-dhamma）、世间法（worldly dhammas）。
[2] 传统上于葬礼中唱诵的偈子。

第 10 章　四圣谛

人们想要到达涅槃，却不愿踏上解脱之道

如今我当老师已好几年了，也经历过许多困难的考验。现在巴蓬寺大约有四十座分院[1]，但至今我仍有难以教化的信众。有些人知道如何修而不肯修，有些人不知道也不设法寻找，我真拿他们没办法。为何会有这种人？无知就已够糟了，即使我告诉他们，他们也不肯听，我不知还能怎么做。

人们对他们的修行充满困惑，一直都在怀疑，都想到达涅槃，却不愿踏上解脱道，那是矛盾的。当我告之要禅修时，他们若不是会恐惧，就是想睡觉，大都只想做我未教过的事。当我告诉其他法师时，原来他们的弟子也是如此，这是身为老师的痛苦。

我今天送给你们的教导，是能在此世、当下解决问题的方法。有些人说他们有太多的工作要做，没时间修行。"我们能做什么？"他们问。我告诉他们禅修就如呼吸，工作时呼吸，睡觉时呼吸，坐下来时也呼吸。我们有时间呼吸，因为我们了解呼吸的重要。同样，若了解禅修的重要，我们就会找到时间修行。

知道苦与灭苦之道，就能解决问题

你们曾痛苦吗？曾快乐吗？实相就在其中，那里就是你们应修行的地方。是谁在快乐？是心在快乐；是谁在痛苦？是心在痛苦。它们从哪里生起，就在

哪里消逝。这些事物的因是什么？这是我们的问题。若我们知道苦、苦因、苦灭与灭苦之道，就能解决问题。

有两种苦，一般的苦与特别的苦。一般的苦，是诸行本具的苦——站着是苦，坐着是苦，躺着也是苦，即使佛陀也经历过这些事。他经历舒适与痛苦，但知道它们本质上是诸行，知道如何通过了解它们的真实本质，以克服这些自然的苦受与乐受。因为了解自然之苦，所以那些感受不会搅乱他。

最重要的苦是第二种苦——特别的苦，是从外在衍生而来的苦。若我们生病，可能必须找医生打针，当针刺进皮肤时会有点痛，那很自然。当针拔出来后，疼痛就消失了。这就如一般的苦，没有问题，每个人都会经历它。特别的苦是从取[2]当中生起，就如以充满毒液的针头注射，它不再是一般的疼痛，而是种会致命的痛苦。

不知"诸行无常"的邪见，是另一个问题。有为法[3]是轮回的领域，不希望事情改变——若我们如此想，就一定会痛苦。若认为身体就是我们或是我们的，当看到它改变时，我们就会害怕。假设失去某样东西，若认为它真的是我们的，就会为此而忧伤。若我们不了解它是遵循自然法则的有为法，就会感到痛苦。

但你们若只吸气而不吐气，或只吐气而不吸气，能活得了吗？有为法一定会如此自然地改变。看见这点，就是看见法，看见无常、变化。我们依赖这变化而活着，当知道事情的实相时，就能放下它们。

法的修行是开发对实相的了解

法的修行是开发对实相的了解，以使痛苦不再生起。若我们错误地思考，就是在和世界、法、实相作对。假设你生病必须住院，多数人想的是："请别让我死，我希望赶快好起来。"这是错误的想法，它会带来痛苦。

你必须这么想："若我会康复，就康复；若会死亡，就死亡。"这才是正确的想法，因为你无法完全控制诸行。若如此想，则无论你将死亡或康复，都不会走错路,无须担心。一心渴望康复与恐惧死亡——这是不了解诸行的心。你应想:"若我康复,那很好;若未康复,那也无妨。"我们就如此让自己了解实相。

佛陀清楚地看见这一切,他的教导一直都切合时宜,永远不会过时,至今依然和过去一样真实。只要将这教导谨记在心,我们就能获得平静与喜悦的回报。

他的教导中有对无我的省察:"这既非我自己,也非属于我所有。"但人们因贪著自我的概念,而不喜欢这种教导。这就是痛苦的起因。

无论心是快乐或悲伤,都别上当

一位妇人问我如何对治愤怒。我告诉她,下次生气时将闹钟转上发条放在面前,然后给自己两个小时,让愤怒离开。若那真的是她的愤怒,也许就能如此叫它离开:"两小时之内给我滚蛋!"

但它并不真的听令于我们。有时过了两小时,它还在那里;有时不到一小时,它就不见了。执著愤怒为个人所有,会造成痛苦,若它真的属于我们,它就必须服从我们。它不服从我们,就表示那只是个骗局,不要上当。无论心是快乐或悲伤、爱或恨,都别上当。一切都是骗人的!

当你愤怒时,那个感觉是好的或不好的?若感觉不好,你为何不将它抛开?当执著它时,你怎能说自己是明智的?从你出生那天起,这颗心骗你生气了多少次?有时它甚至可能引起全家争吵,或害你整晚哭泣。但你仍持续地发怒,依然陷入执著与痛苦,若未看见痛苦,你就会继续痛苦下去。若你看见愤怒的痛苦,那么就抛开它。若你不如此做,它就会继续无限期地引发痛苦,轮回的世间就是如此。若我们知道实相,就可以解决这些问题。

佛陀的教导里说,没有比看见"这既非我,亦非我的"更好的解决痛苦的方法。这是最棒的方法,但我们通常都不关心这点。当痛苦生起时,我们只会哭,而未从它身上学到任何东西,我们必须好好地看看这些事,以长养觉性(Buddho)——觉知者。

心是肉眼看不到的，它必须用心眼去看，法在身内，只有在身内才能看见。

你无法在书架上找到法

现在，我打算给你们一些经典以外的"法"。多数人读经却未见到法，可能是误解或不了解。

假设两个人同行，看见一只鸭与一只鸡。其中一人说："为什么鸡不能像鸭，而鸭不能像鸡呢？"他们的希望是不可能的。他们可能希望在往后的日子里，鸡都变成鸭，鸭都变成鸡，而这永远无法实现，因为鸡就是鸡，鸭就是鸭。只要他们如此想，就一定会痛苦。另一个人了解鸡就是鸡，鸭就是鸭，事实就是如此，没有问题。

同样，无常是指一切事物都无法持久。若希望事物永远不变，你就会痛苦。了解事物理所当然是无常的人，会比较自在，与世无争。反之，希望事情永恒的人则容易起冲突，甚至可能会为此而忧心失眠。

若你希望觉知法，会往哪里寻找？你必须往身心内去观察，你无法在书架上找到。真的想见法，必须向内观察身与心——只有这两样事物。心是肉眼看不到的，它必须用心眼去看，法在身内，只有在身内才能看见。

我们以什么看身体呢？以心去看身体。你看任何地方都找不到法，因为苦与乐都从这里出生。或你曾看过快乐在树上出生？或从河流，或天气？快乐与痛苦，都是在我们身心之内出生的感受。

法只存在于我们的身心之中

因此，佛陀告诉我们，就在此觉知法。有人可能会告诉你们从书本中去找法，若你们真的以为法在书本中，将永远找不到它。若你在书本中寻找，则一定要向内省察那些教导。唯有如此，才可能了解法，因为它只存在于我们的身心之内。

当我们如此做时，智慧就会在心中生起。此时无论看哪里，都有法，随时都能看见无常、苦与无我。但我们不了解这点，一直将事情看成是我们或我们的，这意味着我们不了解世俗谛。

例如，在座所有的人都有名字，名字是个世俗法，有名字当然很有用。甲、乙、丙、丁四个人，每个人都一定要有个名字，以利沟通与共事。若我们对甲先生说话，可以呼叫甲先生，他就会过来，而不会是别人，这就是世俗法的方便。但当我们深入检视这件事时，就会了解其实并无任何人在那里。我们将看见超越的一面（胜义谛），只有地、水、火、风四界，这身体就是如此而已。

每个人都只是地、水、火、风的组合罢了

但我们因为"我语取"[4]的缘故，并不如此了解。若我们仔细看就会了解，并没有真实不变的人。固体的部分是地界，液体的部分是水界，和能量流一起循环全身的空气与气体是风界，提供热能的部分则是火界。当地、水、火、风聚合时，它们就被称为人。当我们解析事物，了解只有这四界时，哪里找得到人？

所以，佛陀说没有比了解"这既非我，亦非我的"更高的修行。我与我的都只是世俗法，若我们如此清楚地了解每件事，就会平静下来。若能在当下了解无常与无我，则当事物分崩离析时，我们就能平静以对，它们只是地、水、火、风四界而已。

要了解这点很困难，不过它并未超出我们的能力范围。若我们成功，就能知足，贪、嗔、痴将会减少，心中一直都会有法，没必要嫉妒与恼怒，因为每个人都只是地、水、火、风罢了，如此而已。当接受这事实之后，我们就会看见佛陀教导的实相。

若能看见佛陀教导的实相，我们就无须那么多的老师，也无须每天闻法！当我们了解时，只做需要做的事。但让人们难以接受教导的原因，是他们不接受教法，且和老师与教法争辩。在老师面前，他们表现得还可以，但在他的背后，就变得像贼一样！在泰国，人们就是如此，所以他们需要那么多的老师。

若认为某样东西很漂亮，应告诉自己它不是；若认为某样东西很丑，也应告诉自己它不是。试着如此看事物，经常如此省察，我们就会在不真实的事物里看见真实，在不确定的事物里看见确定。

看见无常、苦、无我，痛苦就会止息

若你们不注意，就见不到法。你们一定要谨慎，秉持教法并好好地思维。这朵花漂亮吗？看得见它内在的丑陋吗？它的漂亮能持续多久？之后它看起来如何？它为何有如此转变？三四天后，当它失去美丽时，你们还会喜欢它吗？人们都贪爱美丽与美好的事物，无可救药地迷恋美好的东西。

佛陀告诉我们，看美丽的事物就只是美丽，别贪著它们；若有舒适感，也不应贪恋。美好与美丽都是不确定的，无任何东西是确定的，这就是实相。事物都不是真实的，都会变化，如同美丽。美丽拥有的唯一实相，就是它的经常变易性。若我们相信事物真是美丽的，当美丽消逝时，心也失去它的美；当事物不再美好时，心便失去它的美好。

我们就是如此，将自己的心"投资"在物质的事物上。当它们毁坏或破灭时便会感到痛苦，因为我们执著它们是自己的。佛陀告诉我们，应了解这些事都只是本质的概念，美丽出现后，很快就会消逝，了解这点便是拥有智慧。

若认为某样东西很漂亮，应告诉自己它不是；若认为某样东西很丑，也应告诉自己它不是。试着如此看事物，经常如此省察，我们就会在不真实的事物里看见真实，在不确定的事物里看见确定。

今天我已解释了了解苦、苦因、苦灭与灭苦之道的方法。当你们觉知苦时，应抛开它；觉知苦因，也该抛开它；修行，以看见苦灭。只要看见无常、苦与无我，痛苦就会止息。

只要你想觉悟，就永远无法觉悟

修行是为了什么？我们修行的目的，是为了舍弃，而不是为了获得。一位妇人告诉我她很痛苦，当问她想要什么时，她说想要觉悟。"只要你想觉悟，"我回答，"你就永远无法觉悟，别想得到任何东西。"

当知道痛苦的实相时，就会抛开痛苦；当知道痛苦的原因时，就不会去造

佛陀说，一味相信别人是愚蠢的，因为其中缺乏清楚的认知。因此，
佛陀说："我没有老师。"

那个因，反而会修行以去除痛苦的因。导致苦灭的修行，就是了解"这既非我，也非我所有"，如此的了解有助于苦的止息。就如抵达目的地，然后停止，那就是灭——趋入涅槃。

换句话说，前进是苦，后退是苦，停止也是苦；若不前进、不后退也不停止，此时，还有什么东西留下？身与心都在此止息，这就是苦灭。很难了解，不是吗？但若精进不懈地学习此教法，就能超越困难，达到了解，那里就有灭。这是佛陀究竟的教导，是终点，他的教导结束于完全舍离的那一点上。

别急着判断教法是对或错，只须先聆听它

不要急于判断这教法是对或错，只须先聆听它。若我给你们一颗水果，并说它很好吃，你们应注意我的话，但别毫不怀疑地相信我，因为你们还未品尝。若想知道水果是甜或酸，你们应切下一片尝尝看，然后就会知道。同样的道理也适用于我给你们的教导上，不要抛弃这水果，保留它并品尝它，亲自体会它的味道。

你们要知道，佛陀并没有老师。某位苦行者曾问佛陀他的老师是谁，佛陀回答说他没有老师，苦行者就摇着头离开了。佛陀太诚实了，他正在对一个不知道或不接受实相的人说话。所以我要告诉你们，不要相信我。

佛陀说，一味相信别人是愚蠢的，因为其中缺乏清楚的认知。因此，佛陀说："我没有老师。"这是实话，但你们应正确地了解这点，不能轻蔑你们的老师，别随便说："我没有老师。"你们必须依赖老师，来告诉你们什么是对或什么是错，然后依教奉行。

在佛陀时代，有些弟子并不喜欢他，因为佛陀时常告诫他们要精进、不放逸。那些懒惰者很怕佛陀，并憎恨他。当他去世时，一群弟子为了失去佛陀的指导而哭泣、悲伤，另一群弟子则因不必再听佛陀的唠叨而感到高兴、轻松，第三群弟子则平静地思维有生就有灭的实相。你们认同哪一群弟子呢？

到了现在，事情并没有太大的改变，还是有些弟子会憎恨他们的老师，他

们可能不会表现在外，而是隐藏在心中。对于仍有烦恼的人而言，有这种感觉是很正常的，即使佛陀也有人恨他。我也有憎恨我的弟子，我告诉他们要放弃不善行，但由于他们珍爱不善行，所以憎恨我。有许多人就是如此，唯有明智者才会坚定地修行法。

【注释】

[1] 这是阿姜查在1977年所做的演讲，到了2002年，在泰国境内与世界各地，巴蓬寺的分院共计超过两百座。

[2] 取（upādāna）：执取、执著，是十二缘起的第九支，指执著于所对之境。有四种取：一、欲取——对世间欲乐强烈的渴爱；二、见取——即执著邪见，如断见、常见等；三、戒禁取——认为持种种禁戒，如狗戒、牛戒等，能导向解脱；四、我语取——执著身见，认为五蕴的任何一蕴都是"我"或"我所"。

[3] 有为法（saṇkhata dhamma）：泛指因缘和合而成的现象，是世间共许的实相，与无为法（asaṇṇkhata dhamma）相对应。无为法是指非由因缘和合而成的法，即指涅槃，它是脱离有为法之苦，而达至最终解脱之法。

[4] 参见注[2]。

第 11 章　空经法师

即使读完大藏经，若不修行，也不可能了解佛教

有两种护持佛教的方式，一种是通过物质供养的护持，即所谓的财供养（āmisa-pūjā），包括食物、衣服、卧具与医药四种资具。"财供养"是借由布施物资给比丘与比丘尼僧团来支持佛教，让他们能无后顾之忧地修行佛法。这将助长佛陀教法的直接体悟，为佛教带来繁荣。

佛教可比喻为树，树有根、茎、枝、芽与叶，树枝与树叶依赖树根从土壤吸收养分。我们说的话就如树枝与树叶，依赖树根——心——吸收养分传送给它们，这些枝叶接着结出果实，就如我们的语言与行为。无论心是处于善巧或不善巧的状态，它都会将那特质通过言行表现出来。

因此，通过实际运用教法来护持佛教，才是最重要的一种护持。例如，在斋戒日的受戒仪式中，老师讲述应避开的不当行为，若你只是通过受戒仪式，而未去反省它们的意义，就很难进步，将无法达到真正的修行。

因此，对佛教真正的护持，一定要通过"行道供养"（paṭipatti-pūjā），培养真实的戒、定、慧来加以完成，然后就会知道佛教是什么。若不通过修行去了解，即使读完整部大藏经，你们也永远不会明白。

学而不修的空经法师

在佛陀时代，有位比丘名为空经（Tuccho Poṭhila），是佛陀最有学问的弟

子之一，精通各种经论。他非常有名，受到各地人们的尊敬，并监管十八座寺院。当人们听到空经之名时，都会心生敬畏，无人敢质疑他的教导，他们太尊敬他的话了！

有天他前往顶礼佛陀，当他礼拜时，佛陀说："啊，嘿！空经法师！"就像那样！他们交谈了一会儿，到要告别时，他正准备离开，佛陀说："哦，现在要离开了吗？空经法师！"

佛陀就是那么说的。抵达时，"啊，嘿！空经法师！"离开时，"哦，现在要离开了吗？空经法师！"这就是佛陀给他的教导。空经比丘很困惑："佛陀为何那么说呢？他是什么意思？"他想了又想，回顾所学的东西，最后他终于了解："没错！空经法师——那就是我，一个只学而不修的比丘。"

当观察内心时，他了解到自己和在家人无有不同，他们所渴望的一切，他也同样渴望；他们所喜爱的一切，他也同样喜爱。他内在并无真实的沙门，没有真正深奥的素养，能将他稳固地安立在正道上，并提供真实的平静。

因此，他决心修行，但却面临无处可去的窘境。他四周所有的老师都是自己的学生，没人敢接受他。通常当人们遇见老师时，都会变得胆怯而恭顺，因此没人敢当他的老师。

最后，他去见一位已觉悟的年轻沙弥，请求随他修行。这位沙弥说："哦！你当然可以随我修行，但你必须是诚心的。若你不诚心，我就无法接受你。"于是，空经誓言要做沙弥的学生。

接着，沙弥叫他穿上所有的衣服，那时附近刚好有一摊泥。空经小心地穿上所有的贵价衣，沙弥说："好，现在在泥地上爬行，我没叫你停就不能停，没叫你起来就不准起来。好……开始！"

衣着整洁的空经遂投入泥泞中，直到他全身泥泞不堪时，沙弥才叫他停止。最后，沙弥说："你现在可以停了。"因此他停下来。"好，起来！"他便站起来。

空经显然已放弃他的骄傲，准备好接受教导。若未准备要学习，像他如此闻名的老师，不会那样投入泥泞中。年轻沙弥见到这点，知道空经决心认真修行，因此便教导他。

他教他观察六尘 [1]，以人躲在蚁丘上捉蜥蜴为喻，若蚁丘上有六个洞，他如何能捉到蜥蜴呢？他必须封闭五个洞，只留下一个出口。然后他只要坐在那里看，守护洞口，当蜥蜴出来时，就可以抓到它。

有了正念、正知，就能觉知心如何反应法尘

观察心就像这样。闭上眼、耳、鼻、舌、身，只留下心，闭上感官是指防护与安抚它们。禅修就如捉蜥蜴，我们以正念去注意呼吸。正念的特质是忆念，一直问自己："我正在做什么？"正知是觉察："现在我正在做这个与那个。"我们以正念与正知来观察呼吸的进出。

正念的特质是从修行当中生起，并不是可从书本中学到的。觉知生起的感受，心可能暂时没反应，然后一个感觉又会生起。正念和这些感觉一起工作，记起它们。正念是忆念"我将说"、"我将走"、"我将坐"等，然后有正知——觉察"现在我正在走路"、"我正躺下"、"我正在经验这样与那样的心情"。有了正念与正知，就能在当下觉知心，我们将觉知心如何反映法尘。

了解声音只是声音，它就不会干扰我们

能觉知六尘者，即称为"心"。六尘窜入心中，例如声音通过耳朵窜入心中，心认出它是鸟叫、车声或其他声响，现在辨识声音的这颗心还很单纯，它只是中立的心，也许烦恼就会在这认知者中生起。

我们必须进一步训练认知者变成如实觉知者——所谓的"佛"。若无法根据实相清楚地觉知，我们就会被人、车或机器等声音所干扰。一般的与未经训练的心，通常会带着烦恼去认知声音，那是根据自己的喜好，而非根据实相去觉知。

我们必须进一步训练它，以洞见、智慧或智见 [2] 去觉知，觉知声音就只是声音。若不执著声音，就不会有烦恼。声音生起时，只是单纯地注意它，这

> 若让心跟着毫无价值与用处的念头与感觉流浪，心会变得疲惫而虚弱。若心缺乏活力，智慧就无从生起，因为无活力的心，就是没有定的心。

就称为如实地觉知六尘的生起。

当我们念 Buddho 时，清楚了解声音就只是声音，它就不会干扰我们。它是根据因缘而生起，并非众生、个人、我、我们或他们。它只是声音。如此一来，心便能放下。

这清晰而敏锐的觉知，即称为佛。有了它，我们就能让声音只是声音，它不会干扰我们，除非我们用想——"我不想听声音，它很烦"——去干扰它，痛苦正因这态度而生起。这就是苦因：我们不知道这件事的实相，没有正念、正知，还不清楚、觉醒、觉察。这是未经训练与尚未调伏的心，还不是真正有用的心。

觉醒地停留在一个所缘上，心将焕然一新

我们必须开发内心，就如开发身体一样，必须锻炼它，早晚慢跑，身体很快就会变得更敏捷与强壮，呼吸与神经系统也会变得更有效率。锻炼心的方式与此不同，身体必须动，心则必须静，要引导它停止、歇息。

例如，禅修时采用一个所缘——入出息，作为基础，成为我们注意与省察的焦点。我们注意呼吸，代表我们是清醒地跟随呼吸，注意它的节奏与来去，放下其他一切。觉醒地停留在一个所缘上的结果，将会让我们的心焕然一新。但若让心四处游移，它就无法统一或静下来。

我们说心"停止"，意味着它感觉自己好像是停止的，不再四处乱跑。就如我们拥有一把利刃，若不加选择地以它乱割东西，如石头、砖块或草坪，它很快就会变钝，我们应以它来切割适合的东西。同样，若让心跟着毫无价值与用处的念头与感觉流浪，心会变得疲惫而虚弱。若心缺乏活力，智慧就无从生起，因为无活力的心，就是没有定的心。

若心不停止，就无法看清六尘的实相。觉知心就是心，六尘就是六尘，如此的认知是佛教成长与发展的根本，是佛教的心要。当我们看自己与行为模式时，便会发现自己就像小孩一样。小孩什么都不知道，从大人的眼光看小孩的

行为，他游戏与跑跳的方式，他的行为似乎没有任何目的。若心未调伏，它就如小孩，我们糊里糊涂地说话，并愚蠢地行动，可能连酿成大错都还不自知。

因此，我们应训练这颗心，佛陀教导要训练心，要教导它。即使以四种资具护持佛教，我们依然是肤浅的，它只及于树的表皮或边材。对佛教真正的护持——树心，只来自于修行，依循教法训练身、口、意，别无其他，这才是精华所在。若我们正直与诚实，拥有戒与慧，修行就会成功，那里将没有怨恨与敌意的因，我们的宗教就是如此教导我们的。

缺乏修行，累世都无法洞见佛教的心要

若认定戒律只是种传统，那么，即使老师告诉我们实相，我们的修行还是会有缺陷。我们可能研究教法并能背诵，但若真的想了解它们，就一定得修行。缺乏修行，会成为一种障碍，使我们累世都无法洞见佛教的心要。

因此，修行就如大皮箱的钥匙，若手上有正确的钥匙——禅修之钥，则无论锁有多紧，当拿起钥匙打开它时，锁就会应声而开。若我们没有钥匙，就无法开锁，将永远不知道箱子里有什么。

事实上，有两种知识。觉知法的人，不会只凭记忆说话，他或她说的是实相。世间人通常只凭记忆说话，更糟的是通常是夸张地说话。例如有两个人久未谋面，有天他们在火车上不期而遇。"哦，真巧"，其中一个人说，"我正想找你！"

事实并非如此，他们彼此完全没有想到对方，只是一时兴奋才如此说。因此，那变成谎言，是的，那是无心之过。这是不知不觉的谎言，是种微细的烦恼，它经常会发生。

因此关于心，空经比丘遵从沙弥的指示：吸气、吐气，清楚觉知每个呼吸，直到他看见内在的骗子——自己心中的谎言为止。他看见烦恼浮现，就如从蚁丘出来的蜥蜴，他看见它们，并在它们出现时，认出它们的真实本质。他注意到心如何在前一刻构设一件事，然后到了下一刻又变成另外一件。

思想是有为法，是必须依赖因缘而生的法，而非无为法。调伏的心、完全

清醒的心，不会再构设心境。这样的心洞见圣谛，无须再攀附外缘，觉知圣谛就是觉知实相。攀缘的心试着回避这实相，说"那很好"或"这很漂亮"，若心中有佛，就不再受骗，因为我们知道心的实相。心无法再创造染污的心境，因它清楚觉知一切心境都是无常、苦与无我的，若执著它们就会衍生痛苦。

这颗骗人的心正是我们观察的对象

无论去到哪里，觉知者都经常存在空经比丘的心中。他带着了解，观察心的各种创造与增生，看见心如何进行各种欺骗。他掌握了修行的心要：

> 这颗骗人的心，正是我们应该观察的对象——这是以高兴与痛苦、好与坏，带领我们走向苦、乐两端，造成我们轮回生死的心。

空经比丘觉悟了实相，掌握修行的心要，就如人捉住了蜥蜴的尾巴。

对所有的人而言也是如此，只有这颗心最重要，所以要修心。那么，我们要如何训练它呢？借由持续保持正念、正知，我们就能觉知心。这个觉知者超越心一步，它能觉知心的状态，觉知"心就只是心"的人，即是觉知者。

觉知者在心之上，因此能照顾心，教导心觉知什么是对，什么是错。最后每件事都会回到这颗攀缘的心上，若心陷入攀缘中，就会失去觉知，修行也将没有结果。

因此，我们应训练这颗心去闻法与培养佛，培养清楚而光明的觉知，它存在于一般心之上，并超越它，觉知内在发生的一切。所以，我们要以"佛"字来禅修，如此才能觉知心内之心。只要观察心的一切活动，无论好或坏，直到觉知者了解心就只是心，不是我或人为止，这就称为"心随观"[3]。依此方式来看，我们就会了解，心是无常、苦与无我的。

我们可以归纳如下：心是认识有别于心的六尘者，觉知者如实觉知心与六尘两者。我们必须经常使用正念来净化心，众生都有正念，甚至连猫捉老鼠，或狗吠某人时都有,这是种正念的形式,但它并非如法的正念。

众生都有正念,但它有不同的层次,就如看东西有不同的层次一样。例如,当我告诉人们观身时,有些人说:"身体有什么好观的?每个人都可以看见它——头发、指甲、牙齿与皮肤,我们早就看过了。那又怎样?"

以心眼去看身体里的身体

人们就是如此。他们的确可以看见身体,但看到的是错误的,他们并未以"佛"或"觉知者"去看,只是以平常的方式看见身体,只看见它的外表。只看见身体并不够,若只是如此会有麻烦,你们必须看见身体里的身体,如此事情才会变得比较清楚。

只看身体,你们会被它愚弄,被它的外表给迷惑,未看见无常、苦与无我,贪欲[4]会生起,你会着迷于色、声、香、味与触。这种看见只是以世俗的肉眼看见,会让你产生爱与恨,且有好恶的分别。

佛陀教导我们,必须以心眼去看,看见身体里的身体。若你真的看进身体里去……嗯!真的很恶心。今天的和昨天的东西都混在那里,你分不清什么是什么。这样看比用肉眼看清楚多了,疯狂的肉眼只看它想看的东西,我们应以心眼、慧眼去观。

这是能根除对五蕴——色、受、想、行、识执著的修行,根除执著就是根除痛苦,痛苦就在这里,在执著五蕴处生起。五蕴本身并非是苦,只有执著它们为自我——那才是苦。

若通过禅修,看清这些事物的实相,痛苦就会像螺丝钉或螺栓一样松开。当螺栓松开后,它就会退出来。心的松脱也是如此,它会放下,从善恶、名利与苦乐的迷执中退出。

若我们不知这些事物的实相,那就如随时在绞紧螺丝钉,它变得愈来愈紧,直到摧毁你,让你痛苦不堪为止。当你觉知事物的实相时,就是在松开螺丝钉,以法的语言来说,我们称此为生起"厌离"。你变得厌倦事物,并放下对它们

> 得失、毁誉、称讥、苦乐——这些都是世间法，它们吞噬了世间众生，是麻烦制造者，若不省察它们的真实本质，就会痛苦。

的迷恋。若如此松开，就能得到平静。

人们只有一个问题——执著的问题

人们只有一个问题——执著的问题。就因这件事，人们互相残杀。一切问题，无论是个人、家庭或社会的问题都根源于此。其中没有赢家，他们互相残杀，但到头来没人得到任何东西。得失、毁誉、称讥、苦乐——这些都是世间法，它们吞噬了世间众生，是麻烦制造者，若不省察它们的真实本质，就会痛苦。

人们甚至会为了财产、地位或权力而杀人，为什么？因为他们将这些事看得太重要了，他们被任命为某个职位，如村长，就乐昏了头，在被任命后，变得醉心于权力。若老朋友前来拜访，他会说："别常来这里，现在的情况和以前大不相同了。"

佛陀教导我们要了解财产、地位、赞美与快乐的本质，当它们出现时，接受它们，但要顺其自然，别被它们冲昏头。若你无法真正了解这些事，就会受到权力、子女与亲属等的愚弄！若你清楚了解这些事，就会知道它们都是无常的"行"。若执著它们，它们就会变成烦恼。

人们刚出生时，只有名与色而已，之后我们才为他加上王先生或林小姐等名称，这是依据世俗法而为。此外，还会有上校或医生等头衔。

若我们并非真的了解这些事，便会认为它们是真实的，并执著它们；执著财产、地位、名称与阶级。若你有权力，就可颐指气使："将这人抓去处决，将那人抓去关起来。"阶级带来权力，"阶级"一词正是执著之所在。

只要人们得到阶级，就开始发号施令；对或错，全凭心情行事，因此一再犯同样的错误，偏离真实的道路愈来愈远，了解"法"的人不会如此表现。若你拥有财产与地位，就让它们只是财产与地位，别让它们变成你或你的身份，只要善加利用来履行职责即可，然后就放下。你还是你，没有改变。

培养内在的戒法，才是真正护持佛教

佛陀就是希望我们如此了解事情，无论接收到什么，心都不会对它加油添醋。他们任命你为市议员，"好的，我就是个市议员……但其实我不是。"他们任命你为议长，"当然，我就是议长，但其实我不是。"无论他们如何对你，都这样想："好的，我是，但其实我不是。"

最后，我们到底是什么？我们最后都一定会死，无论他们怎么做，最后都相同。你能说什么？若你能如此看事情，就能屹立不摇并真正知足，什么都没改变。

这是不被事情愚弄的方法，无论发生什么事，一切都是诸行。没有任何事能诱使如此的心去构设与攀缘，引诱它进入贪、嗔、痴之中。

这才是对佛教真正的护持，无论你是处于被支持者（僧伽）或支持者（在家众）之中，请仔细思维这点。培养你内在的戒法[5]，这是护持佛教最稳当的方式。以供养食物、卧具与医药来护持佛教也很好，不过这种供养只能达到佛教的表层而已。

树有树皮、边材与心材，这三部分缺一不可，心材依赖树皮与边材，边材则依赖树皮与心材，它们相互依赖而存在，就如同戒、定、慧的教法。戒让你的身、口业保持正直，定令内心安住，慧则彻底了解一切诸行的本质。研究这个，修行这个，你就能以最深入的方式了解佛教。

若不了解这些事，你就会被财产、阶级或接触到的任何事物给愚弄。我们必须考虑让自己的生活与教法一致，应省察这世上的一切众生，都是整体的一部分，我们就如他们，他们就如我们。他们一如我们，同样拥有快乐与痛苦，并没有任何不同。若我们能如此省察，平静与了解将会生起，这是佛教的基础。

【注释】

[1] 六尘：六种感官所对之境，即色、声、香、味、触、法。

[2] 智见（ñāṇadassana）：洞察四圣谛的智慧与洞见。

[3] 心随观（cittānupassanā）：即四念处（身、受、心、法）之中的心念处。禅修者安住于心，就自己内心的情况持续思维观察，观心是无常、苦、无我的，以破除心为我的妄见。

[4] 贪欲（kāmacchanda）：爱欲，贪欲，五盖之一。

[5] 戒法（sīla-dhamma）：泛指佛陀所制之律法，在个人的层面，系指戒与实相（慧）。

第 12 章　不确定——圣者的标准

曾有位西方比丘，是我的学生，每当他看到有泰国比丘与沙弥还俗时，他就会说："噢，真遗憾！他们为何要那么做？为何会有如此多的泰国比丘与沙弥还俗？"他很震惊。他对这件事感到难过，因为他才刚进来与佛教接触，这激发他下定决心成为比丘，并心想自己永不还俗。但过了一段时间后，有些西方比丘开始还俗，他也逐渐认为还俗并没什么大不了的。

当人们受到激发时，一切似乎都是正确与美好的。他们不会判断自己的感觉，且并不真的了解修行，却继续前进，形成一种主观的看法。而那些真正知道的人，心中都会有坚定不移的基础——但不会吹嘘。

厌烦清净的生活便可能还俗

以我自己而言，当刚出家时，实际上并未做很多修行，但我很有信心。我不知道是什么原因，也许是与生俱来的吧！在雨安居结束时，和我一起去的比丘与沙弥都还俗了。我心想："这些人是怎么了？"但我不敢对他们说什么，因为我还不确定自己的感觉，我太激动了。

但在内心深处，我觉得他们都很愚蠢，"出家很困难，还俗却很容易。这些家伙没有大福德。他们认为世间的方式比法的方式更有用。"我就是那么想的，但什么都没说，只是观察我的心。

我目睹和我同行的比丘们陆续还俗，有时他们会盛装来到寺里炫耀。我看着他们，心想他们疯了，但他们却自认为很时髦。我觉得他们错了，但我没说，因我自己仍是个未定数,还不确定自己的信心能维持多久。

当我的朋友们全都还俗时,我断绝一切关心,任何人的离开都与我无关。我拿起《别解脱戒本》[1]研读,埋首于其中。不会再有人来烦我,并浪费我的时间,我专心于修行。我还是什么都没说,因为觉得修行一辈子,也许七八十年甚至九十年,一直维持精进不懈与不放逸,似乎是件非常困难的事。

会出家的人就会出家,会还俗的人就会还俗,我冷眼旁观一切,并不担心自己会留下或离开。我看着朋友们离开,但我心里觉得这些人都未看清楚。那西方比丘可能也是如此想的,他看到人们出家只是在一次雨安居期间,便觉得很难过。

之后,他达到一个我们称为"厌烦"的阶段,对清净的生活感到厌烦。于是他放下修行,最后还俗了。

"你为何要还俗?"我问他,"以前,当你看到泰国比丘还俗时,你会说:'噢,真遗憾!多可悲,多可惜呀!'现在,轮到你自己想要还俗,为何你现在不会觉得遗憾?"

他没有回答,只是不好意思地咧嘴苦笑。

修心的困难在于没有衡量的标准

谈到心的训练,若你心中没有亲自见证,要找到一个好的标准并不容易。对于许多外在的事情,我们可依赖别人的回馈。但谈到法的标准,它在我们的能力范围内吗?我们已有法了吗?我们的想法正确吗?若它正确,我们能放下正确吗?或仍执著于它?

这很重要,你们应持续思维,直到能放下,不执著好与坏为止,然后将这个也抛开。换句话说,你们应抛开一切,若一切皆空,那就无有剩余了。

因此,关于修心,我们有时可能会说它很简单,但说是容易,去做却很难,非常困难,难在它违背我们的欲望。有时事情有如神助,每件事都很好;无论想或说什么,似乎都无往不利。然后,我们便执著于那个好;不久后开始做错,一切便都转坏了。它就是难在这里，没有可供衡量的标准。

有人充满信心，他们只有信而无慧，可能专精于定，但缺乏洞见。他们只看到事情的一面，且完全照着走，不知省察。这是盲目的信仰！在佛教中，这称为"信胜解"（saddhā adhimokkha），有信心固然很好，但那产生不出智慧。他们还不了解这点，而相信自己有智慧，因此看不到自己错在哪里。

以五力作为衡量修行状态的标准

因此，经中教导五力（pañca bala）：信、精进、念、定、慧。信是深信；精进是勤勉的努力；念是忆持；定是心的专注；慧是遍知的智慧。别以为慧只是智慧，它是包含一切的圆满智慧。智者给了我们这五个向度，好让我们可以检视它们。首先，是作为学习的对象；其次，是作为衡量自己修行状态的比较标准。

例如信：我们是否确信，我们已发展出它了吗？精进：我们够精进吗？精进的方法正确吗？每个人都在精进，不过那是明智的吗？念的情况也是如此，即使猫也有正念。当它看见老鼠时，就会有正念，眼睛会一直注视着老鼠。众生，包括动物、罪犯与圣者在内，都有正念。定或心的专注，众生也都有，在猫的正念中也有定。至于慧，猫也有，不过那不是像人一样的宽广智慧，那只是动物的觉知，它有足够的慧能捕食老鼠。

这五项都被称为"力"。这五力从正见中生起了吗？我们衡量正见的标准为何？我们必须清楚地了解这点。

以正见作为检验修行的标准

正见是对一切事物都不确定的了解，因此佛陀和一切圣者们不会执著它们。他们是执而不著，不会让执取变成固着。一个不会演变成有的执，是不被贪欲染污的执，不会寻求变成这个或那个，单纯只是修行本身而已。

> 别在贪欲强烈时作下任何决定。贪欲会让我们自我膨胀而想入非非，我们一定要很谨慎。

当你执著某件事时，是快乐或痛苦？若是快乐，你执著那快乐吗？若是痛苦，你执著那痛苦吗？

有些见解可以拿来作为衡量修行的更准确的原则。例如，相信自己比别人好，或和别人相同，或比别人笨，这些都是邪见。我们可能会觉得这样，但也会以智慧加以觉知，觉知它们就只是生灭法。认为我们比别人好是不正确的；认为和别人一样，也不正确；认为比别人差，也是不正确的。

正见能斩断这一切。若自认为比别人好，骄傲就会生起，它就在那里，但我们却没有看见。若自认为和别人一样，就不会在适当的时机表示尊敬与谦虚。若自认为比别人差，就会意气消沉，相信自己不如人，或是命不好等。我们仍执著于五蕴，一切都只是有与生。

这是可用来衡量自己的标准。另外一种是：若遇到愉悦的经验，我们便感到快乐；若遇到一个不好的经验，便感到痛苦。我们能将喜欢与讨厌的事，都看成具有相同的价值吗？以此标准检验自己。在日常经验中，当我们听到某件喜欢或讨厌的事情时，心情会跟着改变吗？或心根本不为所动？由此便可做个检验。只要觉知你自己，这就是你的见证者，别在贪欲强烈时作下任何决定。贪欲会让我们自我膨胀而想入非非，我们一定要很谨慎。

以实相作为觉知的正确方式

有许多角度与观点需要考虑，不过，正确的方式并非跟随贪欲，而是实相。我们应同时觉知好与坏，觉知它们后，便放下。若放不下，我们就还存在，我们仍然有，我们仍然是，接着便会有后续的有与生。

因此佛陀说，只要评断你自己，不要评断别人，无论他们可能有多好或多坏。佛陀只是指出道路："实相就是如此。"现在，我们的心是否是如此呢？

例如，假设甲比丘拿了乙比丘的某些物品，乙比丘指控他："你偷了我的东西。""我没偷它们，我只是拿了它们。"因此，我们请求丙比丘仲裁。他应如何决断？他必须要求犯戒比丘出席僧伽集会。"是的，我拿了，但并没有偷。"

或衡量其他规定，如波罗夷罪或僧残罪[2]："是的，我做了，但我不是故意的。"你如何能相信他的话呢？那太难捉摸了。若你无法相信它，就只能将罪过留给做者，它归于他。

但你们应该知道，我们无法隐藏心中生起的事，不论是错误的或好的行为，都无法掩盖它们。不论行为是善或恶，都无法借由不理会来打发，因为它们会自行揭发。它们隐藏自己，揭发自己，它们自顾自地存在，全都是自动的。事情就是如此运作。

不要试图猜想或臆测这些事情，只要无明仍然存在，它们就不会结束。有位议长曾问我："隆波！阿那含的心清净了吗？"

"它只是部分清净。"

"咦？阿那含已断除欲贪，心怎么还未清净呢？"

"他可能已放下欲贪，但还残留一些东西，不是吗？还有无明。只要还有残留，就是还有些东西存在。就如比丘的钵，有大、中、小型的大钵，还有大、中、小型的中钵，以及大、中、小型的小钵……无论钵多小，它还是个钵，对吗？须陀洹、斯陀含、阿那含等的情况也是如此，他们都已断除某些烦恼，但都只在各自的层面上。

"至于还剩下什么，那些圣者们看不见，若能看见，就都成为阿罗汉。他们还看不见全部，所谓'无明'，就是没有看见。若阿那含的心已完全通达，就不会只是阿那含，他会成为正等正觉。只可惜，还是剩下某些东西。"

"这颗心净化了吗？""嗯，只到某种程度，还不到百分之百。"我还能怎么回答呢？他说以后会再来进一步问我。

你真的认为修行有这么简单吗

别放逸，佛陀告诫我们要警觉。在这修心的过程中，我也曾受过诱惑，去尝试很多事，但它们却似乎总像是迷了路一样。它们是种浮夸的心态，一种自满，它们是见与慢，要觉知这两件事真的不容易。

> 佛陀至今都还活着，去里面将他找出来。他在哪里？就在无常中，进去将他找出来，去礼敬他——无常、不确定。你们可以从这里开始。

曾有人为了纪念母亲而想出家，他抵达这座寺院，放下衣服，甚至未礼敬比丘，就开始在大厅前行禅……来来回回，好像在炫耀一般。

我心想："哦，也有像这样的人！"这是盲信。他一定已做了类似要在日落前觉悟的决定，大概认为这很容易。他目中无人，只是埋首行禅，仿佛那就是生命的全部。我什么都没说，只是让他继续做他的事，但我心想："喂！年轻人，你真的认为修行有这么简单吗？"我不知他后来待了多久，我甚至认为他没有出家。

一旦心想到什么事，我们每次都会将它传送出去。我们不了解这只是心习惯性的造作，它会将自己伪装成智慧，并在微小的细节上胡诌。这个心的造作似乎很聪明，若未好好觉察，我们可能会将它误认为智慧。但到了关键时刻，却不是这么一回事。当痛苦生起时，所谓的智慧在哪里？它有任何用处吗？它根本就只是造作的假象。

从内心找到佛陀

因此，请与佛陀同在吧！在修行中，我们一定要转向内心，找到佛陀。佛陀至今都还活着，去里面将他找出来。他在哪里？就在无常中，进去将他找出来，去礼敬他——无常、不确定。你们可以从这里开始。

若心试图告诉你，你现在是须陀洹，你就把这个想法交给佛陀，他会说："一切都不确定。"若你认为你是斯陀含，他只会说："并不确定！"若"我是阿那含"的想法生起，佛陀只会告诉你一件事："不确定。"甚至，当你自认为是阿罗汉时，他会更坚定地告诉你："一切都'非常'不确定。"

这些是圣者的话："每件事都不确定，不要执著任何东西。"别一味愚蠢地执著事物，别紧抓着它们不放。看见事物的表象之后，便要超越它们。你们一定要如此做，那里必然是表象，也必然是超越。

因此，我说："去见佛陀！"佛在哪里？佛就是法。这世上的一切教法都可被包含在这个教法里——无常。思维它，我已身为比丘，已找了四十多年，起初，你们匆匆前进，匆匆回头，又匆匆停止。你们持续如此修行，一直到往前、退后或停止都不对时，那就对了！这就是结束，不要期待任何会超越于此的事；它就在这里结束。

也只找到这个——无常和安忍。

无常——一切都不确定，无论心多么想要确定，只要告诉它："不确定！"每次心想执著某件事为确定的事物时，只需说："它不确定，它是短暂的。"只需以这想法去降伏它，使用佛陀的法，回归到这点上。无论行、住、坐、卧，你都如此看每件事，无论喜欢或不喜欢，都以同样的方式看它。这便是趋近佛，趋近法。

这是个值得练习的方式，我从过去到现在，都是如此修行的。我既不依赖经典，也不漠视它们；我既不依赖老师，也不独来独往。我的修行一直都是既非此，亦非彼。

这是件关于灭的事，亦即修行到达终点，看见修行完成；看见表象，同时也看见超越。

想超越痛苦，就得避开苦并倾向佛陀

若你们持续修行，且彻底思维，最后一定会到达这一点。起初，你们匆匆前进，匆匆回头，又匆匆停止。你们持续如此修行，一直到往前、退后或停止都不对时，那就对了！这就是结束，不要期待任何会超越于此的事；它就在这里结束。

"漏尽者"（khīnāsavo）——完成者，他既不往前，也不后退或停止，没有停止、前进或后退，一切都结束了。思维这点，在心里清楚地了解它，你会发现在那里真的什么都没有。

这件事对你来说是旧或新，完全取决于你，取决于你的智慧与洞察力，没有智慧或洞察力的人将无法理解它。只要看看芒果或波罗蜜果树，若它们是许多棵一起生长，其中一棵可能会先长大，然后其他的树就会弯曲，向大树之外发展。

谁教它们这么做？这是它们的本质。本质有好有坏，有对有错，它能向正确倾斜，也能向错误倾斜。不论是什么树，若我们种得太密，比较晚成熟的树就会向大树之外弯曲发展。这就是本质或法。

同样,渴爱导致痛苦。若思维它,它就会带领我们走出渴爱。借由观察渴爱,我们重新改造它,让它逐渐减轻,直到完全消失为止。树也是如此,有人命令它们如何生长吗?它们无法说话或移动,但知道避开障碍去生长。只要哪里拥挤,它们就向外弯,避开它。

法就在这里,敏锐的人会看见它。树木天生就不知道任何事,它们是依照自然的法则在行动,却相当清楚如何避开危险,弯向合适的地方生长。

省察的人也是如此,因为想超越痛苦,我们选择出家生活。是什么让我们痛苦?若向内追踪,就会找到答案。那些我们喜欢和不喜欢的事物,都是苦的。若它们是苦的,就别靠近。你想和因缘法谈恋爱或憎恨它们吗?它们都是不确定的。当我们避开苦,倾向佛陀时,这一切都会结束。

无论听见或看见什么,只需说:"这并不确定!"

我是在一座普通的乡下寺院出家的,并在那里住了好几年。在心里我怀着欲望修行,我想精通,想训练。在那些寺院里,没有任何人给我任何教导,但修行的想法就如此生起。我四处行脚参访,以耳朵听,以眼睛看。

无论听到人们说什么,都告诉自己:"不确定!"无论看见什么,我都告诉自己:"不确定!"甚至当闻到香气时,我也告诉自己:"不确定!"或当舌头尝到酸、甜、咸,以及美味与不美味时,或身体感受到舒适或疼痛时,都会告诉自己:"这并不确定!"我就这样与法同住。

事实上,一切都是不确定的,但我们的渴爱却希望事情是确定的。我们能怎么做?一定要忍耐,修行最重要的就是忍辱。

有时我会去看有古寺建筑的宗教遗迹,它们是名师巧匠设计与建造的。有些地方残破不堪,我的朋友就说:"真遗憾啊!不是吗?它毁坏了。"我回答他:"若不是这样,就不会有佛与法这些事了!它会如此毁坏,是因为它完全遵从佛陀的教导。"在我的内心深处,看到那些建筑物毁坏我很伤心,但我抛开感伤,每次错过不确定性，就会失去智慧，也偏离修行。

尝试对朋友和我自己说一些有用的话。

"若它不是像这样毁坏，就不会有任何佛陀！"

也许我的朋友并未在听，但是我有，这是个非常、非常有用的思维方法。假设有人匆匆跑来，说："隆波！你知道这些关于你的传言吗？"或"他说你如何如何……"也许你便开始生气。你听到一些批评，便准备要摊牌！情绪生起。

我们要清楚觉知这些心情的每一步，我们可能准备要报复，但在看清楚事件的实相后，可能会发现他们所说或指称的是别的意思。

因此，这是另一个不确定的例子。我们为何要仓促地相信任何事呢？为何要那么相信别人的话？无论我们听到什么，都应该注意，要有耐心，小心地观察那件事。

任何言语若忽视这不确定，就不是圣者之言。每次错过不确定性，就会失去智慧，也偏离修行。无论我们看见或听到什么，无论它是令人愉快或悲伤的，都只需说："这并不确定！"坚定地对自己如此说。以此观点看每件事，不要堆砌与扩大事端，将它们都如此简化，这里就是烦恼灭亡之处。

若抛开圣者、佛陀或法，修行将变得贫乏且无益

若我们如此了解事物的真实本质，贪欲、迷恋与执著都会消失。它们为何会消失？因为我们了解，我们知道。我们从无知转变成了解，了解是从无知出生，知道是从不知道出生，清净是从染污出生，事情就是如此。

别抛弃无常、佛陀——这就是"佛陀还活着"的意思。佛陀已入灭的说法，不必然是真的，在更深层的意义上他还活着。这有如我们定义"比丘"一词，若定义为"乞士"，意义就很广泛。我们可如此定义它，但经常使用此定义并不是很好——不知何时停止求乞！以更深刻的方式来定义，比丘可说是看见轮回过患的人。

这是否更深刻呢？法的修行就是如此。当未充分了解法时，它是一回事；但当完全了解时，它就变成另外一回事了。它变成无价的，变成平静的泉源。

当拥有正念时，我们就是趋近于法。若有正念，就能看见一切事物的无常性，将看见佛陀，并超越轮回的痛苦，若非于现在，就是未来的某个时刻。

若抛开圣者、佛陀或法，我们的修行就会变得贫乏与无益。无论是在工作、坐着或躺着，我们一定要持续保持修行。当眼见色、耳闻声、鼻嗅香、舌尝味或身觉触时——在一切事情中，都别抛弃佛，别离开佛。

这就成为经常趋近佛陀与崇敬佛陀的人。我们有崇敬佛陀的仪式，如在早上唱诵 arahaṃ sammā sambuddho bhagavā（应供、正等正觉、世尊），这是崇敬佛陀的一种方式，但并非用前述的深刻方式崇敬佛陀。只以巴利语崇敬佛陀，就如同将比丘定义为"乞士"。

若我们趋近无常、苦与无我——每次眼见色、耳闻声、鼻嗅香、舌尝味、身觉触、意知法尘时，那就如将比丘定义为"看见生死轮回的过患者"，那要深刻多了，并斩断许多枝节。

这就称为"行道"，在修行中培养这种态度，你就是站在正道上。若如此思维与省察，即使可能与老师相隔遥远，但仍会和他们很亲近。若和老师虽比邻而居，但心却和他们没有交集，则你们只会将时间花在挑剔或奉承他们上。

若他们做了些你们合意的事，你们就会说他们很好；若做了些不喜欢的事，你们就会说他们很糟——那将会限制你们的修行发展。你们无法因观察别人而获得任何成就，但若了解这个教法，当下就能成为圣者。

法并不能借由顺从欲望而达到

对于新进的比丘，我已订下寺院的作息表与规矩，例如别说太多话，别违背现有的标准，那是能到达觉悟、正果与涅槃的道路。凡是违背这些标准的人，就不是真正的、具备清净动机的修行人。能期望这种人见到什么呢？即使他们每天都离我很近，仍看不到我，若不修行，即使离佛陀很近，他们也看不到佛陀。

因此，了知法或见法得依靠修行，要具备信心，并净化自己的心。若愤怒或厌恶的情绪生起，只需将它们放在心里，看清楚它们！持续观察那些事，只不执著善,也不执著恶,修行是为了出离世间,将这些事做个了结。

要还有东西在那里,就表示还得继续挖掘与下工夫。

有些人说:"我无法切断它,我办不到!"若我们开始如此说话,则这里将只会有一群无用的傻瓜,因为没有人斩断他们的烦恼。

你们一定要尝试,若还无法切断它,就再挖深一点。挖掘烦恼,再将它们连根拔除,即使它们看来好像很坚实与牢固,也要挖出来。法不是能借由顺从欲望而达到的东西,你们的心可能在一边,而实相却在另外一边。你们必须注意前面,也要留心后面,那便是我说的:"一切都不确定,都是短暂的。"

这个不确定的实相——简洁的实相,如此深刻与无瑕,人们却对它一无所知。不执著善,也不执著恶,修行是为了出离世间,将这些事做个了结。佛陀教导要放下它们,舍弃它们,因为它们只会造成痛苦。

【注释】

[1] 别解脱戒(pāṭimokkha):比丘所受持的戒律,每半个月便以巴利语读诵一次。

[2] 波罗夷(pārājika)罪;或译为断头罪、驱摈罪,对比丘而言有四条,是僧伽的根本重罪,犯者立刻逐出僧团。僧残(saṅghāvaśeṣa)罪,或译僧伽婆尸沙,犯此戒者,由最初的举罪到最后的出罪,都必须由二十位僧众决定,而可"残留"在僧团中。

第 13 章　宁静的流水

坐在这里的只是名与色

现在，请注意听，别让你的心在其他事情上攀缘。想象这种感觉：你正独自坐在山上或森林里的某个地方，坐在这里有什么呢？身与心，如此而已，只有这两样东西。

坐在这里的这个躯壳里所包含的一切，称为身，而此时此刻正在觉察与思考的，则是心，这两者也被称为色与名。

名是指无形色的一切思想与感觉，或受、想、行、识等四蕴，都是名，它们都没有形色。当眼睛看见形色时，形色就名为色，而觉知则称为名，它们合起来即称为色与名，或身与心。

要了解此刻坐在这里的只有身与心，我们却将两者混淆在一起。若你想要平静，一定要知道它们的实相。在目前状态下的心还未经训练，它是不净与不明的，并不是清净心。我们必须通过禅修，进一步训练这颗心。

要增长禅定，无须将心封闭起来

有些人认为，禅修是指以某种特别的方式打坐，但事实上，行、住、坐、卧都是禅修的工具，随时都可以修行。定的字面意义是心安住不动,要增长禅定，无须将心封闭起来。有些人试图借由静坐与完全不受干扰来达到平静，但那就如死了一般。修定，是为了开发智慧与觉悟。

定是心不动或心一境性，它是固定在哪一点上？它是固定在平衡点上，那就是它的位置，人们却试图借由让心安静来禅修。他们说："我尝试坐禅，但我的心连一分钟也静不下来。前一刻它跑到这边，下一刻又跑到那边，我如何让它停止？"

你无须让它停止，重点不在这里，有移动的地方就能生起觉悟。人们抱怨："它跑开，我就将它拉回来；它再跑开，就再将它拉回来。"因此，他们就只是坐在那里与心拉来拉去。

人们一直跟着感觉乱跑

他们认为心在四处乱跑，但事实上，它只是看起来好像在四处跑而已。例如，看看这间禅堂，你说："哦,它好大！"事实上它一点也不大，它看起来是大或小，取决于你对它的认知。这间禅堂实际上就是这尺寸，既不大也不小，但人们却一直跟着感觉乱跑。

想得到内心平静的禅修，首先你必须了解平静是什么，若不了解它，就找不到它。例如，今天你带了支非常昂贵的笔到寺院来，假设在来此的途中，你将笔放在前面口袋里，但稍后拿出来放在其他地方，如后面的口袋。现在你摸前面口袋……它不在那里！你因为误解，对事实无知，而吓了一跳，结果就是痛苦。你对于遗失的笔始终耿耿于怀，误解造成痛苦。"真遗憾！那支笔是我几天前才刚买的，现在竟然掉了！"

但接着你又想起，"啊，对了！当我去洗手时，将它放入了后面的口袋。"当记起这点时，虽然还未看到笔，你就感到好多了。你了解这点吗？你已转悲为喜，不再为笔而感到难过。你边走边摸后面的口袋，它就在那里。心一直都在欺骗你，现在看见笔，难过就平复了。

这种平静，来自于看见问题的因或苦因（集谛），一旦记起笔就放在后面的口袋里，苦就止息（灭谛）了。

> 禅定带来一种平静，但它就如石头压住草一般，只是暂时的。要得到真正的平静，一定要开发智慧，智慧的平静就如将石头放下，不再拿起它，就将它留在那里。草再也无法长出来，这才是真正的平静，将烦恼平定。

压抑烦恼不能得到平静

因此，为了得到平静，你必须思维。人们通常所说的平静，通常只是平定内心，而非平定烦恼。烦恼只是暂时被压抑而已，就如同草被石头压住。若三四天后，将石头挪开，不多久草就又长出来了，草并未死，它只是被压制住而已。

坐禅的情况也是如此：心平定了，但烦恼并没有。禅定带来一种平静，但它就如石头压住草一般，只是暂时的。要得到真正的平静，一定要开发智慧，智慧的平静就如将石头放下，不再拿起它，就将它留在那里。草再也无法长出来，这才是真正的平静，将烦恼平定。

通常谈到慧与定都认为是两件事，但它们本质上是同一件事。慧是定的动态作用，定则是慧的被动状态，它们从相同的地方生起，但方向与作用不同。

就如这颗芒果，从青色的小芒果长得愈来愈大，直到成熟为止，过程中，它都是同一颗芒果，而非不同的芒果。小的、大的与成熟的芒果，都是同一颗，但它的状态在改变。在法的修行中，有种情况称为定，之后的情况则称为慧，但其实戒、定、慧就同芒果，都是同一件事。

任何情况下，在修行中，无论你从哪个角度来说，永远都必须从心开始。你知道这颗心是什么吗？它是什么？它在哪里？没人知道。我们只知道想去这里或那里，想要这个或那个，觉得好或不好，但心本身呢？好像永远无法知道。

心是什么？心无形色，接收好与坏各种法尘的那个东西称为心。这就如房子的主人，主人待在家里不动，而客人前来拜访，他们是接待访客的人。是谁在接收法尘？谁在认知？谁放下法尘？是所谓的心。但人们看不见它，因此就胡思乱想。"心是什么？它是脑袋吗？"别如此混淆议题。

那么，是谁在接收法尘？有些法尘它喜欢，有些则讨厌，那是谁？有谁在喜欢与讨厌吗？当然有，但你看不见它。我们以为它是自性，但它其实只是名法。

若你拿起好，坏便会跟着来；若拿起快乐，痛苦便会跟着来。执著好而排斥坏，如此的修行是小孩子的法，它就如玩具。

不想觉醒而只想平静，永远学不到东西

因此，要从安定内心开始修行，将觉知放进心中。若心觉醒，它就会平静。有些人不想要觉醒，只想要平静，一片空白的平静，因此永远学不到任何东西。若没有觉知者，修行要建立在什么基础上呢？

若没有长，就没有短；若没有对，就没有错。人们一直在学习，找寻善与恶，但对于超越善与恶的东西，则一无所知。他们只知道对与错——"我只想得到对的东西，而不想知道关于错的。我何必呢？"若你只想得到对的，不久之后它就会再度变错；对会导致错。他们学习长与短，但对于既不长也不短则一无所知。刀子有刀刃、刀背与刀柄，你能只拿起刀刃吗？只拿起刀背或刀柄吗？刀柄、刀背与刀刃都是同一把刀的一部分，当拿起刀子时，同时得到三部分。

同样，若你拿起好，坏便会跟着来；若拿起快乐，痛苦便会跟着来。执著好而排斥坏，如此的修行是小孩子的法，它就如玩具。当然它也没错，你可以只拿这么多，但若你执著好，坏便会随之而来。这条道路的终点是迷妄，它并不好，若你不学习这点，就不可能解脱。

举个简单的例子。若你有小孩，假设你只想喜爱他们，而永远没有厌恶，这是个不懂人性者的想法。若执著喜爱，厌恶便会随之而来。同样，人们研究法以开发智慧，因此很仔细地研究善与恶，然后在认识它们之后，他们做什么呢？他们试图执著善，恶便随之而来。他们并未学习超越善与恶之道，而这才是你应学习的。

这些人说"我要成为这个"或"我要成为那个"，但他们从不说："我不要成为任何东西，因为根本没有一个'我'。"他们并未学过这个，他们只想要美好，得到它后，便在其中失去自己。然而，当事情变得太美好时，它就会开始变坏，最后人们只会在好坏之间来回摆荡。

不想看见心的变化，怎可能增长智慧

训练心，直到它清净为止。你应修到多清净呢？若心真的清净，它就应超

越善与恶,甚至超越清净。它结束了,那才是修行结束的时候。只有当你能让心超越快乐与痛苦的两端时,才能得到真正的平静,那才是真正的平静。这是多数人永远学不会的课题,他们永远无法真的看见这点。

别以为修心就只是静静地坐着。有些人抱怨:"我无法禅修,我根本静不下来。每次我一坐下,就会胡思乱想。我办不到,我的恶业深重,应先消除恶业,然后再回来尝试禅修。"当然,试试看吧!看你的恶业是否能被消除。

所谓的"盖"[1],是我们必须学习的事。每次坐禅时,心很快就会跑开。我们跟着它,试着带它回来,且再次观察它,然后它又跑开。这就是你应学习的!

多数的人拒绝从自然中学习功课,就如顽童拒绝做家庭作业般,不想看见心的变化,这样怎么可能增长智慧呢?我们必须如此和变化共处。当知道心一直在变化,这就是它的本质时,我们就会了解它。

假设你有只宠物猴,猴子就是没有定性,喜欢四处跳跃、乱抓东西。现在,你在寺院看见有只猴子,它也是活蹦乱跳,就如家里的宠物猴一样静不下来。但它不会造成你的困扰,不是吗?你先前养过猴子,知道它们的样子,只要知道一只,无论去到哪里看见多少猴子,都不会被它们所困扰,不是吗?因为你是了解猴子的人。

若我们了解猴子,就不会变成猴子;若你不了解猴子,自己就可能变成猴子!你了解吗?看见它乱抓东西,你便尖叫:"喂,停止!"且因而生气:"那只可恶的泼猴!"那你就是个不懂猴子的人。

懂猴子的人了解,家里的猴子和寺里的完全相同。你为何要受它们影响而恼怒?当了解猴子是什么样子时,那就够了,就能得到平静。

觉知感受即在修行法

平静就是如此。我们必须觉知感受,有些感受令人高兴,有些则令人讨厌,但那并不重要,那是它们的事,就如同猴子。我们应了解感受,并知道如何放下它们。

若没有感受，就无法增长智慧。对于真正用功的学生来说，感受愈多愈好。当我们觉知感受时，就是在修行法。

感受是不确定的，是无常、苦与无我的。我们所感知的每件事都是如此，当眼、耳、鼻、舌、身、意接收到感受时，我们如同觉知猴子般地觉知它们，如此一来，就能得到平静。

这些事一定存在，若没有感受，就无法增长智慧。对于真正用功的学生来说，感受愈多愈好。但许多禅修者却畏惧感受，不想面对它们。这就如同顽童不想上学、不想听老师的话，这些感受随时都在教导我们，当我们觉知感受时，就是在修行法。了解感受中的平静，就如同了解这里的猴子，当了解猴子的本质时，你就不会再被它们所困扰。

法的修行并不遥远，就在我们身边

法的修行就是如此，它并不遥远，就在我们身边。法并不是关于高高在上的天使之类的事，它就只和我们以及正在做的事有关。观察自己，有时快乐或痛苦，有时舒适或难过，有时爱或恨，这就是法，你了解吗？你必须去阅读自己的经验。

在能放下感受之前，必须先觉知它们。当了解感受是无常的时，它们就不会困扰你。一旦感受生起，只要对自己说："嗯，这不是确定的事。"当情绪改变时，"嗯，不确定。"你就能平静地对待这些事，就如看见猴子而不受影响一样。觉知感受的实相，即觉知法，放下感受，就能了解一切都必然是不确定的。

在此所说的不确定性就是佛，佛就是法，法就是不确定性。凡是看见事物的不确定性者，就看见它们不变的实相。法就是如此，而那就是佛。若见法，就见佛；见佛，就见法。若你觉知事物的无常或不确定性，就会放下它们，不执著它们。

你说："别打破我的杯子！"你能让会破的东西永远不破吗？它迟早会破。若你不打破它，就有别人会；若其他人不打破它，就有一只鸡会！

佛陀说，接受它。由于洞见这些事的实相，他看见这杯子已破，他的了解就是如此，在未破的杯子里看见破掉的。每次在使用这杯子时，都应省察它已破了,时间一到它就会破。使用这杯子,好好照顾它,直到它从手中滑落砸碎为止。没事!为什么没事?因为你在它破掉之前就已看见它破了!

"我真的很喜欢这杯子,"你说,"我希望它永远不破。"之后它被狗打破。"我要杀了那只可恶的狗!"你恨那只狗,因为它打破你的杯子。若你的小孩打破它,你也会恨他们。为何会这样?因为你已将自己封闭起来,水流不出去,你已筑起一座无法泄洪的水坝,水坝唯一的出路就是爆炸,对吗?

当你建造水坝时,一定要预留泄洪道,当水涨得太高时,就能安全地泄洪。你必须有个像这样的安全阀,无常就是圣者的安全阀,若你有安全阀,就会得到平静。

不断修行,以正念守护心

无论行、住、坐、卧,都要不断地修行,以正念观照与守护心。只要心中有佛就不会痛苦,一旦心中无佛就会痛苦,只要你丧失无常、苦与无我的思维,就会有痛苦。

若能如此修行,那就够了,痛苦不会生起,若它真的生起,你也能轻易地摆平它,而这也会成为未来痛苦不再生起的因。这是修行的终点——痛苦不再生起。痛苦为何不再生起呢?因为我们已找到痛苦的因(集谛)。你无须再超越,这样就够了,在自己心中思维这点。

基本上,你们都应将五戒当做行为准则,无须先学习三藏,只要先专注于五戒即可。起初你会犯错,当意识到它时,就停止、回头,并重新建立自己的戒。你可能会再次走错路,又犯另一个错,当意识到它时,立即重新整理自己。若你如此修行,则随时随地都会有正念。

若时间适合坐禅,就去坐,但禅坐不只是坐,必须让心完全经验各种事,允许它们流动,并思维它们的本质。应如何思维它们呢?了解它们是无常、苦与无我的,一切都是不确定的。"这好漂亮,我一定要拥有它。"那并不确定。"我一点也不喜欢这个。"这时告诉自己:"不确定!"这是真的吗?当然,毫无疑问。

但试试将事情当真："我一定要得到这些东西……"那你就偏离正道了，别这么做。

无论你多么喜欢某件东西，都应思维它是不确定的。有些食物看起来很可口，但你应该思维，那并不确定。它可能看起来很确定，很可口，但必须告诉自己："不确定！"若你想检验它是否确定，只要每天吃自己最喜欢的食物就好，提醒你是"每一天"。最后，你将会抱怨："这不再那么好吃了。"会想："其实，我比较喜欢另外那种食物。"同样，那也是不确定的！

修行须从观察自己身心的无常开始

有些人坐禅，会一直坐到陷入恍惚，几乎就像死了一样，无法分辨东西南北。别如此极端！若想睡觉，就起身行禅，改变姿势，增长智慧。若真的累了，便休息一下，醒来就继续修行，别让自己陷入恍惚。你一定要如此修行，有理性、智慧与警觉。

修行，从自己的身与心开始，了解它们都是无常的。当你发现食物美味时，将这点记在心里，一定要告诉自己："那并不确定！"你必须先发制人，通常每次都是它先出手，不是吗？若不喜欢什么东西，你就会为它所苦。事物就是如此打击我们的，你永远无法反击！

在一切姿势中修行，行、住、坐、卧——你可以在任何姿势下感受愤怒，对吗？当走路、坐着或躺下时，都会愤怒，你也可以在任何姿势下感受贪欲。

因此，修行一定要延伸到所有姿势，它必须前后一致，别只是装腔作势，要真的去做！在坐禅时，有些事情可能会生起，在它平息之前，另一个又冒上来。每次当这些事出现时，都只需告诉自己："不确定，不确定。"在它有机会打击你之前，先出手。

现在，这是重点。若知道一切事物都是无常的，所有的想法便都会逐渐松开。当省察每件通过事物的不确定性时，你会看见所有事物走的都是同一条路。每次任何事情生起，你都只需要说："哦，又来一个！"

若心是平静的，它就会如宁静的流水。你见过宁静的流水吗？就是那样！你曾见过流动的水与宁静的水，但可能从来未见过宁静的流水。就在那里，就在思想无法带你到达的地方——就在平静中，你能增长智慧。

你的心会如流水，但它是宁静的，宁静而流动，因此，我称它为"宁静的流水"，智慧会在这里生起。

【注释】

[1] 盖：指障碍，五盖是五种会障碍修定的烦恼——贪欲（对欲乐的欲求）、嗔恨、昏沉与睡眠、掉举（散乱的心）与恶作（追悔）、疑。

第 14 章　胜义

以自我或世俗为实相，都只是盲目的贪著

当五比丘[1]放弃佛陀时，他将此视为难得的机缘，因为他将能毫无阻碍地继续修行。五比丘放弃他，是因为他们觉得他已松弛修行，回复放纵。从前他矢志苦行，无论吃饭、睡觉等，都严厉地折磨自己。但后来他发现如此修行是无益的，过去是出于我慢与执著而修行，误以世俗价值与自我为实相。

例如，若有人为了获得赞誉而投入苦行，这种修行是世俗发心——为了谄媚与名声而修行。以此动机修行，便是"误以世俗之道为实相"。

另一种修行方式名为"误以我见为实相"。你只相信自己和自己的修行，无论别人如何说，你都坚持己见，这便称为"误以我（见）为实相"。

无论是以世俗或自我为实相，都只是盲目的贪著。佛陀了解这点，并了解这种修行并不"如法"，不符合实相的修行，因此修行并无结果，仍未断除烦恼。

然后，他重新思考所做过的一切努力，那些修行的结果是什么？深入检视，他了解其中充满自我和世俗，其中并没有法，没有无我的洞见，没有空或彻底放下。

仔细检视情况之后，佛陀了解到，即使他向五比丘解释这些事，他们也无法理解。那并非他能轻易传达给他们的事，因为他们还执迷于从前的修行方式和见解。佛陀了解他们会一直如此修行到死，也许甚至到饿死，仍一无所获，因为这种修行的发心，是源自于世俗价值与我慢。

身体并非贪欲或烦恼的来源

在深入思考后,他了解正确的修行——正道,即心是心,身是身。身体不是贪欲或烦恼的来源,即使你摧毁身体,也无法将烦恼摧毁,甚至绝食、不睡觉,直到骨瘦如柴,也无法断除烦恼。但五比丘却对如此的方法深信不移,他们相信通过苦行定可断除烦恼。

佛陀于是开始进食,饮食逐步恢复正常,并以更自然的方式修行。当五比丘看见佛陀改变修行时,便认为他已放弃修行,重新耽著欲乐。佛陀的了悟已更上一层楼,超越了表象,但五比丘却认为他是在向下沉沦,放纵欲乐。苦行的观念深植于五比丘的心里,因为佛陀过去就是如此教导与修行的,但现在佛陀已发现错误,并放弃它了。

当五比丘看见佛陀恢复正常修行时,他们离开了他。就如鸟儿飞离无法再提供足够庇荫的树木,或鱼儿游离太小、太脏或太热的水池,五比丘放弃了佛陀。

因此,现在佛陀可以专心思维法义。他吃得更营养,且活得更自然;他让心就只是心,身就只是身。他不过度勉强自己的修行,只要足以放松贪、嗔、痴的钳制即可。

从前他行走于两端,当快乐或喜爱生起时,他受到诱惑而生起贪著,认同它而不愿放下,因此被困在其中,这是种极端。另一种极端是,过去和五比丘在一起时所修的苦行。他称这两种极端为"耽著欲乐"与"耽著苦行"。

佛陀过去就困陷在诸行中,他清楚了解这两端皆非沙门之道。若执著它们,经常来回奔驰于两端之间,将永远无法成为觉悟世间者。现在,佛陀将注意力放在心本身和训练心上。

自然的一切过程,皆是根据支持它们的因缘在进行。例如,身体感受疼痛、疾病、燥热与寒冷等,这些都是自然地发生,本身并无问题。事实上,是人们太过担心自己的身体,是邪见导致他们太过担心与执著身体,而无法放下。

我们只是身体的客人

看看这间讲堂,我们建造讲堂,并宣称它是我们的。但蜥蜴来住在这里,老鼠与壁虎也来住在这里,我们总是驱赶它们,因为我们执著讲堂是我们的,而非老鼠与蜥蜴的。

身体的疾病也是如此。我们将身体当做自己的家,是真正属于我们的东西。若头痛或胃痛,就会沮丧,而不希望有疼痛与痛苦。这些脚是我们的脚,手臂是我们的手臂,我们不希望它们受伤;这是我们的头,我们不希望它出任何差错。我们不惜任何代价,也要治好一切病痛和疾病。

这就是我们被愚弄并偏离实相的所在。我们只是身体的客人,就如这间讲堂,它并非真是我们的,就如同老鼠、蜥蜴与壁虎,我们只是暂时的房客,但我们不了解这点。

事实上,佛陀教导我们,身体里并无固定不变的我,但我们却执著它为自己,认为它就是我。当身体变化时,我们不希望它如此,无论别人如何说,都无法了解。若我直截了当地说"这不是你",你们甚至会更糊涂,甚至因而更困惑,而你的修行只会更加深我见。

因此,多数人并非真的了解自我,真正了解的人知道那东西既非我,也非我所有。这是指应根据它们的真实本质去观察诸行,知道诸行的真实本质,就是智慧。若不知诸行的真实本质,你就会和它们不睦,总是抗拒它们。那么,是放下诸行比较好,还是试图反对与抗拒它们比较好呢?

然而,我们却祈求它们应允自己的愿望,寻找各种方法组织它们或和它们协商。若身体因生病而痛苦,我们不希望它如此,就会找出各种经典来诵读,如《解结颂》(*Bajjhaṇgo*)、《转法轮经》与《无我相经》等。我们不希望身体痛苦,而想要保护它、控制它。

这些经典很可能会变成某种形式的神秘仪式,为了除病与延寿等原因诵读它们,让我们更加陷入执著。事实上,佛陀的教导是为了帮助我们看清楚,但到头来我们却诵读这些文字来增加愚痴。

我们诵读"色无常、受无常、想无常、行无常、识无常"[2]，并非为了增加愚痴，而是为帮助了解身体的实相，好让我们可以放下，并舍弃执著。

学习法不是为增长我见

这就称为割舍事物的诵读，但我们却常为延长它们而诵读。或若觉得太长，就会尝试将它缩短，迫使自然能符合我们的愿望，这是愚痴。每个坐在这讲堂里的人都是愚痴的，不只诵读的人愚痴，听闻的人也愚痴，大家都愚痴！他们心里想的都是："我们如何才能避免痛苦？"不知他们修到哪里去了？

每次生病，那些知道的人并不认为有何奇怪，出生到这世上来就一定会生病。当佛陀与圣者们生病时，会吃药治疗，那只是在调整四界而已，他们不会盲目执著身体或神秘仪式等事，是以正见对治疾病，而非愚痴。"若它痊愈，那它就痊愈；若它无法痊愈，那它就无法痊愈"——他们就是如此看待事物的。

据说现今佛教在泰国正欣欣向荣，但在我看来却已没落到谷底了。现在讲堂林立，随处可听到佛法，但他们却是错误地听闻的——即使资深的佛教徒也是如此。因此，人们是以盲引盲，只会带来更多的迷惑。

那些人怎么可能超越痛苦呢？他们为了觉悟实相而诵经，却反而让自己更加愚痴。他们背离正道，一个向东，另一个向西，如何能与正道交会呢？两者甚至彼此无法靠近。他们诵经，是以愚痴而非智慧诵读；他们学习，是愚痴地学习；他们知道，是愚痴地知道。

因此，最后他们是愚痴地行、愚痴地活，且愚痴地知道。事实就是如此。那么，教导呢？他们现在做的只是教导人变笨，他们说自己是在教人变聪明，是在传授知识，但当从实相的角度来看它，就会了解他们其实是教人误入歧途与执著假象。

成立教法的真正目的，是为了了解我是空的，并无固定不变的实体。但人们来学习法，却反而增长我见，因此不想经历痛苦或困难，而希望所有事情都能恰如所愿。他们可能也想超越痛苦，若自我仍然存在，如何能办得到呢？

破除表象才能发现胜义

假设我们拥有一种贵重物,在它成为我们的所有物那一刻,我们的心就改变了。"现在,我可以将它收到哪里去呢?若我放在那里,很可能会被别人偷走。"我们让自己陷入不安,试图找出一个地方来收藏它。心何时改变?就在得到那件物品的那一刻——痛苦就在那时生起。无论将那件物品放在哪里,我们都不放心。无论站着、坐着或躺着,都惶惶不安。

这就是苦,它在何时生起?就在我们意识到自己得到某件东西的那一刻。在未得到之前并没有痛苦,它还未生起,因为还没有东西可以执著。

我也是如此。若我们以我的观点去想,则身边的每件东西都会变成我的,迷妄便随之而来。关键就在于有个"我";我们并未剥除表象,看见胜义[3]。你们了解吗?自我只是个表象,必须剥除它,才能看见事物的核心,那就是胜义。只有破除表象,才能发现胜义。

我们可用打谷子来打比方。在能吃到米饭之前,必须先打稻子。去除稻壳后,才能得到里面的米粒。

若不打稻子,就得不到米粒。就如一只狗睡在成堆的稻谷上,它的肚子饿得咕噜作响,但它只能躺在那里想:"我能去哪里找到吃的东西呢?"当它饥饿时,放着成堆的稻子,四处去找残羹剩饭,即使就睡在成堆的食物上,却一无所知。为什么?因为它不能吃稻壳。食物就在那里,狗却无法吃它。我们可能在学习,但若不照着修行,就会像睡在稻谷堆上的狗一样无知。那很丢脸,不是吗?现在也是如此,有米在,但它藏在哪里呢?是稻壳将米藏了起来,使狗无法吃它。其实胜义一直存在——它藏在哪里?是世俗表象覆盖了胜义。人们就坐在稻谷堆上,却无法吃它。

换句话说,无法修行就无法看见胜义,他们一再地执著表象。若执著表象,就是在蓄积痛苦,而受困于有、生、老、病与死。

因此,没有别的事会障碍人,他们就是被困在这里。人们学习法,却无法洞见它的真实意义,那就如同躺在稻谷堆上的狗,无论学习多少法,若不修行,

> 人们无法接受身体的变化，想尽办法要消除病痛，然而最后还是输了，无法打败实相。一切终归坏灭，这是人们所不愿正视的。

就看不见它。

这也如同某些甜果子，虽然水果很甜，但一定要亲自品尝，才会知道是什么滋味。而那水果即使无人品尝，它仍一样香甜，只是无人得知而已。

佛陀的法就是如此，虽然它是真实的，但对不知道的人而言，它并不真实，无论它是多么卓越或美好，也都毫无价值。

人们想追求快乐，心却制造许多痛苦

人们为何会受到痛苦的影响呢？没人想要痛苦，然而，人们却一直在制造痛苦的因，仿佛四处在寻找它。人们心里想追求快乐，但他们的心却制造许多痛苦。只要如此观察就够了，它之所以存在，是因为不知道苦。我们不知道苦，不知道苦因、苦灭，以及灭苦之道。就是因为如此，人们才会那样做。

这些人都有邪见，却不认为这是邪见。一切会造成痛苦的说法、信念或做法都是邪见，若不是邪见，就不会造成痛苦，我们也完全不会执著快乐、痛苦或任何情况，而会让事情如水流般顺其自然，我们不会去控制它，只会让它顺着自然的路径流动。

法流就像这样，但无明的心流却试图在邪见的形式下抗拒法。它虽然四处流动，能到处指出其他人的邪见，却看不见自己的邪见。这点值得深入探讨。

多数人都还被困在痛苦中，在轮回中流浪。若出现疾病或疼痛，只会想到如何消除它，希望它尽快停止，而不会认为这是诸行的正常方式。人们无法接受身体的变化，想尽办法要消除病痛，然而最后还是输了，无法打败实相。一切终归坏灭，这是人们所不愿正视的。

见法、知法、修法、证法，才能放下重担

修行最殊胜的事，就是领悟法。为何佛陀必须要长养一切德行[4]呢？如此他才可能领悟法，并让其他人也都能见法、知法、修法与证法——如此一来，

这并非说必须死后才能超越痛苦，在此世就能超越痛苦，因为你知道如何解决问题。你知道表象和胜义，就在此修行，就在此生觉悟。

他们才能放下重担。

快乐与痛苦的生起，都一定要有个自我，要有"我"和"我的"的表象。若这些事一生起，心立即趋向胜义，就能除去表象，除去对那些事物的喜欢、厌恶与执著。就如遗失珍爱的东西，当重新找到它时，我们的不安就会消失。当培养法的修行，而达到法、见到法后，每次一遇到问题，我们都能立刻当下解决问题，它完全消失、放下、解脱。

我们为何仍无法达到、放下？那是因为还未清楚地看见过患，我们的认识是有缺陷的。若如佛陀和阿罗汉弟子们一样清楚地知道，就一定会放下，而问题也会毫无困难地完全解决。

当你的耳朵听到声音时，就让它们做自己的工作；当眼见色而执行功能时，就让它们如此做；当鼻嗅香时，让它做自己的工作；当身触受时，让它执行其自然功能。若我们只让感官执行其自然功能，问题怎么会发生？根本不会有问题。

同样，那些属于表象的事物，就让它们归于表象，并认出何者为胜义。只须做个觉知者，觉知而不固着，觉知并让事物回归自然。

要觉知法，你们必须以此方式觉知，换句话说，以超越痛苦的方式觉知。这种知识很重要：觉知如何做事，如何使用工具，以及觉知世上一切科学，都有它们的位置，但那并非最高的知识。必须以我在此所解释的方式去觉知法，无须先知道太多，对于法的修行者而言，只要这样就够了——觉知，然后放下。

你知道，这并非说必须死后才能超越痛苦，在此世就能超越痛苦，因为你知道如何解决问题。你知道表象和胜义，就在此修行，就在此生觉悟。

当我们坚持自己是对的，便已走入邪见

你可能会好奇："为何阿姜一直说这个？"除了实相之外，我还能教什么？但它虽然是实相，也不要紧抓着它！若你们盲目地执著它，它就会变成谬误。这就如抓住一只狗的脚，若你不放手，狗就会团团转，并且咬你。

试试看，若不放手，你一定会被咬。表象的世界也是如此，我们依照世俗法生活，若将它们抓得太紧，它们就会带来痛苦。只须放手，让事情过去。

当我们坚持自己一定对，因而拒绝对其他任何事或人开放时，就是走错了，已走入邪见。当痛苦生起时，它从哪里生起？就从邪见生起。

因此我说："要空，不要执著"。对只是另一个假说，只须让它通过；错则是另一个表象，只须随它去。若你觉得自己是对的，而别人却说你错，别争辩，只须放下，一旦觉知就放下，这是正道。

通常情况并非如此，人们彼此互不相让，那就是为何有些人，甚至连修行人，都还无法觉知自己的原因。他们可能会说些愚不可及的话，却自以为很聪明，或说些让别人听不下去的蠢话，而自以为比别人更聪明。有些人连法都听不进去，却自以为很精明，自己才是对的，他们只是在宣传自己的愚蠢罢了！

任何漠视无常的言语皆非智者之言

所以，智者说："任何漠视无常的言语，皆非智者之言，而是愚者之言。那是困惑之言，是不知痛苦即将在那里生起的人所说。"例如，假设你明天决定去曼谷，有人问你："你明天要去曼谷吗？"你回答："我想去曼谷。若无耽搁，我可能会去。"这就是心中有法的言语，是心存无常之言，考虑到了实相——世间短暂与不确定的本质。你不会脱口就说："是的，我明天一定会去。"

不止于此，修行变得愈来愈微细。若你未看见法，明明是错的，却可能自以为对，其实字字句句都偏离实相。简单来说，我们所说或所做的任何事，凡是会造成痛苦的，就应被视为邪见，那是愚痴与无明。

大多数的修行人并不如此思维，凡喜欢的就认为是对的，他们只相信自己。若得到一件礼物、一个头衔、一次晋升或一句赞美，就认为很棒，并因而骄傲与自大。他们不会思维："我是谁？这个好是好在哪里？它来自何处？别人也是同样的吗？"

固执正确只是生起自我，而没有放下。

学习在当下解决自己的问题

佛陀教导我们，应以平常心处事。若不认真考虑这一点，愚痴仍会深埋在我们心底——我们依然会被财富、地位与名声所蒙蔽。我们由于它们而变成另一个人：认为自己比以前更好，自己是特别的。

事实上，人其实并没有什么，无论我们怎样，都只是表象。若移除表象，看见胜义，就会了解那里并没有任何东西，只有普遍的特征——开始时出生，中间变化，最后灭去。若看见这点，问题就不会生起，我们就会知足与平静。

只有当我们如五比丘一样思考时，麻烦才会生起。他们起先遵从老师的指导，当老师改变修行时，却无法了解他。他们认定佛陀已放弃，且回复放纵。我们可能也会如此做，执著旧方式，并认为只有自己才对。

因此我说：修行，同时也要观察修行的结果，特别是在你拒绝遵循老师或教法，双方有冲突时。无冲突时，事情都很顺畅；有冲突与不顺畅时，你就制造出自我，并让事情僵化，执著己见，这是"见慢"（diṭṭhi māna）。即使是对的事，若执著它，拒绝对任何人让步，那它也会变成错的。固执正确只是生起自我，而没有放下。

这点带给人许多麻烦，除了那些了解的修行人之外。若能了解，且是个机敏的行者，你们的反应将是即时的，二话不说就放下。执著一生起，便立即放下，能迫使心当下就放下。

你们必须了解这两种功能的运作：执著与抗拒执著。你们每经历一次法尘，就应观察这两种功能的运作。只要看着它们，经常如此思维与修行，执著就会减轻，变得愈来愈少。正见增长，邪见逐渐消退；执著减少，不执著会生起，对每个人而言都是如此。

请深思这点，学习在当下解决自己的问题。

【注释】

[1] 五比丘是佛陀成道后，初转法轮所度化的五位弟子——阿若憍陈如、阿说示、跋提、

十力迦叶、摩诃男拘利。他们原是净饭王选出随侍悉达多太子学道的人，与太子共修苦行。悉达多以六年苦行未能达到解脱，所以放弃苦行，追求中道，接受牧羊女乳粥的供养。阿若憍陈如等人以为悉达多退失道心，遂离开他而赴鹿野苑苦行林继续苦修。悉达多成道后，因念此五人当先度脱，故至鹿野苑为说四圣谛、八正道等法。五人最终放弃苦行，追随佛陀出家，佛教僧团于焉成立。

[2] "色无常、受无常、想无常、行无常、识无常"，这些偈颂是早课的一部分。

[3] 胜义（paramattha）：又作第一义、真实，是指事物基于其各自的自性而存在之法，是最终存在而不可再分解的单位，由亲身体验、如实分析而知见的究竟法。如男人、女人看似实有（世俗谛），其实只是由无常的名、色过程所组成的现象，无一可以执取（胜义谛）。

[4] 一切德行是指十波罗蜜，参见第二部第五章注 [1]。

第 15 章　趋向无为

闻法的要点首先是对还不了解的事，建立起一些了解，澄清它们；其次，是增进对已了解事物的领会。

我们必须依赖法的开示来增进了解，关键因素即是聆听，心是重要的元素，它能认知好坏与对错。若失去正念一分钟，我们就是疯狂了一分钟；若失去正念半小时，我们就是疯狂了半小时。心失去正念多久，我们就是疯狂了多久，那就是为何闻法时要特别注意的原因。

学习法的目的是为了止息痛苦

世上一切众生都难逃痛苦的折磨，学习法的目的就是为了彻底消灭痛苦。

痛苦之所以会生起，是因为我们并未真正觉知它。无论我们如何尝试通过意志力或财富去控制它，都不可能；唯有通过正念、正知，觉知它的实相，它才可能消失。这不仅仅适用于出家人——比丘、比丘尼与沙弥，同时也适用于在家人，任何人只要觉知事物的实相，痛苦就会自动止息。

好与坏的状态都是恒常的实相，法的意思就是恒常展现自己。混乱就维持它的混乱，平静则维持它的平静，好与坏都各自维持它们的情况，就如同热水维持它的热——它不会为任何人而改变，无论你是老或少，或是何种国籍，它都是热的。

因此，法被定义为维持它的情况。在修行中，必须知道冷热、对错、好坏，例如若知道不善法，我们就不会去制造让它生起的因。

这就是法的修行。但有许多人研究、学习、修行它，却仍不能与法相应，无法止息心中的不善因与动乱。只要热的因还在，就无法避免那里会有热。同样，只要迷妄的因还在心里，就无法避免它，因为它就从这源头生起，只要源头未消除，迷妄就会再次生起。

每次做好事，善就会在心中生起，它是从因生起，这就名为善。当了解因，我们就能创造它们，而果也自然随之而至。但人们不常创造这正确的因，他们很想要善，然而却不做好事，所得的都是恶果，让心卷入痛苦之中。

人们现在都只想要钱，认为只要得到够多的钱，一切就没问题了。因此，他们将时间都花在找钱上，而不追求善。这就如想要肉，却不使用盐保存，而将肉放在屋里，任其腐坏。那些想要金钱者，不只应知道如何赚钱，同时也要知道如何保管它。若你想要肉，不能买回来后就什么都不管，它只会烂掉。

这种想法是错误的，错误思考的结果就是混乱与迷妄。佛陀教导法，好让人能根据它来修行，进而知法、见法与证法——让心成为法。当心成为法时，就会达到快乐与知足。生死轮回存在于世间，而止息痛苦也同样是在这世间。

身体无法超越痛苦，心却能超越渴爱与执著

因此，修行佛法就是为了让心超越痛苦。身体无法超越痛苦——一出生，它就得经历老、病、死等苦，只有心能超越渴爱与执著。佛陀的一切教导[1]，就是到达这目的的善巧方便。

例如，佛陀教导的"有执受行"（upādinnaka saṅkhāra）和"无执受行"（anupādinnaka saṅkhāra）。无执受行通常定义为无生物——树、山、河等；有执受行则定义为有生物——动物、人等。

多数学法者都将这视为理所当然，但深入思考这件事，若省察人心如何着迷于色、声、香、味、触、法，就会了解其实没有任何东西是无执受的。只要心中还有渴爱，所有事物都会变成有执受行。

只研究法而不修行，就无法觉知它的深刻意义。例如，我们可能认为，讲

我们觉知只有有为法与世俗法，没有我、我们或他们，这就是如实觉知的智慧。

堂、桌子、板凳等都是无生物，是无执受行。我们只看到事物的一面，只要试着拿把铁锤砸碎其中一些东西，就会知道它们是不是有执受行了！

那是心在执取桌子、椅子，以及一切属于我们的东西，并照料它们。当杯子破掉时，它也会感到痛，因为我们的心在乎那只杯子。无论是树、山或任何事物，只要感觉是我们的，就会有个心在照料它们——它们自己的或别人的。这些都是有执受行。

身体也是如此，通常我们会说身体是有执受行，执取身体的心所就是取，心执取身体，并执著它是我与我的。

如同盲者无法想象颜色，无论看哪里，他们都看不到颜色。被渴爱与愚痴障蔽的心就是如此，一切意识的所缘，如桌子、椅子、动物等一切事物，都成为有执受行。若相信有个固定不变的自我，心就会贪著一切事物，一切自然的事物都变成有执受行，一直都有渴爱与执著。

只要心有执著，就无法从有为的世间跳脱

佛陀说"有为法"与"无为法"。有为法是无数的事物，包括物质或非物质的、大或小的，若心是在迷妄的影响下，它就会造作出这些事，将它们区分成好坏、长短、粗细等。为何心会如此造作呢？因为它不知道世俗谛，不知道有为法。

不知道这些事，心就见不到法；一旦见不到法，心就充满执著；只要心有执著，就无法从有为的世间解脱。没有解脱，就会有烦恼与生、老、病、死，即使在思想的过程中也是如此，这种心就称为"有为法"。

无为法是指心已见到法，五蕴的实相是无常、苦与无我的。一切"我"、"我的"、"他们"或"他们的"等概念，皆属于世俗谛，它们即是一切有为法。若知道有为法的实相；就知道世俗法的实相：当知道有为法"既非我，亦非我的"时，就能放下有为法与世俗法。

当放下有为法时，就能达到法，进入并了解法。当达到法时，就能清楚地觉知。觉知什么？我们觉知只有有为法与世俗法，没有我、我们或他们，这就

是如实觉知的智慧。

如此看事情，心就能超越它们，身体可能会老、病、死，但心能超越这些状态。当心超越有为法时，就能觉知无为法。心变成无为的——不再包含世间有为的状态，它不再受到世间法的制约，有为法不再能染污心，乐与苦都不再能影响它，没有任何东西能影响心或改变它，心已跳出一切造作。了解有为法与各种决意的真实本质，心就会变得自在。

这自在的心就称为"无为法"，它超越造作影响的力量。若心不是真的知道有为法与世俗法，就会被它们所左右，遇到好、坏、乐或苦，它都会一发不可收拾。

之所以如此，是由于还有一个因在。这个因，就是相信身体(色)是我或我的，受是我或我的，想是我或我的，行是我或我的，识是我或我的。我见，是苦与乐，以及生、老、病、死等的源头。这是世俗心，是有为法，在世间因缘的牵引下轮回与变迁。

见法——看见事物的实相

若得到一些意外的收获，我们的心便受到它的制约。那所缘驱使心进入愉悦的感觉中，但当它消失时，心便又回到痛苦中。心变成有为法的奴隶、贪欲的奴隶。无论世间如何对它呈现，它都会随之移动。这个心缺乏庇护，它对自己缺乏信心，还未得到自由，仍缺乏安定的基础。

你可以省察，连一个小孩都能让你生气。连小孩都能蒙骗你——让你哭、让你笑、让你做各种事，连老人都会受骗。有为法一直引导迷妄的心，让它做出无数的反应，诸如爱与恨、乐与苦等。它们如此引导我们，因为我们被它们所奴役。我们是渴爱的奴隶，渴爱发号施令，我们只能服从。

我听到人们抱怨："噢，我真惨！早晚都得下田工作，没时间待在家里。每天中午我都得在烈日下工作，没地方遮荫。若天气变冷，我也不能待在家里，一定得去工作。我被压得几乎快喘不过气来了。"

无论你接收到什么，它都没有固定不变的实体。起初它似乎很好，但它终究会变坏。它让你爱，也让你恨；让你笑，也让你哭；它让你随它摆布。为何会这样？因为心尚未调伏。

若我问他们："你们为何不干脆出家当比丘？"他们说："我不能离开，我有责任在身。"渴爱将他们拉回来。有时当你正在犁地时，可能会急着解尿，你只好边犁地边解尿，就如水牛一样！渴爱就是如此奴役着他们。

当我问："事情进行得如何？你们还没时间来寺院吗？"他们说："啊！我真的抽不出身。"我不知是什么让他们陷得如此深！这些都只是有为法、假象。佛陀教导我们如实观察这些表象，这就是见法——看见事物的实相。若你们真的看见这两件事，就应抛开它们，放下它们。

无论你接收到什么，它都没有固定不变的实体。起初它似乎很好，但它终究会变坏。它让你爱，也让你恨；让你笑，也让你哭；它让你随它摆布。为何会这样？因为心尚未调伏。

身心不断生灭，处于持续变动的状态中

在先人的时代，当人过世时，他们会邀请比丘们前来念诵无常偈："诸行无常，是生灭法，生灭灭已，寂灭为乐。"一切有为法都是无常的，身与心两者都是无常的，它们无法维持固定与不变。

在这身体里，有什么东西不会改变？头发、指甲、牙齿、皮肤，它们现在还和过去一样吗？心——它稳定吗？想想仅在一天中，它就生灭了多少次？因此身与心不断生灭，处于持续变动的状态中。

你无法如实看见这些事的原因，因为你一直都相信不实的事。就如被盲人带领进入森林与灌木丛中，连他自己也看不见，又如何能安全地带领你？

同样，我们的心被有为法所蒙蔽，在追求快乐的过程中制造了痛苦，在追求轻松的过程中制造了困难，正好适得其反，然后我们就只会抱怨。我们创造了恶因，而如此做的原因，是因为不知表象与有为法的实相。

有为法，包括有执受行与无执受行，都是无常的。修行时，无执受行并不存在，有什么东西是无执受行呢？即使是你自己的马桶，你可能认为它是无执受行——试着叫人用大锤子将它砸碎看看！你可能得去和警察辩解了。

心，缘取一切事物，甚至屎与尿。除了洞见实相者之外，没有无执受行这东西。表象都是心构设出来的，我们为何必须构设它们呢？因为它们并非真的存在。

例如，假设某人想要为他的土地制作地标，他可能会拿块木头或石头放在地上，并称它为地标。只有在我们指定某件东西的特殊用途时，它才会变成地标。同样，我们"订定"了城市、人、牛——一切事物！为何我们必须构设这些东西？因为它们并非真的存在。

类似僧侣与在家人的概念，也是约定俗成的，我们创造它们，因为它们并非真的存在。这就如一个空盘子——你可以放任何想放的东西，因为它是空的，这是世俗谛的本质。男人与女人都只是世俗的概念，和我们周遭一切事物相同。

心不再被世间苦难拖累，修行便结束了

若你们了解世俗法的实相，就可以得到平静。但若你们相信人、生物、"我的"、"他们的"等是不变的实体，则无可避免地会为它们哭或笑。若将这些东西当做我们的，就永远会有痛苦，这是邪见。

我们都迷失在世俗谛中，所以，比丘们会在葬礼中唱诵："诸行无常，是生灭法。"因为那是实相。有任何东西是出生之后不会消灭的吗？人出生之后就会死亡，情绪生起后就会消退。你们曾见过有人连续哭三四年的吗？你们可能见过有人顶多哭一整夜，然后眼泪就流干了。

"生灭灭已，寂灭为乐。"偈诵是如此说的。若我们了解有为法，并因而止息它们，那就是最大的快乐。这是真正的功德，让有为法止息，止息众生的重担，超越这些事之后，人就能看见无为法。这表示无论发生什么事，心都不会对它造作，没有任何事能让心失去平衡。你还能期待什么？这就是终点与结束。

佛陀教导事物的实相，我们供养与闻法的目的，就是为了追寻与了解这个。若我们了解，就无须去研究观禅，它自己会发生。止与观的生起，和其他因缘法一样，都有其因缘。觉知的心超越这些事，已达到修行的顶点。

> 我们的修行、探索，就是为了超越痛苦。当事情顺利时，心不欣喜；当事情不顺利时，心也不悲伤。心不再被世间的苦难所拖累，因此修行便结束了。

我们的修行、探索，就是为了超越痛苦。当取结束时，有的状态就跟着结束；当有的状态结束时，就不再有生与死。当事情顺利时，心不欣喜；当事情不顺利时，心也不悲伤。心不再被世间的苦难所拖累，因此修行便结束了。这是佛陀教导的根本原则。

佛陀教导法，是要让人使用的，甚至当人临终时，也有"寂灭为乐"的教导。但我们却不平息有为法，相反还执著它们，好像比丘们是如此教我们的一样。我们执著它们，并为其哭泣，就这样迷失在有为法之中。天堂、地狱与涅槃，都是在这里找到的。

佛陀的一切教法都和心有关

人们通常对世俗谛无知，认为事物都依其自性而存在。当书上说，树、山、河等都是无执受行时，这是将事情简化，因为它们无关痛苦——如同世间根本没有痛苦。

这只是法的表皮，若根据胜义谛来解释，就会了解这些都是人的贪欲在作祟。当人们会为了一根细针而打小孩时，你怎么能说事物无力造成事件，说它们是无执受的？无论是个盘子、杯子或一块木板——心缘取这一切事物，只要看看若有人将其中一样砸碎会发生什么事，你就知道了，一切事物都可能如此影响我们。完全觉知这些事是我们的修行，即审视那些有为与无为、执受与非执受的事。

诚如佛陀所说，这是外在教法的一部分。有次佛陀在一座树林里，他拾起一把树叶问比丘们："比丘们，我手上的树叶和森林里的落叶相比，何者较多？"

比丘们回答："世尊手上的树叶比较少，森林里的落叶显然比较多。"佛陀便说：

> 同样，比丘们！如来的全部教法很渊博。但他知道的许多事和事物的本质无关，它们和离苦之道并非直接相关。法有许多面向，但佛陀真正希

> 让觉知从你的心中自然散发出来，你就会正确地修行。

望你们做的，是去解脱痛苦，去探索事情，放下对色、受、想、行、识等五蕴的贪爱与执著。停止执著这些事，你们就能解脱痛苦。

这些教导就如佛陀手上的树叶，你并不需要很多，只要一些就够了。至于其他的部分，无须杞人忧天。就如广袤的大地充满青草、土壤、高山与森林，上面并不乏岩石与卵石，但这些岩石全部加起来，也不及一颗宝石的价值。

佛陀的法就像这样，你并不需要很多，一切外在教法，其实都和心有关。无论你研究三藏、阿毗达摩或任何东西，别忘了它来自何处。

禅修的最好地方就在你心里

谈到修行，你真正唯一需要的是由诚实与正直开始，无须大费周章。你可能未研究过三藏，但还是认得出贪、嗔、痴，不是吗？你从哪里学习这些事？必须读三藏或阿毗达摩才会知道贪、嗔、痴吗？那些事早就存在你的心里，无须去书里找寻它们，佛法就是为了探索与断除这些事。

让觉知从你的心中自然散发出来，你就会正确地修行。若你想看火车，就去中央车站，无须沿着北线、南线、东线与西线遍游全程，去看所有的火车。若你想看每辆火车，那最好在大中央车站等，那是一切火车的终点站。

有些人对我说："我很想修行，但不知如何做。我不适合研究经典，我老了，记不住东西了。"只要看这里，就在"中央车站"，贪、嗔、痴都在这里生起。只要坐在这里，就会看见一切生起，就在此修行，因为你就被困在这里。世俗法在此生起，法也在此生起，任何地方都能修行佛法。

很早以前，我因不知如何修行，一直害怕自己修错了，故而四处行脚寻找老师。我经常从这山到另一山，从这地方到另一个地方，直到停下来省察为止。现在，我了解我在做什么。我过去一定很笨，因为当我四处行脚找地方禅修时，并不了解最好的地方就在我的心里。

一切你想要的禅定，都在你的心里，所以，佛陀说："智者自知。"以前我读过这些文字，但当时并不了解其义。我四处行脚寻找地方禅修，最后在即将力竭而死时才停下来，那时才发现正在寻找的东西，就在我的心里。因此，现在我才能告诉你们这点。

愈忽视修行，心愈往下沉沦

有些人可能会说你们无法在家修行，因那里有太多障碍。果真如此，那么连吃饭、喝水都可能会变成障碍。若吃饭是修行的障碍，那就不要吃！有些人可能会说，身为在家人无法修行，因周围太拥挤了。若你住在拥挤的地方，就观察那个拥挤，你能使它开阔。心已被拥挤迷惑，因此训练它觉知拥挤的实相。

你愈忽视修行，就愈不重视上寺院闻法，心就愈会向下沉沦，像只青蛙钻进洞里。有人拿钩子来，青蛙就完了，它们毫无机会，只能坐以待毙。因此，别让自己钻进牛角尖——有人可能会拿钩子把你钩上来。

在家里被儿孙烦扰，你甚至比青蛙还惨！你不知如何脱离这些事。面临老、病、死，你该怎么办？这些都是来抓你的钩子，你能逃到哪里去？

全神贯注在子女、亲属与财产上，这就是我们内心所处的困境，不知如何放下它们，没有戒或慧的帮助是无法解脱的。当色、受、想、行、识造成痛苦时，你总是被困在其中。这痛苦为何会生起？若不观察，你永远不会知道。若快乐生起，你只会陷在其中而沾沾自喜，不会问这快乐从何而来。

在任何地方皆可修行，因为心总跟着你

因此，改变你的了解，便可在任何地方修行，因为心总是跟着你。坐着时若有好的想法，清楚觉知它们；若有坏的想法，也清楚觉知。躺着时也是如此，只须观察自己的心。

佛陀的教法告诉我们，要观察自己，别追求时尚与迷信，所以他说：

> 你害怕死后的魔王，却不知道魔王就在自己的心里。若你做坏事，即使是独自偷偷摸摸地做，魔王也都知道并把它记下来。

戒带来幸福，戒带来财富，戒带来涅槃。因此，要持戒清净。[2]

戒是指我们的行为，善有善报，恶有恶报。别期待天神会为你做什么，或天使与护法神会保护你，或吉日吉时会帮助你。这些事都不是真实的，因此别相信它们，若相信就会痛苦。你会一直等待良辰吉日，或天使与护法神的帮助，你只会痛苦。观察自己的身与口，观察自己的业。做善事，就会有善报；做坏事，则会有恶果。

若你了解，善与恶、对与错都存在你心里，就不必去其他地方找寻它们，只要在它们生起的地方寻找即可。若在这里掉东西，就得在这里找回来。即使你一开始找不到它，仍得继续在遗失的地方寻找，但通常我们在这里遗失，却到别处寻找，何时才找得到呢？善行与恶行都存在你们的心里，只要持续在那里寻找，有天一定会看得到。

众生都依自己的业而活，什么是业？人们太容易受骗了，若你做坏事，他们说魔王（yāma）就会将它记在簿子上，当你到达那里时，他便拿出簿子审问你。你害怕死后的魔王，却不知道魔王就在自己的心里。若你做坏事，即使是独自偷偷摸摸地做，魔王也都知道并把它记下来。你可能做得很隐秘，完全没被人看见，但你看见了，不是吗？魔王统统都看见了，丝毫没有遗漏。

你们有人偷过东西吗？我们之中可能有少数人做过贼。我们都知道自己的意图，行恶就会有恶果，行善则会有善报，你无处可躲。即使别人没看见，你也一定看得到自己，即使躲入深洞里，你还是找得到自己。你不可能犯下恶行，却能侥幸逃得过恶果。

同样，你为何不看看自己的清净行为呢？平静与激动、解脱与束缚，你全都看见，我们清楚看见这一切。在佛教中，一定要清楚地觉知自己的一切行为。我们不会如婆罗门，进到你家里说："愿你健康快乐，愿你长寿。"佛陀不会如此说。疾病如何能说一说就消除呢？

佛陀对待疾病的方式是说："在你生病之前，发生过什么事？是什么导致你生病？"然后，你告诉他事情的经过。

"哦！它就如此，是吗？服这帖药试试看。"若那贴药无效，他就会开另外一帖。这方法很可靠，完全合乎科学。

至于婆罗门，他们只是在你的手腕上绑一条线，然后说："好，要幸福，要健康！在我离开后，你就立即起身，去吃顿丰盛的大餐。"无论你付他们多少钱，病还是不会好，因为他们的方法没有科学的基础，但人们就喜欢相信这一套。

了解一切都是有为法，就能自在

一切事物只是如实存在，它们本身并不会造成痛苦。就如一根尖刺，它会让你痛苦吗？不，它只是一根刺，不会招惹任何人，但若你站到它上面，就会痛苦。

刺只管自己的事，它不会伤害人，那是因为我们自己，所以才会有痛苦。色、受、想、行、识——世上的一切事物都只是如实存在，是我们去找它们的碴儿，若打它们，它们就会回击我们，若不理会，它们并不会妨碍任何人，只有狂妄的醉汉才会找它们的麻烦。

你若认为"我很好"、"我很坏"、"我很棒"或"我很差"，那都是错误的想法，若能了解这些想法都只是各种有为法，那么当别人说好或坏时，就可以很自在。只要你还将它们看成我和你，就会如有大黄蜂嗡嗡地飞来叮你，大黄蜂来自它们的三个窝——身见、疑与戒禁取[3]。

佛陀只带你到解脱道的起点，其他的必须靠自己

一旦深入观察世俗谛与有为法的真实本质，我慢就无法获胜。其他人的父母就如自己的父母，子女就如自己的子女；看其他人的痛苦，就像是自己的痛苦。如此一来，我们就能和未来佛面对面，它并不是那么困难。所有人都是同舟一命，然后天下就会太平。若你想等到未来佛弥勒尊者降世，那就别修行，你大概可

以一直混到看见他（约五十七亿六千万年后），但他可没那么疯狂，会收这种人做弟子！

许多人就只会怀疑，若对自己不再怀疑，则无论别人怎么说你，都不会在乎，因为你的心已放下，它是平静的。平息了有为法，你不再执著修行的形式——那老师差劲，那地方不好，这是对的，那是错的。没有这些事，这些想法都被消弭了，你和未来佛面对面。那些只会合掌祈求的人，永远到不了那里。

这就是修行。佛陀只带领你到解脱道的起点，"如来只是指出道路"。以我而言，他只教导这么多——就如我教你们的——其他的全靠我自己。我只能带领你们到解脱道的起点，现在，就看你们的了。

【注释】

[1] 教导（pariyatti）：学习、教法或圣典，是指佛教的理论层面。此字通常和另两个佛教层面——行道（paṭipatti）与通达（paṭivedha）有关。因此，顺序是学习→行道→通达。

[2] 这是传统受戒尾声，以巴利语说的句子。

[3] 身见（sakkāyadiṭṭhi）、疑（vicikicchā）与戒禁取（sīlabbataparāmāsa）是十结（saṃyojana）中的前三结，是将心绑在生死轮回中的烦恼，断除这三结即名为"入流"——四沙门果中的初果。

第 16 章　结语

修行是内在而非外在的学习

你知道修行会在哪里结束吗？或你只是持续如此学习？那没问题，但它应是内在的学习，而非外在的学习。对于内在的学习，你必须学习眼、耳、鼻、舌、身、意，那才是真正的学习。研究书本只是外在的，它很难完成修行。

当眼见色时，会发生什么事？当耳、鼻与舌经验到声、香、味时，会发生什么？当身与心接触到触与法时，会有何反应？那里仍有贪、嗔、痴吗？我们是否迷失在色、声、香、味、触、法中？这是内在的学习，它有完成的一天。

若我们只研究而不修行，将得不到任何结果。就如养牛的人，早上带牛去牧场，晚上又将它带回畜栏——他却未喝过牛奶。研究固然很好，但别让它变成如此，你应养牛，同时也喝牛奶。要得到最好的结果，一定要解行并重。

我换个方式来解释。就如某人养鸡，却不取鸡蛋，他得到的只是鸡屎！注意，不要让你自己变成那样！这意味着我们研究经典，却不知如何放下烦恼，不知如何去除心中的贪、嗔、痴。研究而不修行，没有断除烦恼，就不会有结果。这就是为何我将它比喻为养鸡却不取鸡蛋，只取鸡屎，那是相同的。

若不修行，永远不知解脱的滋味

佛陀希望我们研究经典，然后针对身、口、意，戒绝恶行，增长善行。人

> 对于内在的学习,你必须学习眼、耳、鼻、舌、身、意,那才是真正的学习。研究书本只是外在的,它很难完成修行。

类真正的价值,将通过身、口、意行而得到实现。若我们光说不练,则修行是不完全的;或我们虽做好事,但心却不够好,那也同样是不完全的。

佛陀教导我们要增长身、口、意的善行,要增长善的行为、语言与意念,这是人生的宝藏。研究与修行都要好才行。

佛陀的八正道、修行之道,都不外乎这身体:两只眼睛、两只耳朵、两个鼻孔、一条舌头与一具身躯,这就是道,而心则遵循道。因此,研究与修行,都存在于我们的身、口、意中。

你见过经典教导除了身、口、意之外的东西吗?经典只教这个,别无其他。烦恼就在这里出生,若你觉知它们,它们也会在这里灭亡。因此,你应该了解,研究与修行都存在于此。只要研究这么多,我们就可以知道一切。说话时,说句真实语,胜过一辈子瞎说,你了解吗?换句话说,一个只研究而不修行的人,就如汤锅里的勺子,它每天都在锅子里,却从不知汤的滋味。

若你不修行,你可能会一直研究到死,永远不知道解脱的滋味!

附录　本书各部分文章出处

阿姜查教法奇妙而简单的风格可能会骗人，让人误以为它没什么；有些东西经常只有在听过许多次后，我们的心才会豁然开朗，教法以某种方式呈现出更深刻的意义来。他的善巧方便，让他能因时、因地而适宜地解释法，使听众都能了解与感同身受，实在令人惊叹。

有时从字面上看来，似乎会显得不一致与自相矛盾，这时读者应记住，这些文字都是活生生的经验记录。同样的，如果教法有时可能和传统所说有些出入，我们也应记住，法师总是发自内心在说话，发自他自己禅修经验的深处。

读者们会注意到，由于阿姜查的谈话从来不打草稿或针对单一主题，因此，它们每一篇都可能涵盖佛道的广泛层面——戒、定、慧的元素经常相互交织与呼应。虽然如此，每一篇都仍有个别的主题，这些都是方便安立的。

收集在这本合辑中的谈话，本来是收录在六本不同的刊物上；其中有些后来又重印成一本，或与其他一两本合印。从泰文译成英文，有先天上的困难，许多口头指导技巧上的重复语句被删除，但愿这不至于遗漏阿姜查要强调的精神。

被吸收进泰文的巴利语，后来都有了新增的意义。例如，泰文 arom 源于巴利语 ārammaṇa，意指感官所缘或法尘，但它一般都被理解为心情或感情。阿姜查在两种意义上使用这些字，它们都被逐一对照翻译出来。同样的，mind（心）与 heart（心、心脏、核心）在泰文中所指相同，依上下文义，它们也都有不同的翻译。

要在晦涩的直译与流畅的意译之间取得平衡，并不太容易，每个译者都各有擅长；但愿他们的文字处理，都能呈现出这些谈话的清晰、直接与幽默，更重要的是蕴藏在其中的深度。原来的合辑如下：

一、《菩提智》（*Bodhinyana*，书名取自阿姜查的法名。编按：阿姜查的法名为 Phothiyan）是由阿姜查的西方弟子（多位比丘与八戒女弟子）翻译与出版的第一本他的谈话合辑。从 1979 年初版至今，已重印过许多次。

1.《教法片断》（*Fragments of a Teaching*）：1972 年在巴蓬寺对在家众的谈话。（编按：中译本编入前言《关于这颗心》。）

2.《一份法的赠礼》（*A Gift of Dhamma*）：1977 年 10 月 10 日在乌汶的国际丛林寺对西方比丘、沙弥与在家众的谈话。这谈话献给一位比丘的父母，在某次他们从法国来访的场合。

3.《法性》（*Dhamma Nature*）：1977 年雨安居期间，对国际丛林寺的西方弟子的谈话，就在一位资深比丘还俗离开寺院时。

4.《实相的两面》（*The Two Faces of Reality*）：1976 年，在阿姜查住处的一次非正式谈话，在晚间禅修之后，对一些比丘与沙弥所说。

5.《心的训练》（*The Training of the Heart*）：1977 年 3 月，对一群来自曼谷波翁奈寺（Wat Bovornives）的由甘地帕罗法师（Phra Khantipalo）率领的西方比丘所说。

6.《与眼镜蛇同住》（*Living with the Cobra*）：对一位英国老妇人的最后教导，她从 1978 年底至 1979 年初，接受阿姜查为期两个月的指导。

7.《阅读自然之心》（*Reading the Natural Mind*）：1978 年雨安居期间，对一群刚做完晚课的新戒比丘的一次非正式谈话。

8.《只管做它！》（*Just do It!*）：1978 年 7 月，在进入雨安居那天，对巴蓬寺一群新戒比丘所作的活泼谈话，以老挝方言讲说。

二、《解脱的滋味》（*A Taste of Freedom*）由布鲁斯·埃文斯（Bruce Evans）独力翻译完成，他编辑这本书时的身份是阿姜普里梭（Ajahn Puriso）。本书在 1981 年首次出版。

1.《关于这颗心》（*About this Mind*）。（编按：英译本未列出本篇说法因缘，中译本编入前言《关于这颗心》。)

2.《内心的平衡》(The Path in Harmony)：以东北方言讲说的一次非正式谈话，出自一卷难以辨识的录音带。

3.《和谐的正道》(The Path in Harmomy)：分别于 1977 与 1979 年在英国所作两次谈话的整理稿。

4.《内心的中道》(The Middle Way Within)：1970 年以东北方言对一群出家人与在家人所作的开示。

5.《超越的平静》(The Peace Beyond)：1978 年在巴蓬寺，对泰国国会议长讪耶·探玛塞（Sanya Dharmasakti）的谈话的简稿。

6.《世俗与解脱》(Convention and Liberation)：以东北方言所讲说的一次非正式谈话，出自一卷难以辨识的录音带。标题是一个对称语，出自泰文的 sammut-vimut 与巴利语的 sammuti-vimutti。

7.《无住》(No Abiding)：对国际丛林寺的比丘、沙弥与在家众所讲，他们在 1980 年的雨安居期间到巴蓬寺参访。

8.《正见——清凉地》(Right View: The Place of Coolness)：对国际丛林寺的比丘、沙弥与在家众所讲，他们在 1979 年到巴蓬寺参访。

9.《结语》(Epilogue)：摘自 1979 年在英国牛津对一位认真而有些学究气息的在家佛教徒的谈话。

三、《活法》(Living Dhamma) 是阿姜查对在家人的谈话合辑，与《心灵粮食》(1993) 是姊妹作，后者是针对出家人所说。这两本书都由布鲁斯·埃文斯翻译，它们是为了 1993 年阿姜查的葬礼而编辑的。

1.《使心变好》(Making the Heart Good)：对一大群来巴蓬寺供养，以赞助寺院的在家人所说。

2.《为何我们生于此？》(Why Are We Here)：1981 年雨安居期间，在金刚光明洞寺（Wat Tum Saeng Pet）对一群来访的在家人所说，时间就在阿姜查健康恶化前不久。

3.《我们真正的家》(Our Real Home)：对一位临终的在家老妇人所说。

4.《四圣谛》(*The Four Noble Truths*)：1977 年在英国坎布里亚（Cumbria）文殊学院（Manjushri Institute）的谈话。

5.《修定》(*Meditation: Samādhi Bhāvanā*)：1977 年在伦敦汉普斯特德寺所讲。

6.《与法同住世间》(*Living in the World with Dhamma*)：在乌汶省会，靠近阿姜查寺院的一个信徒家里，接受邀请去托钵之后的一次非正式谈话。

7.《空经法师》(*Tuccho Poṭhila: Venerable Empty Scripture*)：1978 年的某个晚上，在阿姜查的茅棚，对一群在家众的非正式谈话。

8.《宁静的流水》(*Still, Flowing Water*)：1981 年雨安居期间，在金刚光明洞寺所说。

9.《趋向无为》(*Toward the Unconditioned*)：1976 年在一个阴历斋戒夜所说。

四、《心灵粮食》(*Food for the Heart*，1993) 是和本书（编按：指本书的英文本）同名的一本合辑。

1.《法的战争》(*Dhamma Fighting*)：撷取自对巴蓬寺比丘与沙弥的谈话。

2.《了解戒律》(*Understanding Vinaya*)：1980 年雨安居期间，在巴蓬寺诵戒结束后对比丘大众的谈话。

3.《维持标准》(*Maintaining the Standard*)：1978 年佛学考试过后，在巴蓬寺的谈话。

4.《正确的修行——稳定的修行》(*Right Practice, Steady Practice*)：1978 年盛夏，在奎安寺（Wat Kuean）对一群短期出家的大学生所说。

5.《正定——在活动中离染》(*Samma Samādhi: Detachment Within Activity*)：1977 年雨安居期间在巴蓬寺所讲。

6.《欲流》(*The Flood of Sensuality*)：1978 年雨安居期间，在巴蓬寺诵戒结束后对比丘大众所讲。

7.《死寂之夜》(*In the Dead of Night*)：20 世纪 60 年代末期在巴蓬寺，于一个阴历斋戒夜所说。

8.《感官接触——智慧的泉源》(*Sense Contact: the Fount of Wisdom*)：

1978 年雨安居期间，在巴蓬寺诵戒结束后对比丘大众所讲。

9.《不确定——圣者的标准》("Not Sure!": The Standard of the Noble Ones)：1980 年的一个晚上，在阿姜查的茅棚，对一些比丘与沙弥的非正式谈话。

10.《胜义》(Transcendence)：1975 年在巴蓬寺，于一个阴历斋戒夜所说。

五、《解脱之钥》(The Key to Liberation) 的泰文原文为 Gunjaer Bhāvanā，是阿姜查教法首次以书面方式呈现，时间在 20 世纪 60 年代。这个新的英译本是在 2002 年完成的。

1.《解脱之钥》(The Key to Liberation)：20 世纪 60 年代在巴蓬寺，对一个前比丘学者与他的一群在家学生所说。

六、《见道》(Seeing the Way) 是 1988 年出版的一本手册，由阿姜查的西方资深出家弟子讲解。本书由这个对话开始。

1.《什么是"观"？》(What is Contemplation？)：摘录自 1979 年雨安居期间在果诺寺，阿姜查与一群西方比丘与沙弥间的一次问答。为了便于了解，对谈话的顺序做了一些调整。

FOOD FOR THE HEART: The Collected Teachings of Ajahn Chah
Copyright©2002 by Wisdom Publications
Published by agreement with Wisdom Publications through the Chinese Connection Agency, a division of The Yao Enterprises, LLC.
Simplified Chinese translation copyright © 2007 by Hainan Publishing House
ALL RIGHTS RESERVED.
著作权合同登记号：图字30-2007-044号

图书在版编目（CIP）数据

关于这颗心：戒·定·慧／（泰）阿姜查著；赖隆彦译．－海口：海南出版社，2008.2
ISBN 978-7-80700-146-1

Ⅰ.关… Ⅱ.①阿…②赖… Ⅲ.佛教—通俗读物 Ⅳ.B94.49

中国版本图书馆CIP数据核字（2008）第012131号

关于这颗心：戒·定·慧

作　　者：	（泰）阿姜查(Ajahn Chah)
译　　者：	赖隆彦
出 版 人：	苏　斌　刘　靖
总 策 划：	立品图书
责任编辑：	杨力虹
特约编辑：	王鸣迪
装帧设计：	陆智昌
责任印制：	杨　程
印刷装订：	三河市华晨印务有限公司
读者服务：	杨秀美

海南出版社 出版发行
地　址：海口市金盘开发区建设三横路2号
邮编：570216
电话：0898-66812776
E-mail:hnbook@263.net
经销：全国新华书店经销
出版日期：2008年2月第1版　2010年11月第5次印刷
开　　本：787mm×1092mm 1/16
印　　张：24
字　　数：332 千
书　　号：ISBN 978-7-80700-146-1
定　　价：48.00元

本社常年法律顾问：中国版权保护中心法律部
【版权所有，请勿翻印、转载，违者必究】

如有缺页、破损、倒装等印装质量问题，请寄回本社更换